普通高等学校"互联网+"立体化教材

大学体育俱乐部
实践指导教程

总主编　黄伟明
主　编　万　鹏

北京体育大学出版社

策划编辑：刘付锡
责任编辑：魏国旺
责任校对：吴苗苗
版式设计：高荣华

图书在版编目（CIP）数据

大学体育俱乐部实践指导教程 / 黄伟明等主编 . --
北京：北京体育大学出版社，2017.8（2021.7 重印）
ISBN 978-7-5644-2713-9

Ⅰ.①大… Ⅱ.①黄… Ⅲ.①体育组织－俱乐部－高
等学校－教材 Ⅳ.① G807.4

中国版本图书馆 CIP 数据核字 (2017) 第 206348 号

大学体育俱乐部实践指导教程   黄伟明　等　主编

出版发行：北京体育大学出版社
地　　址：北京市海淀区农大南路 1 号院 2 号楼 2 层办公 B-212
邮　　编：100084
网　　址：http://cbs.bsu.edu.cn
发 行 部：010-62989320
邮 购 部：北京体育大学出版社读者服务部 010-62989432
印　　刷：北京市密东印刷有限公司
开　　本：787mm×1092mm　1/16
成品尺寸：185mm×260mm
印　　张：17
字　　数：392 千字
版　　次：2017 年 8 月第 1 版
印　　次：2021 年 7 月第 5 次印刷
定　　价：32.00 元

前　言

　　强化学校体育是实施素质教育、促进学生全面发展的重要途径，对于促进教育现代化、建设健康中国和人力资源强国、实现中华民族伟大复兴的中国梦具有重要意义。《"健康中国2030"规划纲要》特别提出，要把健康摆在优先发展的战略地位，立足国情，将促进健康的理念融入公共政策制定实施的全过程，加快形成有利于健康的生活方式、生态环境和经济社会发展模式，实现健康与经济社会良性协调发展；尤其要加大学校健康教育力度，将健康教育纳入国民教育体系，把健康教育作为所有教育阶段素质教育的重要内容。建立学校健康教育推进机制，构建相关学科教学与教育活动相结合、课堂教育与课外实践相结合、经常性宣传教育与集中式宣传教育相结合的健康教育模式。

　　为了进一步推动学校体育的改革发展，促进学生身心健康、体魄强健。2016年5月，国务院办公厅印发了《关于强化学校体育促进学生身心健康全面发展的意见》，以"天天锻炼、健康成长、终身受益"为目标，改革创新体制机制，全面提升体育教育质量，健全学生人格品质，切实发挥体育在培育和践行社会主义核心价值观、推进素质教育中的综合作用，培养德智体美全面发展的社会主义建设者和接班人；同时，提出强化学校体育要坚持课堂教学与课外活动相衔接、坚持培养兴趣与提高技能相促进、坚持群体活动与运动竞赛相协调、坚持全面推进与分类指导相结合的基本原则。

　　本教材以健康第一为指导思想，以培养学生终身体育意识、掌握一两项运动技能为目标，具有系统性、科学性、实用性等特点；构建了相对完整的运动知识体系，回归了注重学生发展的本位；突出强调了教师教学的指导性和学生学习的自主性，体现了教材定位、设计与编写等方面在体育俱乐部教学改革中的特点，适合高校大学生公共体育课程选用。

　　本教材共有九个模块，对各个体育项目的技战术作了详细介绍。模块一是田径俱乐部指导，模块二是大球俱乐部指导，模块三是小球俱乐部指导，模块四是健身健美俱乐部指导，模块五是户外运动俱乐部指导，模块六是武术俱乐部指导，模块七是武道俱乐部指导，模块八是民族民间传统体育俱乐部指导，模块九是体操俱乐部指导。本教材具有以下特点。

1. 理念新颖

本教材遵循"健康第一"的新理念。在理论上，紧紧围绕体育锻炼与健康关系进行阐述；在实践上，重点介绍我校学生可以选修的运动项目，使学生掌握运动技能，充分认识到体育锻炼的重要性。

2. 图文并茂

本教材通过图片和文字的配合对各种运动项目进行了介绍，力求增加学生的学习兴趣。

3. 科学性强

本教材以大量的科研成果为依据，理论力求严谨、科学，学练方法力求实用、合理。

4. "互联网+"立体教学

本教材从信息化教学的角度出发，以二维码的形式配以相应的教学视频。学生通过扫描二维码可以浏览相应的内容或观看视频，有助于学生理解和掌握运动项目的动作要点，提高体育运动水平。

在编写本教材的过程中，编者得到了一些专家和学者的大力支持，在此对他们表示衷心的感谢。由于时间仓促和编者水平有限，本教材若有不妥之处，恳请广大读者批评与指正，以便我们今后进一步完善。

书中图片和视频，部分来源于网络，如有版权问题，请联系作者。联系电话：010-62979336。

目 录 ◀

模块一 田径俱乐部指导 ··· **1**

    项目一 田径运动 ··· 2

    项目二 趣味田径 ··· 6

模块二 大球俱乐部指导 ··· **8**

    项目一 足球运动 ··· 9

    项目二 篮球运动 ··· 15

    项目三 排球运动 ··· 21

模块三 小球俱乐部指导 ··· **28**

    项目一 乒乓球运动 ·· 29

    项目二 羽毛球运动 ·· 34

    项目三 网球运动 ··· 42

模块四 健身健美俱乐部指导 ··· **48**

    项目一 健美运动 ··· 49

    项目二 健身操 ·· 59

    项目三 体育舞蹈 ··· 71

    项目四 瑜伽与普拉提 ··· 83

模块五 户外运动俱乐部指导 ··· **94**

    项目一 野外生存 ··· 95

    项目二 攀 岩 ··· 103

    项目三 定向运动 ··· 108

    项目四 拓展训练 ··· 114

模块六　武术俱乐部指导 ·· **120**

　　项目一　徒手套路 ·· 121

　　项目二　器械套路 ·· 133

　　项目三　搏击格斗 ·· 144

　　项目四　养生功法 ·· 160

模块七　武道俱乐部指导 ·· **178**

　　项目一　跆拳道 ·· 179

　　项目二　空手道 ·· 189

　　项目三　巴西柔术 ·· 194

模块八　民族民间传统体育俱乐部指导 ·· **199**

　　项目一　花样跳绳 ·· 200

　　项目二　毽　球 ·· 211

　　项目三　舞龙、舞狮 ·· 216

　　项目四　高脚竞速 ·· 223

　　项目五　板鞋竞速 ·· 226

　　项目六　陀　螺 ·· 228

　　项目七　珍珠球 ·· 234

模块九　体操俱乐部指导 ·· **244**

　　项目一　快乐体操 ·· 245

　　项目二　康复体操 ·· 254

　　项目三　体操技巧项目 ·· 259

模块一

田径俱乐部指导

>> **本章导言**

田径运动有着悠久的历史，产生于人类的生产、生活及军事活动中。田径运动是现代奥运会中的金牌大项，涌现出了众多的优秀运动员。田径运动既有个体性，又有广泛的群众性。在参加田径比赛时，要有良好的技术才能获得好的成绩，掌握技战术非常重要。

>> **学习目标**

1. 了解田径赛事的主要内容。
2. 掌握径赛项目的技战术。
3. 体会田径的趣味性。

项目一　田径运动

一、田径运动的主要内容

短跑技术

（一）短　跑

短跑是一项以无氧供能为主，通过肌肉工作推动人体在单位时间内获得最长位移距离，获得最高水平速度的周期性速度力量项目。它包括 400 米以内的各种距离的跑及接力跑。强大的肌肉爆发力和快速收缩能力、合理的跑的技术、良好的协调性和灵敏性，以及稳定的心理状态、强烈的竞争意识和自我调节能力是短跑运动员必须要具备的素质。（图 1-1-1）

图 1-1-1

（二）中长跑

中长跑技术

中长跑属于体能类速度耐力性项目。中长跑的项目特点是在跑进时，需要在技术动作上尽量减少体力的消耗，维持比赛所需要的高速度。耐力素质是中长跑项目的基础，而专项素质是取得优异成绩的保证。持续训练法和间歇训练法是发展一般耐力和专项耐力的主要方法。中长跑运动对运动员的意志品质和心理素质要求较高。

（三）跨栏跑

跨栏跑技术

跨栏跑是一项技术较为复杂的非对称的周期性速度力量性项目。跨栏跑所需的主要身体素质是速度素质、力量素质、髋关节的力量和柔韧性以及下肢各关节的支撑力量，技术上要求高度的肢体协调性和良好的节奏感。（图 1-1-2）

图 1-1-2

（四）跳　高

跳高完整技术

跳高是快速助跑后经过起跳越过尽可能高的高度的体能类速度力量性项目。其特点是必须在助跑起跳时发挥出最大的体能潜力，尽可能以最快的速度和强大的爆发力向上腾起，越过一定高度的横杆。跳高既是要求速度、弹跳力的项目，又是技术性较强的灵巧性项目。运动员需要具有较高的灵敏性和协调性。（图1-1-3）

图1-1-3

（五）跳　远

跳远是在快速助跑中起跳，腾越一定距离的水平跳跃项目。它是一项对运动员的速度、爆发力和协调性要求较高的体能类速度力量性项目。跳远项目的特性决定了从事此项运动者的专项身体素质是以发展速度为主，以快速力量为核心，以耐力素质、柔韧素质为基础；技术上突出跑跳结合。（图1-1-4）

跳远技术

图1-1-4

（六）推铅球

铅球项目属于速度力量性投掷项目，它强调在完成技术动作的过程中，动作速度与身体重心位移速度的合理结合。铅球训练多以专项速度、力量和协调性为核心提高体能。推铅球的技术形式有旋转和滑步两种。（图1-1-5）

握　球　　　持　球

图1-1-5

侧向滑步
推铅球

二、田径运动的学练方法

（一）提高快跑能力的练习

提高快跑能力的练习见表 1-1-1。

表 1-1-1　提高快跑能力的练习表

提高快跑能力的练习	内　容
快速反应能力练习	以不同姿势准备，听到口令或击掌声后迅速向指定的方向跑出
最快频率的各种形式高抬腿跑	大腿抬平，小腿自然下垂，然后大腿积极下压，前脚掌落地，支撑关节伸直（持续时间 5 ~ 10 秒）
最快频率的小步跑、半高抬腿跑	上体保持正直，摆动腿大腿抬起，然后积极下压，小腿随大腿下压动作自然伸直，前脚掌着地，做扒地动作完成（完成距离 30 ~ 40 米）
快速后蹬跑	上体稍前倾，支撑腿快速有力蹬伸，摆动腿向前摆出，然后大腿积极下压。用前脚掌着地，要求重心平稳，速度快（完成距离 50 ~ 100 米）

（二）提高长跑能力的练习

提高长跑能力的练习见表 1-1-2。

表 1-1-2　提高长跑能力的练习表

提高长跑能力的练习	内　容
练　习	（1）（跑 200 米 + 走 100 米）×5 组练习。 （2）以中等速度跑 3 ~ 5 分钟或 600 ~ 1000 米。 （3）1000 米变速跑（快跑 100 米 + 慢跑 100 米交替进行）。 （4）跑 200 米、300 米或 400 米距离后，休息 3 ~ 5 分钟后再练习。 （5）在公路或自然环境中（如乡间小路、山地、沙丘、林间）进行定时跑 20 ~ 30 分钟

（三）提高跨栏跑能力的练习

提高跨栏跑能力的练习见表 1-1-3。

表 1-1-3　提高跨栏跑能力的练习表

提高跨栏跑能力的练习	内　容
跨栏步练习	先原地或行进间做屈膝攻栏腿的"鞭打"着地动作练习，然后在走动或慢跑中分别做摆动腿和起跨腿快速侧栏过栏练习，最后做栏侧或栏中高抬腿跑、垫步跑、小步跑以及中速跑的完整过栏
站立式起跑过第一栏练习	站立式起跑由栏侧过起跨腿或摆动腿：在起跨点处分别画出起跨标志线，站立式起跑用 8 步反复练习，确定适宜的步长和起跨距离
栏间跑练习	适当缩短或加长，一直到标准栏间距离，用站立式或蹲踞式起跑过前 3 栏；踩上栏间固定的标志点进行跑跨结合练习 5 ~ 7 栏；适当缩短栏间距或降低栏架高度的全程跨栏练习

（四）提高跳高能力的练习

提高跳高能力的练习见表 1-1-4。

表 1-1-4　提高跳高能力的练习表

提高跳高能力的练习	内　容
原地蹲起跳	半蹲或全蹲，两臂后摆后迅速用力向上摆动，两腿用力向上蹬伸，尽可能获得最大的腾空高度
连续跳跃跳箱	距跳箱 50～80 厘米处两腿起跳越过跳箱
连续上步摸高	上步时两臂迅速上摆，两腿用力蹬伸跳起，单手尽量摸空中的标志物。落地后再上跨一步，重复前一动作
单跳双落起跳后弓步跳	一腿前迈，另一腿蹬伸用力跳起，并拢落地，接着用力蹬伸向上跳起，空中成弓步，然后并拢落地缓冲
过杆和落地	背对垫子，原地向后上方跳起，同时倒体挺髋，展体成背弓姿势，然后以肩背落垫

（五）提高跳远能力的练习

提高跳远能力的练习见表 1-1-5。

表 1-1-5　提高跳远能力的练习表

提高跳远能力的练习	内　容
2～3 步助跑踏跳板接跳箱	距跳板 2～4 米站立，上 2～3 步踏跳板，另一只腿踏上跳箱，用力蹬伸跳起，成挺身姿势后两腿迅速并拢，收腹举腿落地
原地弓步并腿跳	弓步站立，两臂向前上方摆起，用力蹬地向上跳起，两腿迅速并拢收腹落地
原地立定跳杆	杆高度约为 30 厘米，人距杆约 60 厘米处站立，起跳后尽量使两腿向胸前靠拢，使两腿尽量越过杆。两腿向前伸，落入沙坑
负重杠铃半蹲跳	负重 30～60 千克的杠铃蹲跳，连续进行练习
多级跳	全蹲或半蹲，身体伸直，两腿用力蹬地向前跳进，连续进行练习
立定跳远	（1）上步挺身跳：跑 1～2 步，两腿起跳，空中做直腿挺身动作，髋关节完全打开，做出背弓动作，落地时屈膝缓冲。 （2）团身收腹跳：从原地直立开始起跳，空中做屈腿抱膝动作或两手在腿前击掌，落地时一定要屈膝缓冲，越过一定高度和远度。 （3）原地两级蛙跳：原地两脚左右开立，协调预摆几次，两臂及两腿用力蹬伸摆动，收腹举腿前伸落地，接着连续蹬伸进行第二次跳跃

（六）提高投掷能力的练习

提高投掷能力的练习见表 1-1-6。

表 1-1-6　提高投掷能力的练习表

提高投掷能力的练习	内　容
投掷练习	（1）卧推 30～60 千克杠铃。 （2）站立姿势，快速推举 15～30 千克杠铃。 （3）原地向上推球。两脚左右开立，右手持球于肩部，掌心朝上托住铅球，两腿弯曲后用力蹬伸，将球向上推出。 （4）原地向下推球。两脚左右开立，上体前屈，左手在胸前托住铅球，右手掌心朝下，然后迅速向下用力推球。 （5）原地半侧向推铅球。持球后上体稍后仰，右手臂向后引伸，右腿蹬伸送髋，带动躯干向投掷方向用力将球推出

项目二 趣味田径

一、淘汰赛跑

【目的】发展速度素质、耐力素质，提高弯道跑技术。

【准备】在一块画有直径 9 ～ 12 米的圆的场地上，在圈外画一条斜线为起跑线。

【方法】游戏开始，学生站在起跑线上。当教师发令后，可规定每人跑两圈，最后一个人被淘汰，其他人继续跑。然后再规定每人跑一圈，最后一个人被淘汰，其他人再继续跑。直到游戏进行到只剩 6 ～ 8 人跑时结束，最后剩下的 6 ～ 8 人为优胜者。（图 1-2-1）

图 1-2-1

【规则】

（1）听到信号后才能起跑。

（2）超越别人时，应从右边越过。

【教法建议】根据人数适当安排场地的大小和规定跑的圈数。

二、十字接力跑

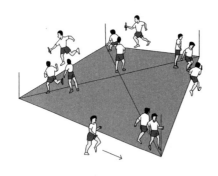

图 1-2-2

【目的】发展速度素质、灵敏素质。

【准备】在场地上画一个边长为 10 米的正方形，再将正方形的对角线画好。标杆 4 根，分别插在四方形的顶角处。接力棒 4 根。

【方法】教师可将学生分成人数相等的 4 个队，各成纵队，分别对准顶角的标杆站在对角线上，各队排头手持接力棒做好准备。

游戏开始，听到教师发令后，排头绕过标杆沿逆时针方向绕四边形跑一圈后，将接力棒传交给本队第 2 人后，站到队尾。第 2 人按同样方法进行，直到全队跑完，以先跑完的队为胜。（图 1-2-2）

【规则】

（1）绕四边形跑时，必须依次绕过标杆的外侧跑。

（2）递交接力棒后，要迅速离开跑动路线，不得妨碍他人。

（3）超越别人时，必须从外侧绕过，不得拉撞、挡人。

（4）如果掉棒，必须由本队将棒拾起，再继续跑。

【教法建议】此游戏还可采用运球形式的接力赛。

三、击球出城

【目的】发展手臂力量及投掷的准确性，培
养合作精神。

【准备】篮球 1 个、小橡皮球若干个。

在场地上画一个边长为 12 米的正方形，再
在中间画一个边长为 1 米的正方形。将篮球放
在小正方形的中间。

【方法】教师可将学生分成人数相等的四
个队排站在大正方形的边线外，面向小正方形，
各队队员手持小橡皮球做好准备。

图 1-2-3

游戏开始，教师发令后，用小橡皮球，击打小正方形中的篮球，并使其滚出对
面的边线，可以接住或捡取滚过来的小皮球，投击篮球，直到篮球被击出小正方形为
止。各队的胜负，以将篮球击出界的边线方位来确定。（图 1-2-3）

【规则】

（1）投掷小橡皮球的人不得进入大正方形，否则算犯规，停止其继续游戏。

（2）篮球被击出界边线的对面一队为胜。

（3）拾球的人只能就近拾球，不得乱抢球。

【教法建议】

（1）可根据学生的年龄和投掷能力，适当调整两个正方形的大小。

（2）可采用对抗赛的方式进行游戏。

模块二

大球俱乐部指导

>> **本章导言**

　　足球运动是世界上最具有影响力的单项体育运动，被誉为"世界第一运动"。现代足球运动是身体和智力的结合，是拼搏和勇敢的表现。篮球运动发展到今天，已经不再是一项普通的体育运动，它对提高青少年的体质，积极推动全民健身有着积极的现实意义。排球运动是一项深受大众喜爱的集体团队体育项目，是力量和技巧的结合。

>> **学习目标**

1. 掌握足球运动的基本技术和基本战术。
2. 掌握篮球运动的基本技术和基本战术。
3. 掌握排球运动的基本技术和基本战术。

项目一　足球运动

一、足球基本技术

（一）颠球技术

颠球指用身体的某个或某些部位连续不断地将处于空中的球轻轻击起的动作，是增强球感、熟悉球性的有效方法。用脚背正面颠球较为常见的颠球练习。此外还有用脚内侧、脚外侧、大腿、肩部、胸部、头部颠球的。这是所有运动员常练不懈的技术。它可作为准备活动，也可用作前后两个练习之间的调整过渡手段。

脚背正面颠球：上体自然放松，支撑脚在球后约30厘米处，膝关节微屈。颠球脚用脚底将球向后拉的同时，顺势用脚背的前部将球向上挑起。随即用脚背正面的前部，以大腿上抬、脚上挑的动作击球的底部，在球离地面30厘米左右时击球。触球后，击球脚积极下压地面，以便及时调整身体位置，用另一只脚准备做第二次颠球。（图2-1-1）

图 2-1-1

（二）踢球技术

踢球是运动员有目的地用脚的某一部位将球击向目标的动作方法。击球时脚的部位可分为：脚内侧、脚背正面、脚背内侧、脚背外侧、脚尖、脚跟等。下面主要介绍脚内侧踢地滚球和脚背内侧踢球。

1. 脚内侧踢地滚球

直线助跑，支撑脚踏在球的侧方约15厘米处，膝关节微屈。踢球腿以髋关节为轴，由后向前摆动，在摆动过程中膝关节外转，踢球脚内侧与出球方向成90°角，脚尖稍翘起，小腿加速前摆，脚掌与地面平行，踝关节用力绷紧，触球后身体跟随移动，髋关节向前送。（图2-1-2）

2. 脚背内侧踢球

斜线助跑，助跑方向与出球方向成45°角。支撑脚以脚掌外沿积极着地，踏在球的侧后方20～50厘米处，屈膝，支撑脚脚尖指向出球方向，身体稍向支撑脚一侧倾斜。在支撑脚着地的同时踢球腿以髋关节为轴，大腿带动小腿由后向前摆。当身体转向出球方向、膝关节摆到接近球的内侧正上方的一刹那，小腿做爆发式前摆，脚尖稍外转，脚面绷直，脚趾扣紧，脚尖指向斜下方，以脚背内侧踢球的后中部（踢高球时，击球的中下部）。踢球后，踢球腿随球继续前摆。（图2-1-3）

图 2-1-2   图 2-1-3

抢截球技术

（三）接球技术

接球是指运动员有目的地用身体的合理部位触球，以改变运动中的球的方向，使球处于运动员所需要的控制范围内。接球的主要部位有脚、胸部、大腿和头部等。接球技术的动作结构由移动与选择接球方法、改变运行球的力量和方向、接球后的跟随动作等三个环节组成。

缓冲是接球的关键，接球前要快速移动，调整自身位置迎球。接球主要有以下几种：① 接地滚球。接球脚对准来球路线，在脚触球的一刹那后撤。② 接反弹球。判断球的落点，接球脚对准球的反弹路线，触球的中上部。③ 接空中球。接球脚根据来球的高度抬起，在脚接触球的一刹那后撤或下撤。

1. 脚内侧接地滚球

接球前，摆动腿稍抬前迎球，在脚与球接触的刹那稍后撤，以缓冲来球。此外，脚内侧接地滚球还可以用推压式接法，即主动上前迎球，以脚内侧推压球的后中上部，同时膝关节也稍向前压，上体稍前倾。（图 2-1-4）

注意事项：① 准确判断来球的速度、路线、落点以及球反弹的角度。② 接球时，为了削弱与球接触时所产生的反作用力，要做迎撤动作以缓冲来球的力量；或做轻微下压、后切和撤引的动作，抵消球的前进力量。③ 为更好地衔接下一个动作，接球后身体重心必须移动。

2. 大腿接球

大腿接球一般可以用来接抛物线较大的高空球和略高于膝关节的低平球。

（1）大腿接抛物线较大的高空球：面对来球方向，根据球的落点迅速移动到位，接球腿大腿抬起，在球与大腿接触的瞬间大腿下撤，将球接到需要的位置上。

（2）大腿接低平球：面对来球方向，根据来球的高度，接球腿大腿微屈，送髋前迎来球，在球与大腿接触的瞬间收撤大腿，使球落在运动员所需要的位置上。

3. 胸部接球

胸部接球是指运动员将高于胸部的下落球接下来的一种方法。

接球时，面对来球，两脚前后开立，两臂张开，两膝微屈，在球运行到与胸部接触的一刹那，收下颌，挺胸，收腹。胸部触球时，上体稍后仰以缓冲来球力量，使球弹落于身前。（图 2-1-5）

注意事项：① 判断准球下落的位置，用正确部位触球；② 注意收下颌；③ 动作协调，做好缓冲。

图 2-1-4　　　　　　　　图 2-1-5

（四）运球技术

掷界外球技术

运球是指运动员在跑动中用脚的推拨动作，使球始终保持在自己控制范围内的连续触球动作。运球是为战术配合和个人突破服务的。常用的运球技术主要包括脚背正面运球、脚内侧运球、脚背外侧运球和脚背内侧运球。

1. 脚背正面运球

跑动时，身体自然放松，上体稍前倾，两臂自然摆动，步幅不宜过大。运球脚提起时，膝关节弯曲，脚跟提起，脚尖下指，在迈步前伸脚着地前，用脚背正面推拨球前进。

2. 脚内侧运球

运球时，支撑脚稍向前跨，踏在球的前侧方，膝关节稍弯曲外展，上体前倾并向里转。随着身体向前移动，运球脚提起，用脚内侧推球的后中部。

3. 脚背外侧运球

跑动时，身体自然放松，上体稍前倾，两臂自然摆动，步幅要小。运球脚提起时，膝关节弯曲，脚跟提起，脚尖稍内转。在迈步前伸着地前，用脚背外侧推球。推球时，两眼注视球，推球后抬头观察场上的比赛情况。

4. 脚背内侧运球

跑动时，身体自然放松，步幅要小，上体前倾并稍向运球方向转动，支撑脚在球的侧方（或侧前方）距球 25 厘米左右。运球脚提起时，膝关节稍弯曲，脚跟提起，脚尖稍外转。在迈步前伸着地前，用脚背内侧推拨球。推拨球时，两眼注视球，推拨球后抬头观察场上的比赛情况。

（五）头顶球技术

头顶球技术

头顶球是指在足球比赛中，运动员为了争取时间和取得空中优势，不等球落地，即用前额将球击向预想目标的动作方法。头顶球可分为前额正面顶球和前额侧面顶球，这两个部位都可以做原地、跑动中、跳起空中和鱼跃原地前额正面头顶球。

前额正面顶球：身体正对来球，两脚前后开立，膝关节微屈，上体后仰，重心放在后脚上，两臂自然张开，两眼注视来球。在球运行到身体正前方的一刹那，后脚用力蹬地，收腹，迅速向前屈体，身体重心由后脚移向前脚；颈部保持紧张，快速甩头，用前额正面顶球的中部，然后上体随球继续前摆。

二、足球基本战术

（一）进攻战术

1. 个人进攻战术

（1）跑位。

跑位是足球比赛中队员在无球的情况下，通过有意识的跑动，为自己或同伴创造进攻机会的行动。

足球中的基本跑位方法大致可分为以下三种：① 套边跑，就是跑位队员从持球队员身后插入外侧的跑动。这种跑动方式常常被用在边前卫与边后卫的配合中，当边前卫拿球时，边后卫利用对手上前防守背后留下空当的时机，从边前卫身后插入助攻。此战术在注重边路进攻的球队中经常可以看到。② 身后跑，就是进攻队员插向防守队员的身后。此种跑位在足球比赛中经常在中路配合进攻时被前锋队员利用，当前锋插向防守队员身后时，中场队员看准时机将球塞给前锋队员，前锋就此直插对方的防守要害，给对方以致命打击。由于中路是防守要地，每个球队都会囤积重兵防守，所以这种直塞的成功率一般不会很高，需要跑动、传球队员间要有很好的默契。③ 斜线跑，是指近似球场对角线的跑位。斜线跑分为向外斜线跑和向内斜线跑。向外斜线跑的主要目的是在一侧进攻无法进行的情况下，将球转移至防守薄弱的另一侧。向内斜线跑主要是在反击中跑位队员向拿球队员靠拢时所采用的战术。

（2）传球。

传球是整体战术配合的基础，是组织进攻、变换战术、迅速逼近对方球门、创造射门机会的主要战术方法。传球的基本因素包括准备、力量、时机、晃骗、角度。

传球要求：把握传球时机、落点、力量；快传球、传快球、传好球。

传球的注意事项：隐蔽传球意图；动作快速、简练、多变；注意转移传球；根据比赛情境决定传球状态。

2. 局部进攻战术

（1）"二过一"战术配合。

"二过一"战术是两个进攻队员通过传球配合突破一个防守队员的配合。"二过一"战术是集体配合的基础，可以在任何场区、任何位置上运用这种方法来摆脱对方的抢截或突破防线。

"二过一"战术要求传球平稳及时，一般多用脚内侧、脚外侧等脚法，以传低平球为主。传球的位置尽可能是接球人的脚下或前面两三步远的地方。

"二过一"战术的方式有很多种，比赛中常用的有：① 斜传直插"二过一"；② 直传斜插"二过一"；③ 斜传斜插"二过一"；④ 回传反切"二过一"。（图 2-1-6）

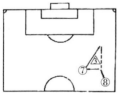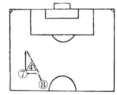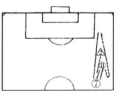

斜传直插"二过一"　　直传斜插"二过一"　　斜传斜插"二过一"　　回传反切"二过一"

图 2-1-6

（2）"三过二"战术配合。

"三过二"战术是在比赛中局部地区的 3 个进攻队员通过连续配合突破两个防守者的防守的配合。

图 2-1-7　　　　图 2-1-8

示例 1：⑦持球，⑥假接应，⑨斜插把防守吸引开，⑥插上至⑨制造出的空当接⑦的传球，突破防守。（图 2-1-7）

示例 2：⑨向后跑动接球，再接球传给⑥，⑦做假动作并伺机从内线切入接⑥的传球突破防守。（图 2-1-8）

3. 整体进攻战术

（1）边路进攻。

边路进攻一般是指在进攻的最后阶段发生在前场罚球区线以外，靠近边线区域的进攻。边路进攻打法的主要目的在于充分利用球场"宽度"原则，拉开防守面，削弱中路的防守力量，创造中路破门得分的有利战机。

示例 1：边锋在边路运球突破。（图 2-1-9）

示例 2：边锋与中锋或前卫二过一配合。（图 2-1-10）

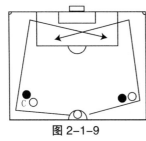 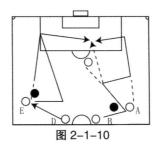

图 2-1-9　　　　　　图 2-1-10

（2）中路进攻。

中路进攻是利用球场中间区域组织的进攻。这种进攻虽然能直接射门，但难度最大，因为中路的防守最为严密，攻击手必须是反应极其敏锐、意识强、技术强、敢于冒险、速度快和善于策应的队员。

横扯插上配合：由中锋跑位扯动，拉开防守队员，制造出第二空当，前卫队员突然插上射门。

头球摆渡配合：当地面配合难以突破对方的防守时，可运用外线吊球，利用中路攻击手的身高和头球优势，争顶摆渡，边锋或前卫插上射门。

（3）层次进攻。

层次进攻是有组织、有步骤、层层推进的一种进攻方式，一般发生在从防守中抢到球后，对方已组织好防守布置的情况下。层次进攻是一种比快速反击更慎重的进攻打法。如果速度和冒险是快速反击的基础，那么，用准确和稳妥描述层次进攻则更为合适。

（4）快速反击。

比赛中当进攻方进攻时，其后卫线往往前压至中场附近，使防守人数减少和后防空虚。防守方应抓住时机，趁进攻方失球快速发动反击，通过简练的传球和配合，迅速把球推进到对方门前，形成射门或威胁。

五人制足球

13

（二）防守战术

1. 个人防守战术

（1）选位。选位是指防守队员根据位置职责和临场情况，选择适当的防守位置。盯人是指在正确选位的基础上，对防守的对手严密控制其进攻行动。

选位的基本原则是，每一名防守队员在本方失球后应尽快回位并应站在进攻者与本方球门线中点的连接线上。合理的选位不仅有助于个人防守行动，它还密切联系着整体布局的合理程度，对防线的稳固性起着重要作用。

选位的基本要求是，由攻转守的选位必须及时快速，防守队员间必须根据对手的情况保持适宜的横向和纵向联系，提供保护和有效补位。

（2）盯人。

盯人方式主要有紧逼盯人和松动盯人两种。紧逼盯人一般适用于禁区地带或盯接近球的进攻队员。松动盯人一般适用于盯离球远的队员。在运用盯人战术时应注意以下几个问题：①防守者必须根据球的位置站于被盯者与本方球门线中点之间的连线上，并根据比赛情况，保持与球的适当距离。②防守者在盯人中注意力必须高度集中，能够洞察周围局势，以便提前有准备地干扰被盯者接球或处理脚下球。③盯人者通常在固定的被盯者附近或相对稳定的区域范围，每一盯人者除了完成自己的任务之外，必须具备补防意识和能力，以便在同伴失职后仍能保证整体防守的有效性。④盯人者应当具备随机应变的能力，当同伴防守吃紧时，可见机采用夹击、围抢，当周围有球可断截时，应善于主动出击；各负其责是盯人成功的基本条件，而同伴间灵活、主动、积极地协作，更能提高盯人防守的成功率。⑤盯人者在运用抢截技术时，必须谨慎小心，一旦出现失误，往往就会给本队带来以少防多的被动局面，给同伴增加压力。如果抢截失误，该队员应即刻回追。⑥盯人防守对体力的要求往往很高，盯人者必须根据自己的体力状况，采用合理的盯人形式。当体力不支时，可适当地减少盯人中的争抢。

2. 局部防守战术

（1）保护。保护是指在逼抢持球对手的同伴身后，选择适当的位置协防并阻止对手突破的战术配合。

保护要求：①保护队员与被抢队员的距离是动态变化的。在后场时 3～5 米，在中前场时 4～8 米；对技术型队员应近些，对速度型队员应远些。②保护队员的选位应根据临场情况随时调整角度。同伴堵内放外，应选择角度偏向外线；堵外放内，应选择角度偏向内侧，形成夹攻之势。③考虑双方队员人数对比。二防一，在全力保护的同时，积极夹击；二防二，既要保护同伴防守突破，又要兼顾自己盯防的队员；二防三，延缓对方的进攻速度，为队友争取回防的时间。④保护队员还要通过语言指挥同伴抢截和选位，让同伴知道自己的位置。

（2）补位。补位是指足球比赛中局部地区集体配合进行防守的一种方法。当防守过程中一名防守队员被对方突破时，另一名队员应立即上前进行封堵。

（3）围抢。围抢是指比赛中在某局部位置上，防守一方利用人数上的相对优势围堵对方的持球队员，以求在较短时间内达到抢断或破坏对方进攻的目的。围抢时要凶狠、果断，参加围抢的队员行动要一致，动作要突然。围抢是现代足球比赛中集体防守的重要手段，在实战中往往能收到很好的效果。

3. 整体防守战术

（1）人盯人防守。人盯人防守是一种除自由人以外，其他每个人都有固定盯人对象的防守形式。人盯人防守要求队员必须具有较强的个人防守能力，并具有较强的相互协作能力和体能。

（2）区域盯人防守。区域盯人防守是每个防守队员占据一定的活动区域，当进攻者进入该防区时，区域防守队员实施严密盯人，以控制进攻者在该区域的一切有效行动。区域盯人防守要求明确每一名防守队员防守的区域，及时补防邻近队员的防守漏洞。

（3）区域结合紧逼盯人。区域结合紧逼盯人是人盯人防守和区域盯人防守两种形式交织在一起的防守方法，通常要求体能好、个人防守能力强的队员以人盯人防守方式盯住对方的核心队员，其他队员采用区域盯人防守。

项目二 篮球运动

篮 球

一、篮球基本技术

（一）基本姿势和移动技术

1. 基本姿势

两脚左右开立，膝关节微屈，手臂放在一前一侧或放在两侧。（图2-2-1）

2. 移动技术

（1）起动。

（2）跑：加速跑、变速跑、侧身跑、后退跑。

（3）急停：跨步急停、跳步急停。

（4）滑步：前滑步、后滑步、侧滑步。

图2-2-1

（二）传球与接球技术

准确、及时、隐蔽、多变的传球不但能直接助攻得分，而且是队员之间联系的纽带。

（1）双手胸前传球：两脚前后开立，两手持球于胸前，两臂发力前伸，通过手腕手指拨球。

（2）接球：两臂前伸，两手呈半球状迎向来球，球入手后迅速屈肘缓冲，缓冲后两手持球于胸前。（图2-2-2）

（3）传反弹球：两脚前后开立，两手持球于胸前，抖腕，手指用力拨球。（图2-2-3）

（4）单手肩上传球：右手持球于右肩上，蹬地转体，摆臂、拨指将球抛出。（图2-2-4）

（5）单手体侧传球：持球于身体右侧，向前摆臂、扣腕、拨指，将球从体侧抛

出。（图 2-2-5）

图 2-2-2　　　　　　　　　　图 2-2-3

图 2-2-4　　　　　　　　　　图 2-2-5

（三）运球技术

掌握熟练的运球技术是摆脱防守、调整自己在球场上的位置、完成全队战术配合的必备条件之一。

（1）高运球和低运球：高运球时虎口朝前，手拍球的后上方，手指柔和地随球上引，手臂自如地屈伸控球，球反弹至胸腹间；低运球时拍球动作短促有力，球反弹至膝下高度，身体协调护好球。（图 2-2-6）

（2）体前变向换手运球：屈膝降重心，目视对手，右手迅速将球拍向地面，换手后迅速运球推进。（图 2-2-7）

（3）背后运球：运球受阻时，向右后拉球，并迅速向左侧前方拍球，球拍至身体左侧地面后弹起，左手接反弹球后向前推进。（图 2-2-8）

图 2-2-6　　　　　　　　图 2-2-7　　　　　　　　图 2-2-8

（四）持球突破技术

持球突破是摆脱防守，获得进攻机会的重要手段。

（1）交叉步突破：两脚开立，降低重心，持球于胸腹之间；向左做假动作后，左脚迅速向防守者左侧跨出；右脚离地前，右手拍球至左脚右前方，右手运球，左手护球，迅速超越防守。（图 2-2-9）

图 2-2-9

（2）同侧步突破：两脚开立，降低重心，持球于胸腹之间；假动作要逼真，右脚上步要快速转体、探肩护好球；放球要快；右手运球，左手护球，迅速超越防守。（图 2-2-10）

图 2-2-10

（五）投篮技术

比分是衡量比赛胜负的唯一标准。运动员只有掌握了正确的投篮技术，才能提高命中率，多得分，从而取得比赛的胜利。

（1）原地双手胸前投篮：两膝微屈，两手持球于胸前，两脚蹬地，同时两臂上伸，扣腕拨指出球。（图 2-2-11）

图 2-2-11

（2）原地单手肩上投篮：两脚开立，两膝微屈，屈肘持球，手腕后仰，举球至右肩前上方，手臂向上伸展，右手扣腕拨指。（图 2-2-12）

（3）行进间单手高手投篮：右脚跨一大步的同时双手接球，接球后左脚迅速向前跨一小步，起跳、腾空、将球上举，扣腕拨指，投篮出手。（图 2-2-13）

（4）行进间单手低手投篮：右脚跨一大步的同时双手接球，接球后左脚迅速向前跨一小步，起跳、腾空、掌心朝上托球上举，手指上挑出球。（图 2-2-14）

（5）原地跳起单手肩上投篮：两脚开立，两膝微屈，屈肘持球，两脚蹬地跳起，同时举球于右肩上，伸臂、扣腕，手指拨球。（图 2-2-15）

图 2-2-12　　　　　　　　图 2-2-13

17

图 2-2-14   图 2-2-15

（六）防守基本技术

1. 防守有球队员

防守队员应站在对手与球篮之间适当的位置上。如果对手善于投篮，防守时采用两脚前后开立、前脚同侧手臂向前方伸出的防守姿势；如果对手善于持球突破，防守时多采用两脚左右开立，两臂向两侧伸展的平步防守姿势。防守中应随时根据持球队员进攻动作的变化，及时调整防守位置和变换动作。除上述防守动作外，还应抓住时机，上挑或打掉持球队员手中的球。（图 2-2-16）

2. 防守无球队员

防守队员应站在对手与球篮之间偏向有球一侧的位置，对手移动时，积极运用滑步随其移动，始终与对手保持一定的距离，防止对手摆脱。

图 2-2-16

（七）篮板球技术

1. 抢进攻篮板球

根据自己在场上所处的位置，及时判断球的反弹方向，快速起动，摆脱防守，抢占有利的位置。采用单脚或双脚起跳，腾空后身体和手臂充分伸展，及时调整重心，球入手后可根据自己所处的位置选择投篮或将球传出。

2. 抢防守篮板球

进攻方投篮时，防守队员应根据自己与进攻队员之间的不同距离，采用不同的挡人方法，然后根据球反弹的方向，及时转身，抢占有利位置，跳起后用单手或双手迅速将球抢下来。落地后可根据场上情况或运球推进或将球传给同伴。

二、篮球运动基本战术

（一）篮球进攻战术基础配合

篮球进攻战术基础配合是指进攻方进攻时两三人之间有组织、有目的的协同行动，主要包括传切配合、策应配合、突分配合和掩护配合。全队完整的进攻配合必须建立在基础配合之上。熟练地掌握两三人之间的传切、策应、突分、掩护等基础战术配合及其变化，是提高全队进攻战术配合质量的重要保证。

1. 传切配合

传切配合包括一传一切配合和空切配合。

（1）一传一切配合：④传球给⑤后，利用速度和假动作摆脱△的防守，切入篮下接⑤的回传球上篮。⑤接球前，用假动作摆脱防守，接球后做投篮或突破的动作吸引的防守，并及时将球传给切入的④上篮。（图 2-2-17）

（2）空切配合：④传球给上提接球的⑤，⑤接球后以假动作吸引△的防守，此时另一侧的⑥做假动作摆脱△的防守空切篮下后接⑤的传球上篮，⑤去冲抢篮板球。（图 2-2-18）

2. 策应配合

策应配合是内线队员背对或侧对球篮接球，并作为进攻的枢纽，与同伴的切入、急停跳投等技术相结合，以摆脱防守传给外线同伴投篮的一种配合形式。

（1）④传球给插上策应的⑤，④用假动作摆脱△的防守插入篮下要球，⑤可视情况将球回传给④或自己运球进攻篮下，或转身跳投。（图 2-2-19a）

（2）④传球给插上策应的⑤后切入篮下要球或抢篮板球，⑤接球后准备进攻，此时△要去补防④，⑤将球传给出现更好机会的⑥投篮。（图 2-2-19b）

图 2-2-17　　　　图 2-2-18　　　　　　　　　图 2-2-19

3. 突分配合

进攻队员持球或运球突破，遇到对方协防时，及时将球传给插入防守空隙地带接应的同伴，这种突破中根据情况及时传球的配合称为突分配合。突分配合主要用于对方采用缩小盯人和松动盯人的防守战术，而己方外线投篮又不准的情况下使用。

（1）示例一：④运球突破△的防守，△上前补防，④将球传给插入篮下的⑤，⑤立即投篮，如果⑤遇到△的回防，由于△已抢占篮下的有利位置，应该强攻。（图 2-2-20a）

（2）示例二：④传球给⑤，⑤突破进入篮下，△进行补防，⑤可将球传给从不同方向插入的⑥，⑥接到⑤的传球后立即投篮，如果遇到△的回防，可争取强攻。（图 2-2-20b）

图 2-2-20

4. 掩护配合

掩护是进攻队员利用合理的技术动作，用自己的身体挡住同伴防守队员的移动路线，使防守同伴的队员被阻挡，同伴借此摆脱防守，从而创造有效进攻机会的配合。根据掩护者的不同位置和掩护方向，掩护可分为前掩护、侧掩护和后掩护。

（1）前掩护。⑥传球给⑤后，先向左做要球的假动作，然后快速向篮下插去，如果△也随之插向篮下，则利用④做掩护，到限制区外接球；⑤接到⑥的传球后，见⑥

从限制区内跑出来要球，则传球给⑥，这时⑥借④的前掩护接球跳投。（图 2-2-21a）

（2）侧掩护。⑥传球给⑤后，先向右做假动作，然后向左插去，到⑤的左侧停住，给⑤做侧掩护，⑤借⑥的掩护快速从⑤的右侧运球上篮。（图 2-2-21b）

（3）后掩护。⑥传球给⑤，④跟上给⑤做后掩护，⑤借④的掩护从④的左侧运球上篮。（图 2-2-21c）

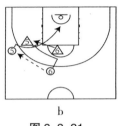

a　　　　　　　　b　　　　　　　　c

图 2-2-21

（二）篮球防守战术基础配合

1. "关门"配合

"关门"配合是临近的两个队员靠拢协同防守突破的配合。

当⑤从正面突破时，④与⑤或⑤与⑥进行"关门"配合。（图 2-2-22）

2. 挤过配合（图 2-2-23）

挤过配合是破坏掩护配合的积极有效的方法之一，是防守队员从两名进攻队员之间挤过去，继续防守自己的防守对手的配合方法。④传球给⑤后跑去给⑥做掩护，④发现后要及时地提醒同伴⑥，在④临近的瞬间，⑥迅速抢在④到位之前继续防守⑥。

图 2-2-22　　　　　　　　　图 2-2-23

3. 穿过配合

穿过配合是破坏掩护配合的积极有效的方法之一，是防守队员从自己的同伴与进攻队员之间穿过去，继续防守自己的防守对手的配合方法。⑤传球给⑥后去给④做掩护，⑤要提醒同伴，并离⑤远一点。当⑤掩护到位前的一刹那，④主动后撤一步，从⑤和⑤中间穿过，继续防守④。（图 2-2-24）

4. 绕过配合

当进攻队员进行掩护时，掩护队员的防守者主动贴近对手，让同伴从身后绕过并继续防守自己的对手。④给⑤做掩护，⑤主动贴近对手，让④从⑤和⑤的身后绕过继续防守④。（图 2-2-25）

5. 交换配合

交换配合是为了破坏进攻队员的掩护配合，防守队员及时地相互交换自己所防守的对手的一种方法。⑤去给④做掩护，⑤要主动发出信号，及时封堵④向篮下突破的路线，此时④应及时调整自己的防守位置，防止⑤向篮下空切。（图 2-2-26）

图 2-2-24

图 2-2-25

图 2-2-26

项目三　排球运动

一、排球运动基本技术

排球技术是在比赛规则允许的条件下所采取的各种合理的击球动作和配合动作的总称。它是各种战术的基础，任何战术的组成和运用都必须以相应的技术为前提。

排球技术可分为无球技术（配合动作）和有球技术（击球动作）。无球技术包括准备姿势和移动技术；有球技术包括发球、垫球、传球、扣球和拦网等技术。

（一）准备姿势和移动

1. 准备姿势

准备姿势是在进行移动和各种击球动作前所做的合理的准备动作，是完成各种技术和组成战术的基础。它根据身体重心的高低可分为稍蹲准备姿势、半蹲准备姿势、低蹲准备姿势。（图 2-3-1）

2. 移动技术

移动技术是队员从起动到制动之间的人体位移。它可以使队员及时地接近球，保持好人与球的位置，以便合理地完成击球动作，是完成各种排球技术的关键。移动技术包括并步与滑步、交叉步、跨步与跨跳步。

（1）并步与滑步：当球距离身体一步左右时可采用并步移动，当来球与身体的距离较远时可采用连续并步，即滑步移动。（图 2-3-2）

图 2-3-1

图 2-3-2

（2）交叉步：当来球在体侧 3 米左右时，可采用交叉步。（图 2-3-3）

（3）跨步与跨跳步：当来球较低，距离身体 2 米左右时采用跨步或跨跳步。（图 2-3-4）

排球

图 2-3-3

图 2-3-4

（二）发　球

发球是比赛的开始，同时又是一项有效的进攻技术。发球是后排右侧队员在发球区自己抛球，用一只手将球击入对方场区的一种击球方法。

1. 正面上手发球

面对球网，两脚自然开立，左脚在前，右脚在后，左手或两手托球于身前；抛球的同时右臂随球上抬，屈肘后引，上体稍向右转；击球时利用蹬地的力量，上体向左转动。收胸、收腹带动手臂挥动。在右肩上方、伸直手臂的最高点，用全掌击球的后中部。其整个挥臂动作如鞭打动作。击球后，迅速进场比赛。（图 2-3-5）

图 2-3-5

2. 正面下手发球

面对球网，左脚在前，两脚前后开立，两膝微屈，重心落在后腿，发球时，左手持球于腹前。左手将球抛在体前右侧，高度为离手 20～30 厘米，抛球的同时，右臂伸直，以肩为轴向后摆动。击球时右腿蹬地，身体重心随右手向前挥动击球而移至前脚，在腹前以全掌击球的后下方，击球时手指、手腕收紧，击球后随即入场。（图 2-3-6）

3. 侧面下手发球

左肩对网，两脚左右开立，约与肩同宽，两膝微屈，上体稍前倾，重心落在两脚之间。左手将球抛向胸前约一臂的距离，离手高度约 30 厘米。在抛球的同时，右臂引向侧后方，接着利用右脚的蹬地、转体力量，带动手臂向前上方摆动，重心随之移向左脚，在腹前用全掌击球的右下方，击球后随即入场。（图 2-3-7）

图 2-3-6

图 2-3-7

（三）垫 球

垫球是用单手或双手的手臂或手的坚硬部位，由球的下方向上击球的技术动作。这是排球的基本技术之一，是防守的基础，在排球比赛中占有重要的地位。常用的垫球技术有正面双手垫球、体侧垫球、背垫、单手垫球和挡球。以下重点介绍正面双手垫球和体侧垫球。

1. 正面双手垫球

（1）准备姿势：呈稍蹲或半蹲准备姿势，两肘弯曲，自然下垂，两手手臂置于腰腹前。

（2）击球手型：主要有三种手型。（图2-3-8）

抱拳式：两手抱拳互握，两手拇指平行向前。

叠掌式：两手掌根靠紧，两手手指重叠互握，两拇指平行朝前。

互靠式：两手自然放松，腕部靠紧。

（3）击球部位：应以两手手臂腕关节以上10厘米左右、桡骨内侧合成的平面触球为佳。

（4）击球：当球飞到腹前一臂距离时，两臂前伸插入球下，向前上方蹬地抬臂，身体重心随之向前移动，击球点保持在腹前一臂距离，将球准确地垫在击球部位上，然后做好下一个击球准备动作。（图2-3-9）

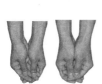

图2-3-8   图2-3-9

2. 体侧垫球

在接发球或防守时，身体来不及移动到正对来球的位置，则击球点在体侧。这种垫球可扩大击球的控制面，但不易控制击球的方向。当球向左侧飞来时，右脚前脚掌蹬地，左脚向左跨出一步，左膝弯曲，重心移至左脚，两臂夹紧向左伸出，右肩微向下倾斜，用向左转体收腹的动作，配合两臂在身体左侧截住来球，用两手前臂击球的后下部。如果球从右侧飞来，则动作相反。（图2-3-10）

图2-3-10

（四）传 球

传球是用双手（或单手）在额前上方，利用蹬腿、伸臂的动作和手指、手腕的弹力完成的击球技术，是排球最基本、最重要的技术之一。它主要用于将接住、防起的球传给进攻队员进攻。传球可分为双手正面传球、背传和侧传。

1. 双手正面传球

（1）准备姿势：采用稍蹲准备姿势，上体适当挺起，眼睛注视来球，两手自然抬起，置于脸上方。

（2）迎击球：当判断到来球下降至额前上方一球的距离时，蹬地伸膝、伸臂、两手向前上方迎击球。

（3）手型：当两手触球时，两臂弯曲，两肘适当分开，两手自然张开呈半球状，使手指与球吻合，手腕稍后仰，以拇指、食指和中指托住球的后下部；用拇指内侧、食指全部、中指的二三指节触球，无名指和小指在两侧触球部分较少。两拇指相对，接近呈"一字形"或呈"斜前形"。两手间距以不漏球为宜。（图2-3-11）

（4）用力：传球的用力顺序是从脚蹬地开始，然后伸膝、伸腰、伸臂、手指手腕屈伸，利用来球的反弹力将球传出。（图2-3-12）

图2-3-11　　　　　　　　　　　图2-3-12

2. 背传

背传是指向背后方向传球的方法。采用稍蹲准备姿势，上体比正传稍后仰，重心在两腿之间，两手自然抬起置于脸前，背对传球的出手方向，击球手法与双手正面传球相同，击球点在额上方，手触球时，手腕适当后仰，掌心向上，击球的上部手型与双手正面传球相同，拇指托住球底。传球时，利用蹬地、展腹、抬臂和手指手腕的弹力将球向后上方传出。

3. 侧传

身体不转动，主要靠两臂向侧方传球的动作称为侧传。采用稍蹲准备姿势，背对球网，传球手型同双手正面传球，击球点保持在脸前或稍偏向传出方向的一侧。传球时，两脚蹬地，两臂向传出方向一侧伸展，异侧手臂的动作幅度应大些，同时伴随上体向传球方向侧屈的动作，使球向侧方飞行。

（五）扣球

扣球是队员跳起后在本方场区将球从过网区击入对方场区的一种击球动作，是攻击性最强的基本技术，是完成战术配合的最后一个环节。扣球技术的好坏是决定比赛胜负的关键，在比赛中占有重要的地位。

下面以正面扣球为例。（图2-3-13）

（1）准备姿势：助跑前应采用稍蹲准备姿势站在进攻线附近，要集中注意力观察一传落点和二传来球的方向，做向各个方向助跑的准备。

（2）助跑：助跑的步数有一步、两步或三步。通常采用两步或三步助跑。助跑时，左脚先向前迈出一步，接着右脚再迅速跨出一大步，同时两臂绕体侧向后引，左脚及时上踏在右脚之前，两脚脚尖稍向内转，两脚距离与肩同宽，身体重心随之下降。

（3）起跳：助跑的最后一步，即在左脚并上踏地的过程中，两臂从后迅速向前挥动，随之两脚踏地向上跳起，两臂也要向上用力摆动配合起跳。

（4）空中击球：起跳后，挺胸展腹，上体稍向右转，右臂向后上方抬起，肘高于肩，身体呈反弓形。挥臂时，以迅速转体、收腹的动作发力，依次带动肩、肘、腕等部位关节成鞭打动作，手臂向前上方挥动。击球时，五指微张呈勾形并保持紧张，以全掌包满球，击球的后中部，同时主动屈腕屈指向前推压下甩。应在起跳的最高点时击球，击球点在击球手臂伸直最高点的前上方。

（5）落地：完成空中击球动作后，身体自然下落，为缓冲身体与地面的撞击力，落地时力争两脚同时着地，以前脚掌先着地再过渡到全脚掌着地，同时顺势屈体，并立即准备做好下一个动作。

图 2-3-13

（六）拦网

拦网是队员在网前以身体的任何部位，主要是手臂、手掌在球网上沿阻挡对方击球过网的技术动作。拦网是防御的前沿，是后防布置的依据，它起着阻挡对方攻击、为本方反击创造条件的特殊作用。拦网可以直接拦死或拦回对方的扣球，削弱对方的锐气，动摇扣球队员的信心，给对方造成心理压力。拦网带有强烈的攻击性，是得分、得权的重要手段。（图 2-3-14）

图 2-3-14

（1）准备姿势：面对球网，两脚平行开立，与肩同宽，两膝稍屈，两手弯曲，置于胸前，密切注视对方扣球队员的动向，随时准备起跳。

（2）起跳：起跳时，降低重心，两膝弯曲，用力蹬地使身体垂直跳起。同时，两臂从体前贴近球网上举。起跳后稍收腹，控制身体平衡，延长滞空时间。

（3）空中拦击球：在起跳的同时，两手从额前贴近并平行球网处向网上沿的前上方伸出，两臂伸直，两肩尽量上提，两臂靠近球网保持平行。拦网时，两手自然张开，屈指屈腕呈勾形。击球的瞬间，两手突然收紧，手腕用力下压，捂盖球的前上方。

（4）落地：如果将球拦回，则面对对方屈膝缓冲，两脚落地。如果未拦到球，则在身体下落时要随球转头，以转头方向相反的脚先落地，另一脚随即向后防方向转动并随之着地，准备接应来球或做下一个动作。

二、排球运动基本战术

排球战术是双方球队在比赛中为了战胜对手，根据排球运动的规律，运用排球规则并根据双方的具体情况和临场变化所采取的有意识、有目的、有组织的集体配合和个人行动的总称。它包括进攻战术和防守战术。

（一）进攻战术

1. "中一二"进攻战术

"中一二"进攻战术是由前排中间的3号位队员担任二传，其他5名队员将来球垫传给二传队员，再由二传队员将球传给4号位或2号位队员扣球的进攻形式，称为"中一二"进攻形式。

```
球　网————————————————————————————————————
前　排　　　主攻　　　二传　　　副攻
三米线————————————————————————————————————
后　排　　　副攻　　　接应　　　主攻
底　线————————————————————————————————————
　　　　　　　　　　　发球区
```

"中一二"进攻战术是排球进攻最基本、最简单的战术。其特点是一传的目标明确，二传队员易于接应，加之战术配合简单，便于组织进攻。缺点是战术配合的方法较少，进攻点不多，突然性不强，战术意图易被对方识破。这种战术适合技术水平较低的球队采用，但有时技术水平较高的队在来不及组织复杂战术进攻的情况下，也采用这种进攻战术。

2. "边一二"进攻战术

"边一二"进攻战术是由前排右侧的2号位队员担任二传，将球传给3号位或4号位队员扣球的进攻形式，称为"边一二"进攻形式。

```
球　网————————————————————————————————————
前　排　　　主攻　　　副攻　　　二传
三米线————————————————————————————————————
后　排　　　接应　　　副攻　　　主攻
底　线————————————————————————————————————
　　　　　　　　　　　发球区
```

"边一二"进攻战术也比较简单，容易掌握，对一传、二传的要求都较高，其战术配合也较为复杂。"边一二"进攻战术中两名进攻队员的位置相邻，便于进行互相掩护。"边一二"进攻战术的突然性和攻击性要比"中一二"进攻战术大。

（二）防守战术

1. 接发球的防守战术

当对方发球时，本方处于防守地位，这也是组织第一次进攻的开始。防守方要事先站好位置、摆好阵型，这是接好发球的基础。站位的阵型，不仅要有利于接球，还要有利于本方所采用的进攻战术。同时，还要根据对方发球的特点，采取不同的阵型。通常采用5人接发球站位阵型和4人接发球站位阵型。（表2-3-1）

表2-3-1 接发球的防守战术表

接发球的防守战术	内 容
5人接发球站位阵型	除1名二传队员站在网前或从后排插上准备二传，不接发球外，其余5名队员都担负一传任务的接发球站位阵型。其优点是队员均衡分布，每人接发球的范围相对较小；接发球时，队员已站成了基本的进攻阵型，组织进攻比较方便，适合接发球水平不太高的球队。其缺点是二传队员从5号位插上时距离较长，难度较大；3号位队员接球时，不便组成快攻战术；不利于队员间的及时换位；队员之间的配合不默契，容易互相干扰
4人接发球站位阵型	插上的二传队员与同列的前排队员均站在网前不接发球，其他4人站成弧形接发球的站位阵型。其优点是便于后排队员插上和不接发球的前排队员及时换位；其缺点是接发球的4人要有较高的判断、移动能力和掌握较好的接发球技术

2. 接扣球的防守战术

接扣球的防守战术见表2-3-2。

表2-3-2 接扣球的防守战术表

接扣球的防守战术	内 容
不拦网的防守阵型	在对方进攻较弱，没有必要进行拦网时，可以采用不拦网的防守阵型。这种阵型与5人接发球站位阵型相似，前排进攻队员要撤到进攻线后，准备防守和防守后的反攻；后排队员后退，准备防后场球；二传队员留在网前，准备接吊到网前的球和组织进攻
单人拦网的防守阵型	对方的扣球威胁不大、扣球路线变化不多，轻打、吊球较多时，可以主动采用单人拦网的防守阵型。拦网队员拦扣球人的主要进攻路线，不拦网队员及时后撤防守前场或保护拦网人，后排队员后撤加强后场防守
双人拦网的防守阵型	对方水平较高、进攻力量较强、进攻路线变化较多时，多采用双人拦网的防守阵型，即2人拦网、4人接球。在防守中，通常分为"边跟进"和"心跟进"两种。 （1）"边跟进"多在对方进攻较强、吊球较少时采用。当对方4号位队员进攻时，我方2、3号位队员拦网，其他4个队员组成半圆弧形防守。如果遇对方吊前区，由边上1号位队员跟进防守。其优点是加强了拦网，缺点是边上的队员既要防直线，又要跟进防前区，比较困难。 （2）在本方拦网能力较强，对方采取打吊结合时常采用"心跟进"。当对方4号位队员进攻时，我方2、3号位队员拦网，后排中间的6号位队员在本方拦网时跟在拦网队员之后进行保护，其余3名队员组成后排弧形防守。其优点是加强了前区的防守能力，缺点是后排防守队员之间的空当较大
3人拦网的防守阵型	对方主要扣球手的进攻实力很强、不善吊球的情况下可采用3人拦网、3人后排接球的防守阵型。这种阵型加强了网上力量，但后防的空隙也相对较大。3人拦网时，后排防守的6号位队员可以跟进到进攻线附近保护，也可以退至底线附近防守

沙滩排球

气排球

软式排球

模块三

小球俱乐部指导

》 本章导言

乒乓球是一项集健身性、娱乐性和竞技性为一体的运动，被誉为中国的"国球"。中国乒乓球队屡次在世界大赛上夺冠，增强了国民的民族自豪感和民族自信心。羽毛球是一项老小皆宜的运动，深受广大人民群众的喜爱。网球是一项富有乐趣的体育运动，其不仅锻炼价值高，还是一种消遣和增进健康的手段。

》 学习目标

1. 掌握乒乓球的基本技术和基本战术。
2. 掌握羽毛球的基本技术和基本战术。
3. 掌握网球的基本技术和基本战术。

项目一 乒乓球运动

乒乓球

一、乒乓球的基本技术

（一）握拍方法

乒乓球的握拍方法包括直拍握法和横拍握法。（图 3-1-1）

1. 直拍握法

拍前，以食指第二关节和拇指第一关节扣拍。拍后，三指弯曲贴于球拍上端的1/3 处。

2. 横拍握法

虎口贴拍，握住拍柄，食指放在拍前，自然伸直，拇指放在拍后。

（二）准备姿势与站位（以右手持拍为例）

运动员距球台 20～40 厘米，中线偏左，两脚平行站立，屈膝内扣，前脚掌着地；上体前倾，两眼注视来球；持拍手手臂自然弯曲，手腕放松，置拍于腹前；不持拍手手臂屈肘抬起，高于台面。（图 3-1-2）

直拍握法　　　　横拍握法　　　直拍准备姿势与站位　横拍准备姿势与站位

图 3-1-1　　　　　　　　　　图 3-1-2

（三）基本步法（配合持拍）

1. 单步移动

以一脚为轴，向某一方向移动，重心随之落在移动脚上。（图 3-1-3）

2. 跨步移动

以一脚向某一方向跨出一大步，重心随之移动到跨出的脚上，另一脚迅速向相同方向滑动半步，重心随之跟过去。（图 3-1-4）

左脚向前上步　右脚向后退步　左脚向左上步　右脚向右上步

图 3-1-3

左脚向左跨一大步　　右脚随势跟上半步　　左脚随势跟上半步　　右脚向右跨一大步

图 3-1-4

3. 并步移动

先以来球相反方向的脚向来球方向同侧脚并一步，来球方向同侧脚向来球方向再迈一步。（图 3-1-5）

4. 跳步移动

以远离球的脚用力蹬地为主，两脚同时离地，向来球方向跳动。（图 3-1-6）

5. 交叉步移动

先以远离球的脚迅速向左（右、前、后）跨出一大步，接着支撑脚越过该脚向同方向再迈出一步，击球后迅速还原。（图 3-1-7）

向左并步　　　　　　　跳步转身攻球　　　　　　交叉步移动

图 3-1-5　　　　　　　　图 3-1-6　　　　　　　　图 3-1-7

（四）发球技术（以右手为例）

1. 正手平击发球

正手平击发球见图 3-1-8。

【发球准备】取近台站位，含胸收腹，屈膝，左手抛球，右臂内旋，拍面稍前倾，向身体右后方引拍。

【击球动作】左手抛球的同时，右上臂带动前臂，从右后方向前方挥动并发力，撞击球的中上部。

【击球后】手臂继续向前随势挥动，迅速还原。

直拍正手平击发球　　　　　　　　　　横拍正手平击发球

图 3-1-8

2. 反手平击发球

反手平击发球见图 3-1-9。

【发球准备】站于球台中线偏左位置，身体略向左转，左手抛球时，右臂外旋，拍面角度稍前倾，向身体左后方引拍。

【击球时】右臂从身体左后方向右前方挥动，击球的中上部，向前方发力。

【击球后】手臂和手腕继续向右前方随势挥动，并迅速还原。

直拍反手平击发球

横拍反手平击发球

图 3-1-9

3. 正手发下旋球、侧下旋球、侧上旋球

【发球准备】左脚稍前，身体右转，左手抛球，右臂屈肘引拍，与肩同高，拍面后仰，拍头斜向上方，手腕略外展。

【下旋球】以前臂为主，手腕为辅，由上向前下方挥拍，以球拍的下缘触球，摩擦球的底部。

【侧下旋球】手臂从右后上方向左前下方挥摆，球拍从球的右中下部向左下部摩擦，前臂带动手腕快速发力。

【侧上旋球】球拍从球的中下部向左侧中上部摩擦，前臂带动手腕快速发力。

4. 反手发下旋球、侧下旋球、侧上旋球

【发球准备】右脚在前，身体左转，向身体左后上方引拍，拍面稍后仰。

【击球动作】球下降时，用转腰带动肩和手臂，并以前臂发力为主，迅速挥拍。

【下旋球】由上向前下方挥拍，以球拍的下缘触球，摩擦球的底部。

【侧下旋球】球拍从球的中下部向右侧下部摩擦，产生侧下旋。

【侧上旋球】球拍从球的中部向右侧或右侧偏上的部位摩擦，产生侧上旋。

（五）直拍反手推挡（以右手为例）

直拍反手推挡（以右手为例）如图 3-1-10 所示。

【站位】身体离球台约 40 厘米，左脚在前，屈膝。

图 3-1-10

【击球前的引拍方法】引拍于腹前，球拍的长轴与台面平行，拍面与台面垂直。

【击球动作】拍面稍前倾，前臂向前推出，在来球的上升期击球的中上部。

【击球后】手臂顺势前送，肘关节接近伸直时立即还原，准备连续击球。

（六）正手攻球（以右手为例）

正手攻球（以右手为例）如图 3-1-11 所示。

【站位】中台偏左，左脚稍前，屈膝，上体前倾，重心落在两脚之间。

【击球前的引拍方法】先向右后下方引拍，上臂放松，上臂和前臂的夹角为90°～130°，拍面稍前倾。

【击球动作】借助腰和上臂的力量，以前臂发力为主，向左前方挥拍，在球的上升后期或高点期，击球的中上部，击球时以撞击为主，略带摩擦，前臂快速收缩至额前，重心移至左脚。

图 3-1-11

（七）正手搓球（以右手为例）

正手搓球（以右手为例）如图 3-1-12 所示。

【击球前的引拍方法】身体稍向右转，向右上方引拍，拍头略上翘，拍面后仰。

【击球动作】前臂和手腕向左前下方用力，慢搓是在球的下降期击球的中下部，球与拍接触时间稍长，加大摩擦；快搓是在球的上升期击球的中下部，触球的瞬间，手腕向前下方用力。

【易犯错误动作】没有摩擦球，而是将球托出。

（八）反手搓球（以右手为例）

反手搓球（以右手为例）如图 3-1-13 所示。

【击球前的引拍方法】向左上方引拍，拍面后仰。

【击球动作】击球时，前臂和手腕向前下方用力切球，在球的下降期触球的中下部，击球后，前臂随势前送。横拍搓球时，拍形略竖一些，击球后，前臂向右下方挥摆。

图 3-1-12   图 3-1-13

二、乒乓球的基本战术

（一）快攻型打法的基本战术

快攻型打法的基本战术见表 3-1-1。

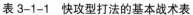

表 3-1-1　快攻型打法的基本战术表

快攻型打法的基本战术	内　容
发球抢攻	（1）反手发右侧上、下旋球，发至对方中路靠右的近网处，伺机攻对方左右。 （2）发追身急球（球速越快越好），使对方不能发挥其正反手攻球的威力，然后侧身进攻对方的中路或两角。这种战术对付两面攻比较有效。 （3）发急下旋长球至对方左角，配合近网短球，然后侧身抢攻，主要是针对对方的弱点进行攻击。这种战术对付弧圈球和快攻较为有效。 （4）正手中高抛球发左（右）侧上、下旋球至对方左角（角度越大越好），配合发右方急球进行抢攻。这种战术对付善于采用搓球接发球的选手最为有效
推挡侧身抢攻	（1）在对推中，以力量、速度、落点控制对方，伺机侧身抢攻。 （2）在对推中，用反手攻球作配合寻找机会，伺机侧身抢攻。 （3）在对推中突然加力推或推下旋球，迫使对方回球较高，然后立即侧身抢攻。 （4）若推挡技术强于对方，可推压对方反手，伺机侧身抢攻
左推右攻	（1）当推挡略占上风时，或在侧身抢攻获得成功后，对方往往会主动变线到正手，此时采用有力的正手攻球回击对方。 （2）主动推变直线，引诱对手回斜线，用正手攻击直线，反袭对方空当。 （3）有时可佯作侧身，诱使对方变线，给自己创造正手回击的机会

（二）弧圈球型打法的基本战术

弧圈球型打法的基本战术见表 3-1-2。

表 3-1-2　弧圈球型打法的基本战术表

弧圈球型打法的基本战术	内　容
发球抢位	（1）正手（或侧身）发强烈下旋球至对方左侧近网的地方，迫使对方以搓球回击，然后拉转弧圈球至对方反手或中路。 （2）反手发右侧上、下旋球至对方中路或偏右及偏左的地方，然后拉前冲弧圈球至对方两大角。 （3）反手发急下旋球至对方中路偏右或左方大角地方，当对方以搓球回击时，拉前冲弧圈球至对方正手。 （4）对削球手一般用速度快、落点长的球，使对方退守，然后根据对方的站位和适应弧圈球的能力，决定用哪种弧圈球攻击对方
接发球抢拉	对方发侧上旋球和不太旋转的球时，用前冲弧圈球回击，对方发侧下旋或强烈下旋球时，用加转弧圈球回击
搓中拉弧圈球	（1）在对搓中看准时机，主动抢拉弧圈球。 （2）在对搓短球时，突然加力搓左角长球，然后侧身主动抢拉加转弧圈球。 （3）多搓对方正手，使其不能逼左大角，伺机抢拉弧圈球至对方的反手或中路，再冲两角
弧圈球结合扣杀	（1）拉加转弧圈球结合扣杀。 （2）拉前冲弧圈球迫使对方远台回击，然后放短球，再扣杀。 （3）拉加转弧圈球与不转弧圈球相结合，伺机扣杀

项目二　羽毛球运动

一、羽毛球的基本技术

（一）握拍法与准备姿势

1.握拍法

羽毛球的基本握拍法有两种，即正手握拍和反手握拍。一般初学者在运用正确的握拍法时效果差，不容易用正拍面击到球，所以在握拍上可稍加变通，在击球动作上和击球效果上有一定基础后再慢慢学习正确的握拍。正确的握拍法见表3-2-1。

羽毛球

表3-2-1　握拍法技术动作解析

动作名称	图　示	动作技术要领	注意事项
正手握拍		（1）把右手伸直指向正前方，四指自然分开，食指指尖微微上翘。 （2）左手持拍，拍框指向12点钟方向，拍杆垂直于地面，并把拍框转向1点钟方向，握柄对齐中指、无名指、小指的指根和食指接近的第二指关节。 （3）右手拇指第一指关节的右侧面贴紧握柄并和食指相对，手指手腕自然放松	握拍主要依靠手指手腕发力，握拍不能太紧，握拍要"控"，不能影响手指手腕的发力
初学者正手握拍法	①　②	图示①为正确的握拍法，②为初学者可以采用的握拍法，与正确的握拍法步骤一样，其区别在于把拍框转向12点钟的方向	
反手握拍		保持手型不变，用手指的力量把球拍转向约两点钟方向，拇指的指面贴紧拍柄	
初学者反手握拍法	①　②	图示①为正确的握拍法，②为初学者可以采用的反手握拍法，即用手指的力量把球拍转向约1点钟方向	
学练方法	①模仿练习，原地挥拍；②正手、反手握拍法变换练习		

2.准备姿势

羽毛球的准备姿势是根据回球变化做出的动作，基本上可分为三种，即接发球时的准备姿势、准备进攻时的准备姿势和防守时的准备姿势。不同情况下的准备姿势见表3-2-2。

表3-2-2　准备姿势技术动作解析

动作名称	图　示	动作技术要领	注意事项
接发球的准备姿势		两脚分开，前后站立，左脚在前，右脚在后，同时脚后跟保持提起，重心落在前脚掌上，膝关节微屈，身体前倾，左手自然放于胸前，右手采用正手握拍法，放在下颌至胸前处，拍头朝向前上方，并高于头顶	（1）双脚开立的距离不能太大，也不能太小；重心不要落在脚跟上。
进攻的准备姿势		两脚分开，与肩同宽，右脚在左脚前约一个脚的距离，屈膝、弯腰、收腹，重心落于前脚，左手自然放于胸前。右手正手持拍于胸前，肘关节下垂，手腕上翘。拍头举起至头的高度并指向侧前上方	（2）当对方发球时，就要做接发球的准备姿势，重心可抬高；当对方击打上手球并没有可能杀吊时，就要做防守的准备姿势，并适当降低重心；当对方击下手球时，就要做进攻的准备姿势，并适当抬高重心
防守的准备姿势		两脚平行站立，比肩宽，屈膝、弯腰、收腹，重心在两脚之间并降低，左手自然放于胸前，右手反手握拍于腹部，肘关节上提，手腕下压，拍头倾斜指向地面约低于膝关节的高度，用反拍面朝向侧前方	
学练方法	①原地练习接发球的准备姿势；②变换练习进攻和防守的准备姿势		

（二）基市步法

（1）并步：当右脚向前移动一步，左脚即刻向右脚并一步，紧接着右脚再向前移动一步。

（2）交叉步：左右脚交替向前、向后或向侧移动称交叉步。一脚经另一脚前面并超越，称前交叉；一脚经另一脚的脚后跟并超越，称后交叉。

（3）垫步：以右脚为例，右脚向前迈出一步后，左脚向右脚并一步跟进，紧接着右脚再向前迈一步。

（4）蹬跨步：左脚用力向后蹬地的同时，右脚向来球的方向跨出一大步。

（5）两步退后场：当来球在后场距身体较近时，起动后，右脚向来球方向后退一大步，左脚紧接着蹬地，然后向右脚并上一小步，重心落在右脚上。

（6）三步退后场：当来球在后场距身体较远时，起动后，右脚先向来球方向后退一小步，左脚紧跟着经右脚向后交叉退一步，右脚再经左脚向后交叉退一步，身体重心落在右脚上。

（三）基市技术

1. 发球技术

发球可分为正手发球和反手发球。一般来说，发网前球、平快球、平高球均可以用正手发球或反手发球的技术来完成，而发高远球则须采用正手发球。

（1）正手发球。（图 3-2-1）

【发球站位】单打发球在中线附近，站在离前发球线 1 米左右处。双打发球站位可靠近前发球线。

【准备姿势】身体左肩侧对球网，左脚在前，右脚在后，重心落在右脚上，右手持拍向右后侧举起，肘部放松微屈，左手拇指、食指和中指夹住球，举在胸腹间。发球时，身体重心由右脚移至左脚。

用正手发球，无论是发何种弧线的球，其发球前的姿势都应该一致，这样就会给对方的接发球造成判断上的困难。下面分别介绍用正手发球动作发出四种不同弧线球的技术动作。

高远球。发球时，左手把球举在身体的右前方并自然放下，使球下落，右手同时持拍由上臂带动前臂，从右后方沿着身体向前并向左上方挥动。当球落到右手臂向前下方伸直能触到球的一刹那，握紧球拍，并利用手腕的力量向前上方发力击球。击球之后，挥动球拍顺势向左上方缓冲。（图 3-2-2）

图 3-2-1   图 3-2-2

平高球。发平高球的准备姿势和引拍动作与正手和反手发网前球相似，发球的动作过程大致与发高远球相同，只是在击球的一刹那，前臂加速带动手腕向前上方挥动，拍面要向前上方倾斜，以向前用力为主。（图 3-2-3）

平快球。发平快球的准备姿势亦同发高远球。站位比发平高球稍靠后些（防止对方很快将球击回到本方后场），充分利用前臂带动手腕的爆发力向前方用力，球直接从对方略高于肩的高度越过，直攻对方后场。发平快球的关键是出手的动作要小而快，但前期动作应与发高远球一致。发平快球时还应注意不要出现过手、过腰犯规。（图 3-2-4）

图 3-2-3   图 3-2-4

网前球。发网前球的准备姿势同发高远球。击球时，握拍要放松，上臂动作要小，主要靠前臂带动手腕向前送，用力要轻。球拍触球时，拍面从右向左斜切击球，

球的弧线尽量控制到可以贴网而过，落点在前发球线附近。（图 3-2-5）

（2）反手发球。（图 3-2-6）

反手发球时，球拍由后向前推送击球，使球运行的弧线的最高点略高于网顶。球拍触球时，拍面呈切削式击球，使球落到对方场区的前发球线附近。

反手发球的特点是动作小、出球快、对方不易判断。在双打比赛中多采用反手发球技术。

【动作要领】站位靠近前发球线，重心放在前脚上，上体前倾，后脚跟提起。右手反握拍柄的稍前部位，肘关节提起，手腕稍前屈，球拍低于腰部，斜放在下腹部前方。发球时，球拍由后向前推送击球，使球运行的弧线的最高点略高于球网。球拍触球时，拍面呈切削式击球，使球落到对方场区的前发球线附近。

图 3-2-5   图 3-2-6

2. 击球技术

（1）正反手击高远球。

正手击高远球如图 3-2-7 所示。

【准备姿势】右脚后撤成支撑步，右脚脚尖向外转，左脚指向击球方向。击球手的手臂抬高，在肘关节处弯曲成 90°，上臂构成了肩轴的延长部分，拍头位于头部的前上方。

【引拍动作】身体继续向右转，通过这种方式形成侧身的姿势对着球。击球手臂的肘关节向后引，这时拍头在头后处于与击球方向相反的位置，前臂外旋，腕关节向手背弯曲。在右脚后撤形成支撑步时，身体和球拍完成准备姿势。

【击球动作】击球手手臂伸展，前臂外旋，在挥拍至击球点之前的一刹那，腕关节发力。击球点位于头顶的位置，并且在击球手手臂腕关节的前面。在击球的过程中，通过后面的右脚蹬地将身体重心转移到前面的左脚上。左臂在身体旁边向后下方挥动。

【收拍动作】前臂继续外旋，通过右脚的向前迈出停止身体的向前移动。击球动作到左大腿的方向结束。

反手击高远球如图 3-2-8 所示。

【准备姿势】在场地中间用右脚的第一步移动使身体向左转，背对球网，身体重心落在右脚上，使球处在身体右肩上方。

【引拍动作】在右脚最后落地之前，右脚在身体前面，击球手臂的肘部引至体前，腕关节和拍头也随之引至身体前面。

击球：以上臂带动前臂产生初速度，在肘部抬至与肩平行时，转为前臂带动腕部，通过手腕的闪动，自下而上地甩臂，同时两脚蹬地、转体将球击出。

准 备　引 拍 击 球 收 拍　　引 拍　击球前 击 球　收 拍

图 3-2-7　　　　　　　　　图 3-2-8

（2）正反手平抽球。

正手平抽球如图 3-2-9 所示。

【准备姿势】两脚平行站立，略宽于肩，右脚稍向右侧迈出一小步，上体向右侧稍倾，右臂向右侧摆动，将球拍上举，肘关节保持一定的角度。当来球过网时，肘关节外摆，前臂稍向后外旋，手腕稍外展后伸，引拍至体侧。击球时前臂内旋，手腕伸直闪动，球拍由右后方向右前方快速平扫来球。

图 3-2-9

反手平抽球如图 3-2-10 所示。

【准备姿势】右脚前交叉在左侧前方，重心落在右脚上，右手反手握拍在左侧前方。击球前，肘部稍上抬，前臂内旋，手腕外展，引拍至左侧。击球时，在髋的右转带动下，前臂外旋，手腕由外展到伸直闪动，挥拍击球托的底部。击球后，球拍随身体的回动收回到右侧前方。

此外，无论是正手还是反手中场平抽球，其击球点都应争取在身体侧前方，这更便于手臂的发力。

（3）正手杀球。（图 3-2-11）

【准备姿势】左手自然上举，抬头注视来球，右手持拍于体侧，屈膝重心下降，准备起跳。起跳时右肩后引，上体舒展。

【击球】击球时用力收腹，腰腹带动上臂，上臂带动前臂，前臂带动手腕，用力挥拍击球。

【收拍】杀球后前臂随惯性前收，形成鞭打动作。

（4）正手吊球。（图 3-2-12）

劈吊（快吊）击球的前期动作同正手击高远球。击球时，球拍正面向内倾斜，手腕做快速切削下压动作。若做劈吊斜线球，则球拍切削球托的右侧，并向左下方发力；若劈吊直线，则拍面正对前方，向前下方切削。

轻吊（拦截吊）击球前期动作同正手击高远球。一种是轻吊时的拍面变化同劈吊基本一致，但用力要更轻些；另一种是击球时，拍面正击球托或借助来球的反弹力用球拍轻挡，使球过网后贴网而下。后者多用于拦截对方击来的平高球和半场高球。

图 3-2-10　　　　　　　　　　　　　　图 3-2-11

图 3-2-12

（5）正反手搓球。

以正手搓球（图 3-2-13）为例。反手搓球如图 3-2-14 所示。

【准备姿势】右脚蹬跨步，正手握拍，球拍随着前臂伸向右前上方斜举。拍头平行于地面或稍向球网倾斜。

【击球】当球拍举至最高点时，前臂向外旋转，手腕由后伸至前，稍内收并闪动。搓击来球的右下底部，使球旋转翻滚过网。

【击球点】低于球网上缘。

击球前，主要靠前臂的前伸外旋和手腕由内收至外展的合力，搓击球的右侧后底部，使球侧旋滚动过网。另外，还可以使前臂稍伸直，手腕由外展到内收，带动球拍向前切送，击球托的后底部，使球下旋滚动过网。

正手搓球
图 3-2-13

反手搓球
图 3-2-14

（6）正反手勾对角。正手勾对角。

准备姿势同前。前臂前伸的同时稍外旋，手腕稍后伸，这时的握拍法稍有变化，将拍柄稍向外捻动，使拇指贴在拍柄的宽面上，而食指的第二指关节贴在拍柄背面的宽面上，拍柄不触及掌心。球拍随着向右侧前方挥动，拍面朝向对方右网前方。击球时，前臂略有内旋往左拉收，手腕由稍后伸至内收闪腕挥拍拨击球托的右侧下部，使球沿网的对角线飞行。拨击球时，手腕要控制拍面的角度。击球后，还原到击球前的准备姿势。（图 3-2-15）

图 3-2-15

反手勾对角。准备姿势同前。采用反手握拍法，前臂前伸，球拍平举。在身体前移的过程中，球拍随手臂下沉，由反手握拍变为反手勾球的握拍法，这时拍面正对来球。当来球过网时，肘部突然下沉，同时前臂稍外旋，手腕由微屈至后伸闪腕，拇指内侧和中指把拍柄往右侧一拉，其他手指突然握紧拍柄，拨击球托的左侧后部，使球沿对角线过网。（图 3-2-16）

图 3-2-16

（7）正反手扑球。

正手扑球。左脚先蹬离地面，然后右脚向右网前蹬跃而跳起扑球。当身体往前倾时，正拍朝前。球拍随手臂往右前方伸，向斜上方举起。蹬跳后，身体凌空跃起，前臂往前上方伸，稍外旋，腕关节后伸，同时虎口对着拍柄的宽面，小指和无名指稍松开，使拍柄离开鱼际肌。击球时，手腕由后伸略内收闪动至外展。随着手腕的闪动，球拍从右侧方向左前方挥动，这时击球的力量主要靠身体前扑的冲力与前臂、手腕鞭打击球的合力。如果球离网顶较近，那就要靠手腕从右前方平行于球网位置向左前方的滑动挥拍扑球。这样可避免球拍触网违例。扑球后，球拍随手臂往右侧前下方回收。（图 3-2-17）

反手扑球。与正手扑球相似，唯方向在左网前方。反手握拍，持于身体左侧前方，当身体向左前方跳起时，球拍随着前臂前伸而前举，手腕外展，拇指顶压在拍柄的宽面上，食指和其他三指并拢，拍面正对来球。击球时，手臂伸直，手腕由外展至内收闪动，手指握紧拍柄，拇指顶压，加速挥拍扑击。击球后马上屈肘，手腕由内收到外展，球拍自然收（以免触网违例）至体前。（图 3-2-18）

图 3-2-17

图 3-2-18

二、羽毛球运动基本战术

（一）发　球

发球战术解析见表 3-2-3。

表 3-2-3　发球战术解析

发　球	内　容
根据对方接发球的站位来决定发球路线	对方接发球的站位偏后，其注意力在后场，网前出现空当，这时应发网前球；站位靠前，其注意力在前场，后场出现空当，此时可以发后场球；站位靠边线，可以采用发突然性很强的平射球袭击对方的底线两角的位置，使对方措手不及，回球失误。在比赛中，不可一味地运用一种发球战术，要与其他种类的发球和线路一起使用，才能加强发球变化
根据对手的技术特长和接球规律发球	对方后场进攻能力很强，球路刁钻，但接网前球相对较弱，此时就应以发网前球为主，有意识地限制对手发挥其后场进攻技术的优势；对方的网前技术动作一致性强，对本方威胁大，发球就要避开对方的这一优势，以发后场球为主
发各区域的战术特点	通常将发球区域分为 1、2、3、4 号位置。发 3 号位球，便于拉开对方的位置，下一拍可将对方调动至对角网前；发 4 号位球，可以避免对方回击快速的直线平高球攻击自己的后场边线角；发 2 号位球，对方出球角度小，便于判断对方的出球；发 1 号位球，特别是左场区 1 号位，有利于下一拍攻击对方的左后场反手球，必须注意防范对手以直线球攻击本方的左后场反手区；发 1、2 号位置之间中路的网前球或追身球，效果很好

（二）接发球

接发球战术解析见表3-2-4。

表3-2-4 接发球战术解析

接发球	内 容
单打接发球	接发后场球：一般情况下，接发后场高远球或平高球时可用高球、吊球或杀球进行还击；接平射球可用快速抽杀球或吊拦网前小球来还击；接发网前球可采用放网前球、勾对角线球、推后场球还击
双打接发球	接发后场球，多数情况可采用大力杀球进攻，以快制快，也可用吊球调动对方，也可采用攻人的方法进攻；接发前场小球的方法是快速抢网前的制高点，可利用推球、扑球，或是搓球、拨半场球等方法进行还击
后场击球	利用熟练的高球、吊球、杀球和劈球等技术，通过准确地将球击到对方场区的底线两角等位置，来调动对方，使对方前、后、左、右来回移动，寻找机会大力发起进攻
前场击球	可用前场细致快速的搓球、勾对角线球和推、挑后场球和扑球等击球技术配合运用。调动对方，打对方的空位，使对方措手不及
中场击球	中场击球，要求判断、反应、起动和出手都要快，引拍预摆动作要相应小一些。由于接杀球可借助对方的来球力量击球，击球力量不宜太大。重要的是击球要巧，突出手指和手腕的爆发力。

项目三 网球运动

一、网球的基本技术

（一）握拍方法

现代网球运动常用的握拍方法有东方式握拍、大陆式握拍、西方式握拍和反手双手握拍等。（图3-3-1）

1. 东方式握拍

（1）东方式正手握拍。左手先握住拍颈，使球拍与地面垂直，右手手掌垂直于地面，在齐腰高的地方握住球拍。手指朝下，拇指放在中指旁边，食指稍展开。

（2）东方式反手握拍。手掌移到拍柄上部，食指关节跨在拍柄右斜面上部，拇指放在拍柄左侧面，在击球时起到稳定作用。

2. 大陆式握拍

大陆式握拍与东方式握拍的不同之处在于大陆式握拍的正反手击球都无须换握拍，手掌大部分放在拍柄顶部的小右斜面上。

网 球

3. 西方式握拍

西方式握拍俗称"大把抓"，把球拍平放在地面上，用手在拍柄顶端顺手一把抓起便是西方式握拍。西方式握拍正反拍是不换的，而且击球在同一拍面上。

4. 反手双手握拍

击球手（右手）采用东方式正手握拍，右手在下，左手在上。

上面介绍的几种握拍方法，各有长处，各有特点，可根据不同的击球技术，采用不同的握拍方法。无论采用哪种握拍方法，都要根据个人的情况，在实践中应用，选择最适合自己的握拍方法。

东方式正手握拍　　东方式反手握拍　　大陆式握拍　　　西方式握拍　　　反手双手握拍

图 3-3-1

（二）正手击球

正手击球包括准备动作和击球动作。（图3-3-2）

1. 准备动作

面对对方场区站立，两脚开立，略宽于肩。两膝微屈，上体略前倾，脚跟稍抬起，重心位于两脚之间。右手握拍柄，左手扶着拍颈部位，持拍于体前。两眼注视来球。

2. 击球动作

以左脚为轴开始转身，并向后拉拍，拍头高于手腕，左臂自然前伸以保持身体平衡。在开始向前挥拍时，左脚应向要击球的方向迈步，以肩为轴向前挥拍，拍面在击球时与地面垂直，并尽量使拍面和球有较长时间的接触。在击球后，球拍应继续随球挥动，球拍结束在左肩上方，右腿摆动跟进，身体恢复成准备姿势。

图3-3-2

（三）反手击球

1. 单手反手击球

单手反手击球包括准备动作和击球动作。（图3-3-3）

（1）准备动作。

同正手击球的准备动作。

（2）击球动作。

向左侧转体、转肩并变换成东方式反手握拍，向后拉拍，右脚向左前方跨步，右肩对网，重心前移。球拍向前再向上挥拍击球，击球点在右腿前的腰部高度，击球时

拍面垂直于地面，挥拍轨迹朝目标方向由下至上。随挥动作结束在身体的右前方。

图 3-3-3

2. 双手反手击球

（1）准备动作。

准备动作与单手反手击球相同，只是双手握在拍柄上。

（2）击球动作。

转肩、向后拉拍并变换握拍。身体重心转移至左脚上。球拍拉向后方并低于来球的高度，右脚向来球方向迈出。双手向前挥动并击球，击球点比单手略靠后，击球时右臂伸直，拍面垂直于地面。击球后，球拍应沿目标方向继续挥出，动作完成时双手高于肩。

（四）正反手截击球

截击球是指来球在空中飞行、还没有落地时就加以截击的一种打法。通常在球网和中场之间拦击。

打截击球应该采用大陆式握拍方法，因为截击球的速度快，球员没有足够的时间变换握拍，所以正反手截击球的准备动作相同。

肩部稍转动，球拍与肩平行，向后拉拍要稳固，不得过肩。在向前挥拍的同时，左脚朝球飞行的方向迈步，保持手腕固定，并在身体前方击球。随挥动作要短，以便快速回到准备接下一个球的位置。（图 3-3-4）

正手截击球   反手截击球

图 3-3-4

（五）发　球

在现代网球运动中，发球是最重要的技术之一，是唯一由自己掌握的击球法。一分的得失常取决于发球的好坏。发球既可以直接得分，又可以为进攻创造条件。

1. 握　拍

采用东方式正手握拍法。

2. 准备动作

双脚开立，与肩同宽，在底线后侧身站立。右脚与底线基本上平行，左脚正对右侧网柱。手腕和手臂放松握拍于身体前，左手在拍颈处握住拍。

3. 抛　球

左臂放松，持球自然、平稳地向上抛球，抛球和挥拍几乎是同时开始，手臂达到肩部高度时，手指自然松开，球借助惯性自然上升。抛球的高度要合适，在最高点击球最好。

4. 击球动作

两手手臂同时向下和向上运动，球从伸展的左手中向上竖直抛出，在身体前面和左脚上部，持拍臂弯曲时上举。抛球后，身体开始向前转动，球拍在身后做绕环动作，接着向前挥动击球。尽量伸展身体，在最高点击球，击球的后部（拍面与球垂直）。击球时，身体重心向前移。随挥动作结束在身体左侧下方。（图3-3-5）

图3-3-5

（六）高压球

高压球是对对方挑来的高球加以扣杀的一种技术。

采用大陆式握拍法，抬头盯着球，侧身转体用短促的垫步调整位置，左手高举指向击球点，右手举起球拍向后拉拍，球拍后摆做搔背动作，球拍在右肩的前上方对准球心挥出，击球手臂继续伸直跟进摆动，随挥动作结束在身体左侧下方。

（七）挑高球

挑高球可分为防守性挑高球和进攻性挑高球两种。防守性挑高球是为了赢得时间，摆脱困境。进攻性挑高球是在对方上网时，将球挑到对方后场的较深处，使之被动或失误。

准备挑高球时将球拍做好充分的后摆。击球时向上挥拍击打球的下部，手腕绷紧，挥拍动作要尽可能地向前和向上送出。

（八）放小球

放小球通常采用大陆式握拍方法。

放小球的准备动作和正反手击球一样。侧身对网，利用前臂带动手腕的力量使球拍沿着球的下部急剧滑动，缓冲球的前冲作用，使球随着球拍的下切动作向后旋转。正反拍都可以放小球，动作要领是一样的，最重要的是击球的突然性和隐蔽性，不能让对方看出自己的企图。

（九）接发球

接发球是网球运动中较难掌握的一项技术。一次错误的回击常常会失去一分。相反，一次巧妙的接发球又能挫伤发球者进攻的锐气，减少被动，甚至可以化被动为主动。

在接发球的全过程中，眼睛要始终注视来球，一直到完成回击动作。接球时，不要做大幅度的后摆动作，主要是要控制好拍面的角度，并紧握球拍以免球拍被震动而转动。选择好的落点，对控制对手发球后抢攻有重要意义。

二、网球的基本战术

（一）单打基本战术

网球单打的基本战术见表 3-3-1。

表 3-3-1　网球单打基本战术表

单打基本战术	内 容
发球战术	发球是最不受对方制约的技术，在发球时一定要充分利用，争取拿下发球局，掌握主动权。一成不变的发球会使对方很容易适应，并找到应对的方法。具体的发球战术就是：发内角、外角、中路三种路线相结合，上旋、侧旋、平击多变化
接发球战术	面对快速的发球，不要急于加力回球，这样往往失误较多。如果对方的反手较弱，就打对方的反手；对方发球动作较大，就打追身球，令其没有时间调整步法，最终化被动为主动
发球上网战术	如果你能准确、快速地发出外角球，那就准备上网。注意不要一次冲到近网处，这样没有回旋的余地。在发球线附近停顿一下，仔细观察对方回击球的情况，采取下一步行动。上网的要点：选择适当的时机，把球发到外角时，对方接球的另一侧是空场，也就是说，对方要想把球击回到场内，必须把球从靠近发球区的这一侧的球网上方回过来，否则球一定会出界；若对方的回球质量不高，可以截一个深球或者放一个小球到对方的空场区轻松得分

（二）双打基本战术

网球双打的基本战术见表 3-3-2。

表 3-3-2　网球双打基本战术表

双打比赛基本战术	内　容
双上网进攻型	发球方发球后上网，接发球方也采用积极的进攻型接发球上网，双方 4 人均来到网前，通过小斜线截击或其他方式得分。① 发球者：发出刁钻的一发后上网，在发球线处截击，将球打到接发球方脚下，待接发球方回球时跟进到网前，在网前打出直接得分球。② 接发球者：选择进攻型的接发球方式将球回到发球者的脚下，同时迅速上网，在发球线处截击把球打到对方中间的结合部，再来到网前，找机会打出得分球。③ 发球者搭档：根据发球落点，适时调整网前位置，盯住接发球方，判断回球方向，及时上前抢网，同时注意防守双打边线和单打边线之间区域的直线穿越球。④ 接发球搭档：在发球线附近，防守发球者搭档的截击球，同时要提防发球方第一次截击球，根据来球，来到网前打出小斜线或高压球得分
双上网防守型	在双上网进攻型战术中，两人太靠近球网，无法照顾到挑高球，双上网防守型战术的重点是接发球方接发上网后，只来到发球线附近，防守球方的挑高球且大部分球由来到发球线附近的人处理，接发球搭档则伺机打出截击或高压球得分。① 发球者：发出刁钻的一发后上网，在发球线处截击，将球打到接发球方脚下，待接发球方回球时跟进到网前，在网前打出直接得分球。② 接发球者：选择进攻型的接发球方式，将球回到发球者脚下，同时迅速上网，在发球线处截击，并把球打到对方的中间结合部，同时防守对方打出的挑高球，把得分机会让给网前搭档。③ 发球者搭档：根据发球的落点，适时调整网前位置，盯住接发球方，判断回球方向，及时上前抢网，同时注意防守双打边线和单打边线之间区域的直线穿越球。④ 接发球搭档：在发球线附近，防守发球者搭档的截击球，同时要提防发球方第一次截击球，根据来球，来到网前打出小斜线或高压球得分

模块四

健身健美俱乐部指导

》 本章导言

健美运动是一项以增进健康、发展肌肉、增强体力、塑造形体和陶冶情操为目的的运动项目；健美操是在音乐伴奏下，以身体练习为基本手段，以有氧运动为基础，达到增进健康、塑造形体和娱乐目的的一项全身性运动；瑜伽体式借助扭曲、弯曲、伸展的静态身体动作和动作间的止息时间，刺激腺体、按摩内脏，有松弛神经、伸展肌肉、调整脊柱、强化关节的功效。

》 学习目标

1. 掌握器械健身的基本技术。
2. 掌握健身操运动的套路。
3. 掌握体育舞蹈的基本技术。
4. 掌握瑜伽运动和普拉提的练习方法。

项目一　健美运动

一、器械健身基本技术

（一）腿部肌肉锻炼法

两腿是人体的基座，人在直立时两腿承担着整个身体的重量。如果两腿无力，则行走活动减少，从而导致心肺功能下降，因此应重视腿部肌肉的锻炼。

1. 发展臀大肌、大腿前侧肌群的锻炼方法

发展臀大肌、大腿前侧肌群的锻炼方法为深蹲。

【预备姿势】臀大肌训练时，两脚左右开立，比肩宽，脚尖略微外向外呈八字；大腿前侧训练时，两脚左右开立，与肩同宽，脚尖朝前。负重时，将杠铃杆置于颈后肩上方，两手握住杠铃杆。徒手深蹲与负重深蹲下肢准备姿势相同，徒手深蹲动作中，两臂可屈肘置于两肩。

【动作过程】臀部训练，缓慢下蹲至髋部与膝关节同高；大腿前侧训练，下蹲至髋部低于膝关节，稍停，再伸膝至准备姿势。（图4-1-1）

【动作要领】在动作过程中，两眼平视前方、挺胸、收腹，膝关节运动方向始终与脚尖一致，杠铃杆上升、下降的运动轨迹垂直于地面。

图 4-1-1

2. 发展大腿后侧肌群的锻炼方法

（1）俯卧腿弯举。

【预备姿势】俯卧位，两脚自然放松置于垫面，脚尖朝下，将弹力绳或弹力带一端绑于脚踝上，另一端固定于脚远端。

【动作过程】大腿后侧肌群收缩，将小腿弯举至股二头肌充分收缩，稍停，小腿还原至膝关节自然伸直。也可用专用器械做训练。（图4-1-2）

【动作要领】在动作过程中，小腿弯举时，腹部始终贴紧垫面，不塌腰，收紧核心。小腿还原时，自然伸直，不要与地面发生碰撞。

图 4-1-2

（2）直膝硬拉。

【预备姿势】两脚自然站立，与肩同宽，两手正握杠铃，握距略宽于肩，置于体前，或正握一对哑铃，置于体前，上臂贴于身体两侧。

【动作过程】躯干向下运动时，始终保持挺胸抬头，腰背收紧，躯干伸直，臀部略微后移，两膝自然伸直，向下运动至躯干与地面平行，向上还原身体时，大腿后侧收缩带动身体缓慢向上移动至身体自然直立，臀部前移。（图4-1-3）

【动作要领】在动作过程中，两膝自然伸直，可微弯曲，不塌腰、含胸，还原至身体直立时，不耸肩，身体不晃动。

图4-1-3

3. 发展小腿后侧肌群的锻炼方法

（1）站姿提踵。

【预备姿势】自然站立于地面，或有一定高度的稳定物体上，前脚掌接触物体，脚后跟悬空，杠铃置于颈后肩上，或两手持哑铃置于体侧，或不持器械。身体直立，挺胸、收腹、两眼平视前方。

【动作过程】身体向上移动时，保持身体平衡稳定，膝关节自然伸直，尽可能向上提起脚后跟，使小腿后侧肌群收缩，稍停。向下时，脚后跟缓慢下至最低点。（图4-1-4）

【动作要领】动作过程中，身体不晃动，始终保持躯干稳定，动作均匀、缓慢。

图4-1-4

（2）坐姿提踵。

【预备姿势】臀部坐于凳子上，两脚前脚掌踩于地面或有高度的稳定物体上，挺胸收腹，两眼平视前方，两腿并拢，在大腿靠近膝关节的位置放杠铃片或哑铃（或使用器械），两手扶住杠铃片或哑铃，防止滑落。

【动作过程】脚后跟尽量上抬，使小腿后侧肌肉充分收缩，稍停，脚后跟下降至最低点。（图4-1-5）

【动作要领】在动作过程中，躯干保持稳定，两脚脚跟起来下落时，脚踝保持稳定，不内外翻，速度均匀缓慢。

图 4-1-5

（二）胸部肌肉锻炼法

胸部肌肉包括胸大肌、胸小肌和前锯肌。在锻炼胸部肌肉时，需要不同的动作从不同的角度来对肌肉进行不同的刺激，才能使胸部肌肉练得既发达又有线条。

发展胸部肌群的锻炼方法如下。

1. 杠铃平卧推举

【预备姿势】仰卧于卧推凳上，两手握距稍宽于肩，杠铃横杠置于胸部乳头上方部位，两脚平踏地面。

【动作过程】将杠铃垂直上举至两臂完全伸直，稍停，缓缓将杠铃还原至预备姿势（也可用哑铃做）。（图 4-1-6）

【动作要领】要求上推路线要垂直，意念集中在胸大肌上。

2. 仰卧飞鸟

【预备姿势】仰卧在长凳上，两脚踏实在地面上，躯干呈桥形，上背部和臀部触及凳面，胸部和躯干用力向上挺起。两臂自然伸直，两手对握哑铃于肩关节的正上方，两手间握距小于肩宽。

【动作过程】两手持铃向体侧缓缓屈肘落下，伴随着哑铃下降，肘间角度逐渐变小。下降到极限时，肘关节成 100°～120°。以胸大肌主动收缩将哑铃沿原路线升起，上升路线呈弧形，肘间角度逐渐加大，最后还原成预备姿势，肘间呈 170°左右。（图 4-1-7）

【动作要领】肩、肘和腕始终在同一垂面内，意念集中在胸大肌和三角肌前束上。

图 4-1-6　　　　　　　　　　　图 4-1-7

3. 俯卧撑

【预备姿势】两手支撑于地面，指尖朝前，两手距离略宽于肩，并在肩的垂直下方，两臂自然伸直垂直于地面，挺胸、收腹、夹臀，平视前方，侧面观头、背、髋呈一条直线。

【动作过程】屈肘下降身体时，两肘指向身体两侧，稍停。向上时，胸大肌收缩将身体推离地面，直至两肘自然伸直。（图 4-1-8）

【动作要领】在动作过程中，始终保持头、背、髋呈一条直线，收紧核心，不耸肩。

图 4-1-8

（三）背部肌肉锻炼法

背部肌肉主要由上背部斜方肌、中背部背阔肌和下背部骶棘肌三部分组成。强壮发达的背部肌肉，使上体呈 V 字形，并能使腰背挺直，塑造良好的体形。

发展背部肌群的锻炼方法如下。

1. 直立耸肩

【预备姿势】直立，两脚自然分开，两手与肩同宽握杠，掌心向后，两臂自然下垂于体前。（图 4-1-9）

【动作过程】肩部尽量前倾下垂，两臂伸直不动，然后以斜方肌的收缩力量，使两肩耸起尽量接近两耳。稍停，缓缓还原成预备姿势。

【动作要领】在动作过程中，两臂不得上提杠铃，臂部和两手仅起固定杠铃的作用，耸肩时，不得弯腰、弯背，意念始终集中在斜方肌上。

2. 单杠引体向上

【预备姿势】两手正握单杠，握距与肩同宽，身体自然下垂。

【动作过程】用背阔肌收缩的力量，将身体拉起，直至下颌超过杠面。稍停，而后身体缓缓下降至两臂完全伸直。（图 4-1-10）

【动作要领】在动作过程中，身体不能摆动，向上拉时不能用蹬腿力量，拉得越高越好，意念始终集中在背阔肌上。

图 4-1-9   图 4-1-10

3. 俯卧挺身

【预备姿势】俯卧于罗马椅或瑜伽垫上，两腿伸直，脚尖朝下，腰腹部收紧，腹部紧贴垫面，若需负重，放置杠铃片于上背部。

【动作过程】上体缓慢上抬，竖脊肌收缩使身体抬至最高位置，稍停，再缓慢将上体向下落，至身体放松俯卧于垫面。（图 4-1-11）

【动作要领】在动作过程中，速度缓慢、均匀、有控制，身体不晃动。

图 4-1-11

（四）肩部三角肌锻炼法

肩部是否健美，主要看三角肌发达与否。三角肌位于肩部皮下，呈倒三角形，从前后外侧包裹着肩关节，它的最前部和最后部的肌纤维呈梭形，而中部肌纤维呈多羽状，这种结构使三角肌具有较大力量。

发展三角肌的锻炼方法如下。

1. 颈前推举

【预备姿势】直立或正坐于凳上，两手采用自然握杠，握距略宽于肩，两手握住杠铃，停于胸前锁骨处。（图 4-1-12）

【动作过程】以三角肌的收缩力量，垂直向上推起杠铃，直至手臂完全伸直，停留一两秒，而后沿原路线返回，成预备姿势。

【动作要领】上体保持正直，不得借助腰腿力量，意念集中在三角肌前束上。

2. 颈后推举

【预备姿势】直立或坐在凳上，两手握住杠铃，置于颈后肩上，握距宽于肩。（图 4-1-13）

【动作过程】以三角肌的力量，将杠铃垂直向上推到两臂完全伸直，停留一两秒，而后沿原路线返回。

【动作要领】两肘始终保持外展，杠铃垂直向上推，意念集中在三角肌后束上。

图 4-1-12　　　　　　　　　　　图 4-1-13

（五）臂部肌肉锻炼法

臂部肌群分上臂肌和前臂肌。上臂肌主要是肱肌、肱二头肌和肱三头肌。前臂肌主要是旋前圆肌、屈手肌、伸手肌和手肌。

1. 发展上臂肌群的锻炼法

（1）杠铃弯举。

【预备姿势】两脚自然而立，两臂反握铃并下垂于体前，握距与肩同宽。

【动作过程】上臂保持固定不动，以肘关节为轴弯曲前臂，杠铃几乎触及胸部为止，停留一两秒，再还原成预备姿势。（图4-1-14）

【动作要领】弯臂时，上体切忌前后摆动，意念集中在肱肌、肱二头肌上。

（2）反握引体向上。

【预备姿势】两手拇指向外，反握单杠，握距与肩同宽，两脚呈交叉状，身体呈悬垂状。

【动作过程】以肱二头肌收缩的力量，拉引身体至横杠与胸部靠近，停留一两秒，再循原路线下落至预备姿势。（图4-1-15）

【动作要领】在上拉过程中，不得借助腰腹的振摆来做动作，意念集中在肱二头肌上。

图4-1-14　　　　　　　　图4-1-15

（3）俯身臂屈伸。

【预备姿势】两腿自然站立与肩同宽，屈膝，屈髋使上体与地面平行，上臂紧贴躯干，前臂自然下垂，两手持哑铃。

【动作过程】肱三头肌收缩使前臂向体侧上方移动，直至前臂与上臂呈一条直线，稍停。前臂向下时，与地面垂直。（图4-1-16）

【动作要领】动作过程中，上臂始终贴紧躯干与地面平行，身体不要晃动。

图4-1-16

2. 发展前臂肌群锻炼法

下面以反握腕弯举为例进行介绍。

【预备姿势】坐在凳上，大腿与小腿约成90°角，两手掌心向上反握杠铃，前臂放于大腿上，腕部下垂于膝外。

【动作过程】以前臂肌收缩的力量，使手腕向上弯，直至不能再屈为止，停留一两秒，再循原路线返回成预备姿势。（图4-1-17）

【动作要领】手腕向上弯时，要尽量收缩前臂肌。意念集中在前臂肌群上。

图 4-1-17

（六）腹部肌肉锻炼法

腹部肌肉由腹直肌、腹外斜肌和腹内斜肌构成。发展腹部肌群的锻炼方法如下。

1. 仰卧卷腹

【预备姿势】仰卧在垫上，两脚分开与肩同宽，屈膝使大小腿夹角近90°，两手置于体侧，掌心朝下，或两手交叉置于两肩，负重时可将重物用两手握住，持于胸前正中间。

【动作过程】上体向上卷起时，含胸收腹，上背部离开垫面，腰背部贴紧垫面，腹部肌群收缩，腹腔压缩，两眼平视斜上方，呼气，稍停，再向下还原至预备姿势。（图 4-1-18）

【动作要领】在动作过程中，不要憋气，向上卷腹时，不低头，上体还原时，保持腹部收紧，腰部贴紧垫面。

图 4-1-18

2. 坐姿屈膝上举

【预备姿势】臀部坐于平稳训练凳上，两手扶在训练凳边缘，上体后倾约45°，两腿微屈膝悬空。

【动作过程】抬起两腿，将两膝向两肩靠近，上体弯曲向下收缩，呼气，稍停。还原时，上体和两腿缓慢向两端伸展开。（图 4-1-19）

【动作要领】动作过程中，身体不晃动，还原预备姿势时，始终收紧腹部，保持紧张。

图 4-1-19

3. 仰卧转体

【预备姿势】仰卧于垫上，手持哑铃置于胸前，两脚分开与肩同宽，挺胸收腹，两眼平视前方。

【动作过程】上体一侧向对侧上方抬起，使一侧肩胛骨离开垫面，稍停，呼气。向下还原至预备姿势，腹部保持收紧。（图4-1-20）

【动作要领】上体一侧向对侧上方卷起时，不要转髋，另一侧上臂始终贴紧躯干，不要耸肩。

图 4-1-20

二、健身健美运动基本动作组合

依据健美竞赛规则，健美竞赛性表演动作包括自然常态（含四个转向）、规定动作和自由造型动作三个部分。

（一）自然常态

【动作要领】自然站立，收腹挺胸，头部正直，两眼平视前方，两臂外展垂于体侧，两脚左右开立，各部位肌肉群不得故意收缩。

（二）男子个人规定动作

1. 前展肱二头肌

【预备姿势】面向裁判员自由站立，两脚间距同髋宽，收腹挺胸。

【动作要领】两臂经体侧上举至肩部高度，然后弯曲两肘，肘与肩齐平，两手握拳，拳心向下，用力收缩肱二头肌及全身肌肉，吸腹形成空腔。（图4-1-21）

2. 前展背阔肌

【预备姿势】面向裁判员自然站立，两脚间距同髋宽，收腹挺胸。

【动作要领】两臂经侧向正前方伸展，然后沿弧形慢慢收回两臂，并屈肘握拳，拇指伸直置于胸廓下缘，吸腹形成空腔，用力伸展背阔肌，同时收缩全身肌肉。（图4-1-22）

3. 侧展胸部

【预备姿势】侧向裁判员站立，两脚间距同髋宽，吸腿挺胸。

【动作要领】以左侧为例，左肘弯曲，紧握拳，右手握住左手腕，左腿屈膝，前脚掌着地，收腹挺胸，使左臂肱二头肌收缩隆起，同时收缩腰部肌肉及全身肌肉，

所展示的一侧的肩低于另一肩。（图4-1-23）

4. 后展肱二头肌

【预备姿势】背向裁判员自由站立，两脚间距同髋宽，收腹挺胸。

【动作要领】两脚前后开立，后腿自然弯曲，前脚掌着地，抬两臂，屈肘与肩齐高，两手握拳，拳心向下，收缩肱二头肌及全身肌肉。（图4-1-24）

5. 后展背阔肌

【预备姿势】背向裁判员自由站立，两脚间距同髋宽，收腹挺胸。

【动作要领】两腿前后开立，后腿自然弯曲，前脚掌着地，两手以握拳或张开的方式置于腰部，髋关节略前顶，肘关节张开，伸展背阔肌，同时收缩全身肌肉。（图4-1-25）

6. 侧展肱三头肌

【预备姿势】侧向裁判站立，两脚间距同髋宽，吸腹挺胸。

【动作要领】以左侧为例。右腿后移，自然弯曲，前脚掌着地，左臂贴体侧伸直，左手经体后握住左手腕，收缩肱三头肌及全身肌肉，尤其是腿部肌肉。（图4-1-26）

7. 前展腹部和腿部

【预备姿势】同前展肱二头肌

【动作要领】一条腿前伸半步，脚尖着地，两膝向外略分，身体重心置于后腿，微屈，两手置于头部，收缩腹部、腿部及全身肌肉。（图4-1-27）

图4-1-21　　图4-1-22　　图4-1-23　　图4-1-24　　图4-1-25　　图4-1-26　　图4-1-27

（三）女子个人规定动作

1. 前展肱二头肌

除了在动作要领上两手可张开、放松或握拳，髋部重心移向一侧腿，另一腿向侧蹬伸，脚趾踮地外，其余皆同男子。（图4-1-28）

2. 侧展胸部

预备姿势、动作要领等皆同男子。（图4-1-29）

3. 后展肱二头肌

预备姿势、动作要领等皆同男子。（图4-1-30）

4. 侧展肱三头肌

预备姿势、动作要领等基本同男子。（图4-1-31）

5. 前展腹部和腿部

预备姿势、动作要领等基本等同男子。（图4-1-32）

图 4-1-28 　图 4-1-29 　图 4-1-30 　图 4-1-31 　图 4-1-32

（四）男女混合双人规定动作

男女混合双人规定动作同女子规定动作。

1. 前展肱二头肌

宣布入场后，女运动员在前，男运动员在后，两人以相距约两步远的距离走到赛台中央，同时立定后一起转向裁判员，自然站立。宣布动作开始后。男、女运动员同时做动作，其侧身的腿部朝向对方，以使动作对称。（图 4-1-33）

2. 侧展胸部

动作做法与单人规定动作相同，男、女运动员要注意整个动作的一致性。动作步骤为：两人转向同一侧，两腿紧靠，同时展膝踮起脚跟，收缩小腿二头肌和整个大腿肌群，然后同时完成两臂动作，将胸和头转向裁判员。（图 4-1-34）

图 4-1-33 　　　　　图 4-1-34

3. 后展肱二头肌

两名运动员一起转体将背部朝向裁判员，同时举起两臂，并收缩肱二头肌、上下背肌、肱二头肌和小腿三头肌。两人站位距离要适中，既不能离得太远，又不能让两个人的身体重叠，以免影响造型质量。（图 4-1-35）

4. 侧展肱三头肌

男、女运动员选择同一侧面向裁判员，转体时动作要一致。然后同步做两臂动作，两臂伸直贴在身后，绷紧背阔肌，使肱三头肌更加突出。（图 4-1-36）

5. 前展腹部和腿部

男、女运动员可将动作分为两个步骤，每个步骤同时完成。男、女运动员同时将两臂上举，屈肘抱头，选择靠近对方的一侧大腿前伸，这是第一步。第二步为双方同时将上体前压，腹部成空腔后收紧。（图 4-1-37）

**健身健美
运动专项
体能训练**

图 4-1-35　　　　　　　图 4-1-36　　　　　　　图 4-1-37

项目二　健身操

一、有氧踏板操

有氧跳板操的基本动作如下。

（一）单脚依次点板

一脚点板一次。（图 4-2-1）

（二）基市步

两脚依次踏上板，再依次踏下板。（图 4-2-2）

图 4-2-1　　　　　　　　　　　　图 4-2-2

（三）V 字步

上板后两脚分立，与下板后的站位点正好形呈 V 字。（图 4-2-3）

（四）上板点、下板点

（1）正上点板、正下点板：一脚上板，另一脚点板；点板的脚下板，另一脚下板点地。（图 4-2-4）

（2）侧上点板、侧下点板：一脚侧上板，另一脚点板；点板的脚下板，另一脚点地。（图 4-2-5）

（3）正上点板、侧下点地：一脚上板，另一脚点板；点板的脚侧向下板，另一脚点

59

地。（图 4-2-6）

（五）转身步

一脚斜前上板，另一脚踏板的同时转体 45°，先上板的脚斜后踏下板的同时转体 45°，另一脚踏下板。（图 4-2-7）

（六）上板提膝

一脚上板，另一脚屈膝向上抬起，然后顺势依次踏下板。（图 4-2-8）

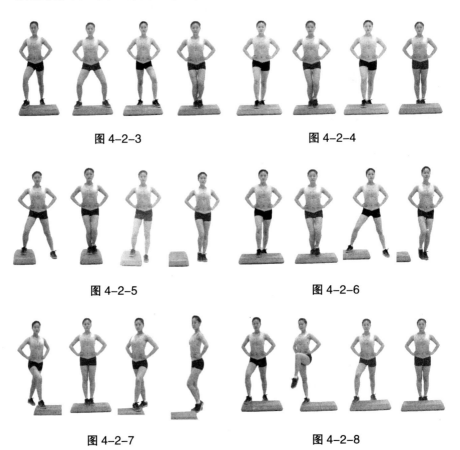

图 4-2-3　　　　　　　　　　图 4-2-4

图 4-2-5　　　　　　　　　　图 4-2-6

图 4-2-7　　　　　　　　　　图 4-2-8

（七）后屈腿

一脚上板，上体略前倾，另一腿后屈，脚后跟尽量往臀部靠拢，然后顺势依次踏下板。（图 4-2-9）

（八）板上点地

（1）侧点地：两脚踏在板上，一脚向侧在板下点地。（图 4-2-10）
（2）后点地：两脚踏在板上，一脚向后在板下点地。（图 4-2-11）

图 4-2-9　　　　　图 4-2-10　　　　　图 4-2-11

（九）上板踢腿

（1）前踢腿：一脚踏上板，另一腿向前踢，然后顺势下板。（图 4-2-12）
（2）侧踢腿：一脚踏上板，另一腿向侧踢，然后顺势下板。（图 4-2-13）
（3）后踢腿：一脚踏上板，另一腿向后踢，然后顺势下板。（图 4-2-14）

（十）横过板

一脚踏上板，另一脚踏上进行交换腿跳，先上板的脚踏下板，顺势另一脚踏下板。（图 4-2-15）

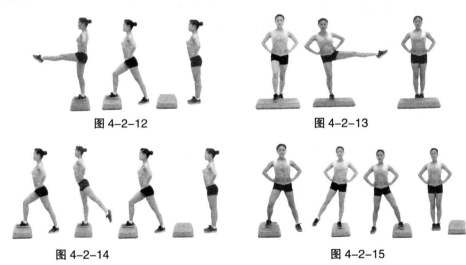

图 4-2-12　　　　　　　　　　图 4-2-13

图 4-2-14　　　　　　　　　　图 4-2-15

（十一）上板双侧下骑板

两脚依次侧踏上板，顺势依次从两侧踏下板，两腿骑于板上，两脚再依次踏上板，顺势依次从排那个另一侧踏下板。（图 4-2-16）

图 4-2-16

（十二）I字步

两脚依次踏上板，一次开合跳，两脚依次踏下板，一次开合跳。（图4-2-17）

图4-2-17

二、有氧搏击操

（一）有氧搏击操概述

有氧搏击操具体形式是将拳击、空手道、跆拳道，甚至一些舞蹈动作混合在一起，并配合强劲的音乐，形成独特风格的有氧健身操。有氧搏击操由于瞬间爆发力强、肢体伸展幅度大，运动量比传统的健美操更大，尤其适合脂肪堆积过多的年轻人，堪称是效果十足的"瘦身"运动。

（二）有氧搏击操的起源和发展

有氧搏击操这项健身运动起源于美国，它富有爆发力和刺激性，经过一段时间的锻炼可使人精力旺盛，更有力量，最重要的是可以帮助练习者建立信心。同时，有氧搏击操具有很高的观赏价值，如果练习者的每招每式做得很舒展，会有一种赏心悦目之感。

有氧搏击操最早是由一名搏击世界冠军所创立的，他将拳击、空手道、跆拳道等，甚至一些舞蹈动作混合在一起，要求练习者随着音乐出拳、踢腿，在不知不觉中减掉多余的脂肪。自从有氧搏击操进入各大健身房后，便受到了爱美女性的青睐。

有氧搏击操从国外传到中国初期，是专业拳击运动员用来缓解训练的枯燥的健身操。后来，这种锻炼形式被引进健身房，搏击操就此发展起来。

（三）有氧搏击操的特点

1. 科学性
有氧搏击操是遵循有氧健身操的锻炼原则而进行的健身操，它属于有氧运动。有氧运动可以使人的各个循环系统得到锻炼从而加强其功能，使身体健康并增强抵抗疾病的能力。有氧锻炼可以有效地消耗能量，减少体内多余的脂肪，达到减肥的目的。

2. 安全性
有氧搏击操严格地按健身操的结构进行，它的强度适中，运动量可以由练习者控制，动作以增进健康和避免伤害为原则，同时，它并非面对面地进行搏击，这就使锻炼更安全。

3. 全面性

有氧搏击操的练习分手臂、躯干、步法、脚法和综合练习。虽然只是一个简单的动作，却要动用躯体的多个部位参与。例如，直拳动作，首先通过右腿蹬地，将力量传到大腿、髋，经过腰部转动的力量传递到胸、肩、手臂，最后才到拳上。因此，有氧搏击操具有全面性。

4. 易学性

有氧搏击操采用节奏分明、中速偏慢的音乐，易于分辨。另外，有氧搏击操的内容是有选择的，被吸纳的动作也是经过简化分解的。例如，拳击中的直拳、勾拳、摆拳等，腿法中的前踢、侧踢、摆踢等，这些动作直观，且运动要求也只限于用力的顺序和用力的位置正确，并不要求像拳击、搏击竞赛和实战中那样快速、准确。因此，一般人都能够完成这些练习。此外，有氧搏击操不强调复杂的动作组合，而且运动中的变化，特别是方向变化也较少，加之教学多采用分解和慢速的方法，这就更有利于人们掌握。

5. 挑战性与娱乐性

在强劲有力的音乐中，在教练的带动下，练习者做着整齐的动作，同时，在发力间伴着有力的喊声，整个课堂的气氛非常热烈。有氧搏击操使锻炼成为一种娱乐，使原本艰难的锻炼过程变得轻松愉快。

（四）基本动作

有氧搏击操的基本动作，见图4-2-18。

直拳：站立，面向目标，臂和肩部呈一条直线，发力顺序是腿—腰—肩—拳。

摆拳：站立，面向目标，出拳时臂和肩呈一条弧形，发力顺序是腿—腰—肩—拳。

勾拳：左腿在前，重心靠前，臂夹角为90°，左右脚替换，出拳尽可能长。

吸腿：脚与肩同宽，重心在后脚，看着目标，抬膝。

前踢：脚与肩同宽，重心在后脚，看着目标，抬膝，上体微后仰，脚尖踢目标。

侧踢—左踢（反方向为右踢）：两脚开立，与肩同宽，重心在右腿，目视左侧目标，抬起左膝，向身体靠，上体微向右倾斜，右脚脚尖转离目标，右臂放低，保持平衡，用脚侧缘攻击，脚尖朝下，踢出左腿。

直拳　摆拳　勾拳　吸腿　前踢　侧踢—左踢

图4-2-18

（五）有氧搏击操组合动作

第一个八拍。（图 4-2-19）

1～4 拍：左脚在前的弓步向前跳动 4 次。

5～8 拍：5～7 拍分别为右直拳、左直拳、右摆拳，8 拍站立。

1～4　　　5　　　6　　　7　　　8

图 4-2-19

第二个八拍。（图 4-2-20）

1～4 拍：左脚在前的弓步向后跳动 4 次。

5～8 拍：左脚在前交叉步，两脚开立，右脚在前交叉步，两脚开立。

1～4　　　5　　　6　　　7　　　8

图 4-2-20

第三个八拍。（图 4-2-21）

1～4 拍：两脚开立，两膝微屈，向右跳动 4 次。

5～8 拍：5～7 拍按右—左—右的次序做 3 次勾拳，8 拍站立。

1～4　　　5　　　6　　　7　　　8

图 4-2-21

第四个八拍。（图 4-2-22）

1～4 拍：两脚开立，微屈，向左跳动 4 次。

5～8 拍：右肘向上肘击 1 次，左肘向上肘击 1 次。

1～4　　　　　5～6　　　　　7～8

图4-2-22

第五个八拍。（图4-2-23）

1～4拍：右腿吸腿2次。

5～8拍：左腿吸腿2次。

1　　2　　3　　4　　5　　6　　7　　8

图4-2-23

第六个八拍。（图4-2-24）

1～4拍：右脚前踢1次。

5～8拍：左右脚前后交换跳，右臂格挡2次。

1　　2　　3　　4　　5～6　　7～8

图4-2-24

第七个八拍。（图4-2-25）

1～4拍：左右开立，向右侧跳动3次，左脚交叉在前，重心在左脚。

5～8拍：右脚侧踢1次。

1～2　　3～4　　5～7　　　8

图4-2-25

第八个八拍。(图4-2-26)

1～8拍：与第七个八拍动作相同，方向相反。

1～2　　　　3～4　　　　5～7　　　　8

图4-2-26

三、啦啦操

（一）啦啦操的起源和发展

最初的啦啦操要追溯到19世纪80年代的美国大学校园。当时的啦啦操形式是在大学的橄榄球赛，一位领队站在一队员前面，领导他们为自己的球队呐喊助威，从而形成了啦啦队，但当时的啦啦队是由男生组成的。第一次世界大战后，美式橄榄球的比赛改变了纯男生的啦啦队结构，女生开始加入啦啦队的行列。进入20世纪70年代，啦啦队除了为传统的橄榄球和篮球比赛加油，也开始支持学校的所有运动。1978年，哥伦比亚广播公司通过电视第一次向全美国转播学校啦啦队赛事。从此，啦啦队开始作为一项正式的运动项目被人们认可。作为美国最受关注的运动，美式橄榄球算是第一个将专业啦啦队引入体育竞技的项目。1954年，巴尔的摩小马队成为美式橄榄球联盟中首个拥有啦啦队的职业体育队，随后美式橄榄球的各支球队开始招募专属的啦啦队。2002年，啦啦操被引入我国。

（二）啦啦操的锻炼价值

1.有益于身体素质发展

啦啦操对于人的速度、力量、柔韧、速度耐力、弹跳、平衡和协调等各方面的身体素质都有很高的要求，练习啦啦操能全面提高人体各方面的素质。同时，啦啦操对动作姿态的控制能力、立腰立背的力量锻炼以及腿部支撑人体的各种协调能力都有很好的促进作用。

2.有益于改变身体形态

长期进行啦啦操锻炼能够从一定程度上改善锻炼者的身体形态。青少年长期参加啦啦操锻炼可以控制体重，促进身体的生长发育；成年人长期参加啦啦操锻炼，可以促进身体各项机能的良好发展，并且保持健美的体形。

3.有益于心理健康

啦啦操表演可以通过表演者从头到尾的跳动、脸部的微笑表情来感染观众，活跃现场氛围。啦啦操能有效地减少受众抑郁、沮丧等消极心态，提高受众的心理素质。练习啦啦操不仅可以消除人的倦怠情绪，还有利于保持心态健康的持久性，提升人们的审美能力，美化人们的心灵。

4. 提高合作意识和团队凝聚力

啦啦操是一个团队项目，可以培养学生们的团队意识，增强大家相互协作的能力，提高学生的责任心和责任感，增进队员之间的信任感，培养队员们的服从意识和克服一切困难、完成任务的坚强意志等。

（三）啦啦操常用的几种手型

啦啦操中的手型有多种，是从芭蕾舞、现代舞、迪斯科、武术中吸收和发展而来的。手型是手臂动作的延伸和表现，运用得好，会使啦啦操动作更加丰富多彩，生动活泼，更具有感染力。

（1）并拢式：五指伸直，相互并拢。拇指微屈，指关节贴于食指旁。

（2）分开式：五指用力伸直，充分张开。

（3）芭蕾手式：五指微屈，后三指并拢、稍内收，拇指内扣。

（4）拳式：握拳，拇指在外，指关节弯曲，紧贴于食指和中指。

（5）立掌式：五指伸直，手掌用力上翘。

（6）西班牙舞手式：五指用力，小指、无名指、中指自掌指关节处依次屈，拇指稍内扣。

（五）啦啦操的基本手位

啦啦操基本手位，见图 4-2-27。

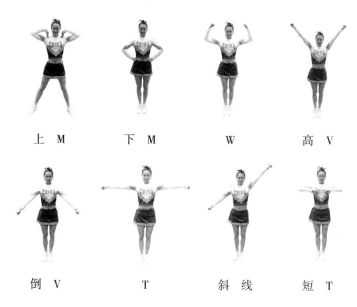

| 上 M | 下 M | W | 高 V |

| 倒 V | T | 斜 线 | 短 T |

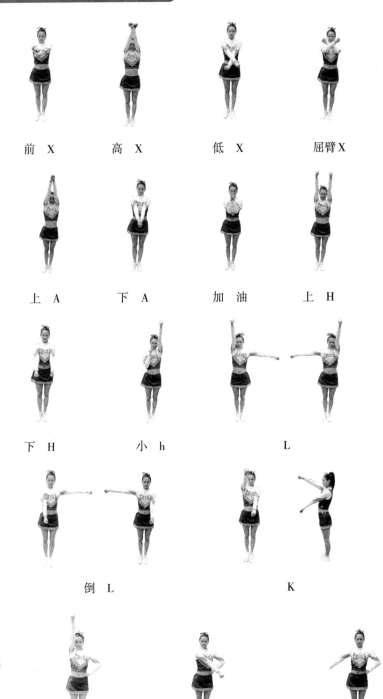

| 前 X | 高 X | 低 X | 屈臂X |

| 上 A | 下 A | 加 油 | 上 H |

| 下 H | 小 h | L |

| 倒 L | K |

| 小弓箭 | 高冲拳 | 侧下冲拳 | 斜下冲拳 |

斜上冲拳

短　剑

侧上冲拳

X

图 4-2-27

四、肚皮舞

（一）肚皮舞概述

1.肚皮舞的起源和发展

肚皮舞是一种具有阿拉伯风情的舞蹈形式，起源于中东地区，并在中东和巴基斯坦、印度、伊朗等其他受阿拉伯文化影响的地区取得长足发展，19 世纪末传入欧美地区，至今已风靡世界各地，成为一种较为知名的国际性舞蹈。

2.肚皮舞的流派风格

按照肚皮舞的表现风格和流派可主要分为这几大类：现代和传统埃及风格、土耳其风格、欧美风格、阿拉伯风格、印度风格、非洲风格、俄罗斯风格、西班牙风格、波斯风格和黎巴嫩风格等。

3.肚皮舞特点及其锻炼价值

肚皮舞是较为女性化的舞蹈，其特色是舞者随着变化万千的音乐节奏摆动臀部和腹部。肚皮舞通过骨盆、臀部、胸部和手臂的旋转，以及令人眼花缭乱的胯部摇摆动作，塑造出优雅性感柔美的舞蹈语言，充分发挥出女性身体的阴柔之美，多彰显阿拉伯风情，以神秘著称。肚皮舞是一种全身的运动，可以让人的腿部、腹部、肩膀和颈部都得到充分的活动，从而提高身体的弹性和柔韧性。

跳肚皮舞不仅可以消耗热量，还可以有效地收紧全身线条，减去手臂、臀部大腿的赘肉。

跳肚皮舞能有效地利用平时不经常使用的腹部周围肌肉，对体内的脏器有着非常好的锻炼效果。另外，肚皮舞还能缓解痛经或月经不调等症状。不仅如此，由于肚皮舞的很多动作都集中在腰部和骨盆，可以强化体内的脏器，尤其是增强肠道的蠕动活动，对在女性中常见的便秘症状也有显著疗效。

跳肚皮舞还有助于舞者的精神健康。肚皮舞是自由奔放的运动，在跳肚皮舞的过程中，人会抛开所有的烦恼和压力，身心变得无比自由、轻松。

（二）肚皮舞的着装要求

古埃及人相信赤足跳肚皮舞可以表达对女神的崇敬，同时，跳舞时甩开鞋的束缚，可以更深层次地打开心扉。肚皮舞服装通常由三部分组成：露脐小上装、镶有亮片的臀部腰带、低腰裙或灯笼裤。另外，还可以根据个人喜好配上面纱及相应的饰品。需要注意的是，全身的服装颜色一定要协调、有整体感。

（三）肚皮舞基本动作

1. 胸部画圆

【要领】胸部以下不动，以胸部来带动画一个圆圈，或者顺时针或者逆时针。开始的时候可以先侧身，然后做分解动作，再慢慢连贯加速。（图 4-2-28）

【节拍】顺时针四个八拍，逆时针四个八拍。

【功效】按摩胸线，增加上半身的灵活性。

图 4-2-28

2. 波浪手势

【要领】想象手臂如波浪一样摆动。以肩带动身体，然后手肘、手腕、手掌放松。两手臂交替上下。可配合身体的摆动来进行。（图 4-2-29）

【节拍】六个八拍。

【功效】灵活肩部，修饰手臂线条。

图 4-2-29

3. 侧面八字

【要领】用一只脚作为支撑点，另一只脚脚尖轻轻点地。用腰力将腹部抬起，再向后推，感觉自己正在用腰胯部位来画一个 8 字。

【节拍】四个八拍。

【功效】消除后腰、侧腰的多余脂肪，收紧线条。

4. 胯部摇摆

【要领】前腹部收紧，膝关节稍弯，上身放松。胯部左右小幅度摇摆。可根据难易程度来加快或者减慢摇摆的速度。

【节拍】八个八拍。

【功效】收紧前腹。

5. 胯部画圆

【要领】两脚放宽，膝关节稍弯，腹部收紧，上身放松。胯部可按顺时针或者逆时针方向以圆圈形摆动。

【节拍】顺时针四个八拍，逆时针四个八拍。

【功效】锻炼整个腰部，收紧腹部线条，增加膝关节和胯部的协调性。

6. 胯部画圆辅助式

【要领】配合胯部画圆来做动作，即一边胯部画圆，一边下蹲，脚尖着地，脚后跟提起，力量在左右膝关节上移动。

【节拍】四个八拍。

【功效】锻炼平衡性和膝关节、脚踝的力量，收紧大腿、小腿线条。

7. 侧面眼镜蛇

【要领】收手臂在胸前，一手掌心朝内，一手掌心朝外。两臂交替，配合身体的摆动。

【节拍】六个八拍。

【功效】提高关节协调性。

8. 两侧转移

【要领】左脚作为支撑点，右脚跨步向前，脚尖点地，再收回，臀部摆动同时向右移动。再换另一边。

【节拍】慢节奏两边各三个八拍，快节奏两边各五个八拍。

项目三　体育舞蹈

一、体育舞蹈基本技术

体育舞蹈

（一）手　型

女：拇指和中指向里合，其余三指向上翘起。

男：拇指向里合，其余四指并拢，或拇指向里合，食指向上翘，其余三指并拢。

（二）站立姿势

（1）直立：身体保持立正姿势，脚后跟合拢，脚尖打开，成八字步站立。

（2）起锤立：前脚掌支撑，脚后跟向上抬起，使脚背与腿在同一条垂直线上。

（3）点地立：一条腿直立或微屈支撑，另一条腿绷直脚背，脚尖在前方（侧方、后方）点地。

（三）基本舞姿

1. 华尔兹

华尔兹的风格是动作如行云流水般顺畅，像云霞般光辉，潇洒自如，典雅大方，被誉为"舞中皇后"。华尔兹舞曲的节奏是$\frac{3}{4}$拍，每分钟 28～30 小节，每小节有 3 拍。

（1）基本动作练习。

升降练习。

方法：此动作练习主要为了体会踝部、膝部的屈伸，加强脚及身体的控制能力，加强身体升降的稳定性。（图 4-3-1）

手臂前后摆动的升降练习。

方法：随着膝部、踝部的屈伸，手臂前后摆转，掌握升降摆转的延伸动作。（图 4-3-2）

图 4-3-1　　　　　　　　　　图 4-3-2

（2）握抱姿势。

闭式舞姿。

男女舞伴相对站立，两脚并拢，脚尖对齐、正对前方。女士偏向男士右侧的 1/3，男女伴的右脚脚尖对准对方的两脚中线。男女伴的头都向左转，目光从男女伴右肩方向看出。女士从臀部以上向后上方打开，男士左手与女士右手掌心相握，虎口向上，前臂与上臂的夹角为 135°，高度与女士右耳相平。男士右手五指并拢，轻轻置于女士左肩胛骨下端。女士左手四指并拢，虎口放在男士右臂三角肌处。（图 4-3-3）

开式舞姿。

在闭式舞姿的基础上，男女舞伴的上身各向外打开 25°，头面向手的方向，目光从手的方向向远方延展，男士与女士的右髋部仍相靠不能打开。

（3）基本步法。

左脚并换步。（图 4-3-4）

男士左脚前进；女士右脚后退。

男士右脚经左脚向侧步稍前；女士左脚经右脚向侧步稍后。

男士左脚并右脚；女士右脚并左脚。

图 4-3-3　　　　　　　　　　图 4-3-4

右脚并换步。

男士右脚前进；女士左脚后退。

男士左脚经过右脚向侧步稍前；女士右脚经左脚向侧步稍后。

男士右脚并左脚；女士左脚并右脚。

左转步。（图 4-3-5）

共六步。节奏为 1、2、3、1、2、3。

男士左脚前进，开始左转；女士右脚后退，开始左转。

男士经右脚向侧横步，1～2 转 1/4；女士左脚向侧横步 1～2 转 3/8。

男士左脚并右脚 2～3 转 1/8；女士右脚并左脚，身体完成转动。

男士左脚后退，继续向左转；女士左脚前进，继续向左转。

男士左脚向侧横步，4～5 转 3/8 身体稍转；女士右脚向侧横步，4～5 转 1/4。

男士右脚并左脚，身体完成转动；女士左脚并右脚 5～6 转 1/8。

图 4-3-5

右转步。（图 4-3-6）

共六步。节奏为 1、2、3、1、2、3。

男士右脚前进，开始右转；女士左脚后退，开始右转。

男士经左脚向侧横步，1～2 转 1/4；女士右脚向侧横步 1～2 转 3/8。

男士右脚并左脚 2～3 转 1/8；女士左脚并右脚，身体完成转动。

男士左脚后退，继续向右转；女士右脚前进，继续向右转。

男士右脚向侧横步，4～5 转 3/8 身体稍转；女士左脚向侧横步，4～5 转 1/4。

男士左脚并右脚，身体完成转动；女士右脚并左脚 5～6 转 1/8。

图 4-3-6

侧行追步。（图 4-3-7）

共四步，3 拍走 4 步。节奏为 1、2、&、3。由开式舞姿开始。

男士右脚前进并交叉于反身动作及侧行位置；着地时的顺序为先脚后跟后前脚掌；女士左脚前进并交叉于反身动作位置，着地时的顺序为先脚后跟后脚掌前，开始左转。

男士左脚横步，用前脚掌着地；女士右脚横步，用脚掌着地，1～2 转 1/8 周。

男士左脚并于右脚，用前脚掌着地；女士左脚并于右脚，用前脚掌着地，2～3 转 1/8 周，身体稍转。

男士右脚横步稍后，着地时的顺序为先前脚掌后脚后跟；女士右脚横步稍后，着地时的顺序为先前脚掌后脚后跟。

图 4-3-7

跨蹉步。（图 4-3-8）

男士左脚前进开始左转，着地时的顺序为先前脚掌后脚后跟；女士右脚后退开始左转，着地时的顺序为先前脚掌后脚后跟。

男士右脚横步 1～2 转 1/4 周，着地时用脚掌；女士左脚横步 1～2 转 1/4 周，着地时用前脚掌。

男士左脚并于右脚不置重量 2～3 转 1/8 周（掌跟中心在右脚）；女士右脚并于左脚不置重量 2～3 转 1/8 周（掌跟中心在左脚）。

后叉形步。（图 4-3-9）

男士在反身动作位置中左脚后退；女士在反身位置及外侧中右脚前进。

男士右脚斜退；女士左脚向侧。

男士在侧行位置中，左脚交叉于右脚后；女士在侧行位置中，右脚交叉于左脚后。

图 4-3-8　　　　　　　　　　图 4-3-9

2. 探 戈

探戈的风格是动静交织，潇洒奔放，头部左顾右盼，快速转动。舞曲为 $\frac{2}{4}$ 拍，每分钟 30～34 小节。音乐的特点是以切分音为主，带有停顿。舞步分 S（慢）和 Q（快），其中，S 占 1 拍，Q 占半拍。跳探戈时，要求膝关节放松，微屈，重心下沉，脚部动作干净利落，不拖泥带水。

（1）握抱姿势。

闭式舞姿：男伴的右脚回收半脚并到左脚内侧脚弓处，前后错开半个脚，重心下沉，膝关节弯曲并松弛。左手回收，肘关节上抬，前臂内收角度加大（接近 90°）。男士右手略向下斜插女伴的脊椎骨，略靠近右肩胛骨的地方（不要超过脊柱）；女士的左手拇指贴向掌心，四指并拢，虎口处抵住男伴的上臂外侧靠近腋部。男伴右肘与女伴左肘相重叠，即男伴右肘抵住女伴的左肘内窝。目视方向与华尔兹相同。动作时有闪回的动作。男伴与女伴位置是 1/3 微贴，接触点是膝关节、髋部到腹部的位置。（图 4-3-10）

（2）基本步法。

二常步。（图 4-3-11）

共两步，节奏为 S、S。

男士左脚前进；女士右脚后退。

男士右脚前进；女士左脚后退。

直行侧步。（图 4-3-12）

共三步，节奏为 Q、Q、S。

男士左脚前进；女士右脚后退。

男士右脚向侧稍后腿；女士左脚向侧稍前进。

男士左脚前进，女士右脚后退。

图 4-3-10   图 4-3-11   图 4-3-12

并脚结束。（图 4-3-13）

共三步，节奏为 Q、Q、S。

男士右脚后退；女士左脚前进。

男士左脚横步稍前，左转 1/4 周；女士右脚横步稍后，左转 1/4 周。

男士右脚并与左脚；女士左脚并与右脚。

右摇转步。（图 4-3-14）

男士右脚前进；女士左脚后退。

男士左脚向侧并稍后；女士右脚前进。

男士重心落回右脚，1～3 拍右转 1/4 周；女士左脚后退，1～3 拍右转 1/4 周。

图 4-3-13   图 4-3-14

基本左转。（图 4-3-15）

共六步，节奏为 Q、Q、S、Q、Q、S。

男士在反身位置中左脚前进；女士在反身位置中右脚后退。

男士右脚向侧并稍后退；女士左脚向侧并稍前进。

男士左脚交叉于右脚之前；女士右脚并左脚并稍后退。

男士右脚后退；女士左脚前进。

男士左脚向侧稍前进；女士右脚向侧并稍后退。

男士右脚并左脚并稍后退；女士左脚并右脚并稍前进。

图 4-3-15

行进连步。（图 4-3-16）

共两步，节奏为 Q、Q。

男士在反身动作位置中左脚前进；女士在反身位置中右脚后退。

男士右脚向侧并在侧行位置中稍后退；女士左脚向侧并在侧行位置中稍后退。

并式侧行步。（图4-3-17）

共四步，节奏为S、Q、Q、S。

在侧行位置上开始动作：

男士在侧行位置中，左脚向侧；女士在侧行位置中，左脚向侧。

男士右脚前进，并交叉于反身动作位置与侧行位置之间；女士右脚前进，并交叉于反身位置与侧行位置之间。

男士左脚向侧并稍前进；女士左脚向侧。

男士右脚向侧并稍后退；女士右脚交叉于左脚之后。

图4-3-16　　　　　　　　图4-3-17

3. 伦 巴

（1）基本步。（表4-3-1）

开始姿势：闭式舞姿，两脚开立，男伴重心在右脚，女伴重心在左脚。

结束姿势：闭式舞姿。

表4-3-1　基本步

	步　数	1	2	3	4	5	6
	拍　数	2	3	4、1	2	3	4、1
男子舞步	脚位	左脚向前	重心回到右脚	左脚向侧	右脚向后	重心放回左脚	右脚向侧
	转度	开始左转	1～3步左转1/8周		继续左转	4～6步左转1/8周	
	舞姿	面向舞程线	闭式舞姿	闭式舞姿	闭式舞姿	闭式舞姿	闭式舞姿
女子舞步	脚位	右脚后退	重心放回左脚	右脚向侧	左脚向前	重心放回右脚	左脚向侧
	转度	开始左转	1～3步左转1/8周		继续左转	4～6步左转1/8周	
	舞姿	闭式舞姿	闭式舞姿	闭式舞姿	闭式舞姿	闭式舞姿	闭式舞姿

动作提示：基本步是练习伦巴的基础，应重点进行练习。在练习时既可采用闭式舞姿也可采用开式舞姿。

基本步1～6动作如图4-3-18所示。

图 4-3-18

（2）纽约步。（表 4-3-2）

开始姿势：开式舞姿，两脚开立，男伴重心在右脚，女伴重心在左脚。

过程姿势：并肩舞姿。

结束姿势：开式舞姿。

表 4-3-2　纽约步

步 数		1	2	3	4	5	6
拍 数		2	3	4、1	2	3	4、1
男子舞步	脚 位	左脚向前	重心回到右脚	左脚后退向侧	右脚向前	重心放回左脚	右脚后退向侧
	转 度	右转 1/4 周	保持方向	左转 1/4 周	左转 1/4 周	保持方向	右转 1/4 周
	舞 姿	并肩舞姿	并肩舞姿	开式舞姿	并肩舞姿	并肩舞姿	开式舞姿
女子舞步	脚 位	右脚向前	重心放回左脚	右脚后退向侧	左脚向前	重心回到右脚	左脚后退向侧
	转 度	左转 1/4 周	保持姿势	右转 1/4 周	右转 1/4 周	保持姿势	左转 1/4 周
	舞 姿	并肩舞姿	并肩舞姿	开式舞姿	并肩舞姿	并肩舞姿	开式舞姿

动作提示：纽约步 7～9 步重复 1～3 步动作。舞步过程中，男女舞伴单手相握，在 3、6、9 步上换手。

纽约步 1～6 步动作如图 4-3-19 所示。

图 4-3-19

（3）定点转。（表 4-3-3）

开始姿势：开式舞姿，开立，男伴重心在右脚，女伴重心在左脚。

结束姿势：开式舞姿。

表 4-3-3　定点转

步　数		1	2	3	4	5	6
拍　数		2	3	4、1	2	3	4、1
男子舞步	脚　位	左脚向右前	两脚原地拧转，重心回左脚	左脚上步向侧	右脚向左前	两脚原地拧转，重心回左脚	右脚上步向侧
	转　度	右转 1/4 周	右转 1/2 周	右转 1/4 周	左转 1/4 周	左转 1/2 周	左转 1/4 周
	舞　姿	并肩舞姿	并肩舞姿	开式舞姿	并肩舞姿	并肩舞姿	开式舞姿
女子舞步	脚　位	右脚向左前	两脚原地拧转，重心放回右脚	右脚上步向侧	左脚向右前	两脚原地拧转，重心回到右脚	左脚上步向侧
	转　度	左转 1/4 周	左转 1/2 周	左转 1/4 周	右转 1/4 周	右转 1/2 周	右转 1/4 周
	舞　姿	并肩舞姿	并肩舞姿	开式舞姿	并肩舞姿	并肩舞姿	开式舞姿

动作提示：定点转舞步过程中，男女舞伴在 2 步、5 步上分手，其他步数时男伴左手与女伴右手相握。

定点转 1～6 步动作如图 4-3-20 所示。

图 4-3-20

（4）开式扭臀步。（表 4-3-4）

开始姿势：开式舞姿，两脚开立，男伴重心在右脚，女伴重心在左脚。

结束姿势：女伴左肩正对男伴。

表 4-3-4　开式扭臀步

步　数		1	2	3
拍　数		1	2	4、1
男子舞步	脚　位	左脚前进	重心回到右脚	左脚并向右脚
	转　度			
	舞　姿	开式舞姿	开式舞姿	面向女伴左肩成 90° 角
女子舞步	脚　位	右脚后退	左脚前进	右脚前进同时以前脚掌为轴右转，左脚虚点跟进
	转　度			右转 1/2 周
	舞　姿	开式舞姿	开式舞姿	左肩正对男伴正面

动作提示：开式扭臀步一般下接扇形步。做该舞步过程中，男伴左手与女伴右手相握。

开始扭臀步 1 ～ 3 步动作如图 4-3-21 所示。

图 4-3-21

（5）扇形步。（表 4-3-5）

开始姿势：以开式舞姿或开始扭臀步结束姿势（女伴左肩正对男伴成 90°）开始，两脚并立，男伴重心在左脚，女伴重心在右脚。

结束姿势：扇形位。

表 4-3-5　扇形步

步　数		1	2	3
拍　数		1	2	4、1
男子舞步	脚　位	右脚后退	左脚向左前迈步	右脚前进
	转　度			左转 1/8
	舞　姿	面向女伴左肩	面向女伴左肩	扇形舞姿
女子舞步	脚　位	左脚前进	右脚前进同时以前脚掌为轴左转	左脚左侧后退
	转　度		开始左转	2 ～ 3 步左转 1/2 周
	舞　姿	左肩正对男伴正面	左肩正对男伴正面	扇形舞姿

动作提示：做该舞步过程中，男伴左手与女伴右手始终相握。

扇形步 1 ～ 3 步动作如图 4-3-22 所示。

图 4-3-22

（6）曲棍步。（表 4-3-6）

开始姿势：扇形舞姿，两脚开立，男伴重心在右脚，女伴重心在左脚。

结束姿势：开式舞姿。

表 4-3-6　曲棍步

步　数	1	2	3	4	5	6
拍　数	2	3	4、1	2	3	4、1
男子舞步 脚位	左脚向前	重心回到右脚	左脚靠近右脚	右脚向后	重心放回左脚	右脚向前
男子舞步 转度				开始右转	4~6步右转1/8周	
男子舞步 舞姿	扇形舞姿	扇形舞姿	正对女伴右肩	保持正对女伴右肩		开式舞姿
女子舞步 脚位	右脚向后靠近左脚	左脚向前	右脚向前	左脚向前以掌为轴	右脚向后稍侧	左脚后退
女子舞步 转度				开始左转	4~6步左转5/8周	左转完成
女子舞步 舞姿	扇形舞姿	扇形舞姿	右肩对正男伴正面			开式舞姿

　　动作提示：在整个舞步过程中，男伴左手始终与女伴右手相握，在3步、4步时男伴左臂上举、肘上抬，女伴肘前顶、右臂上举，形成一个方形窗口。在女伴左转身时，男伴左臂在上向左推动帮助女伴转动。

　　曲棍步1~6步动作如图4-3-23所示。

图 4-3-23

（7）右陀螺转。（表4-3-7）

开始姿势：闭式舞姿，两脚开立，男伴重心在左脚，女伴重心在右脚。

结束姿势：闭式舞姿。

表 4-3-7　右陀螺转

步　数		1	2	3	4
拍　数		2	3	4、1、2、3、4、1、2、3	4、1
男子舞步	脚　位	右脚交叉在左脚后	左脚向侧	重复 1～2 步 3 次	右脚靠近左脚
	转　度		开始右转	1～8 步右转 2 周	开始右转
	舞　姿	闭式舞姿	闭式舞姿	闭式舞姿	闭式舞姿
女子舞步	脚　位	左脚向侧	右脚交叉在左脚前	重复 1～2 步 3 次	左脚向侧
	转　度		开始右转	1～8 步右转 2 周	开始左转
	舞　姿	闭式舞姿	闭式舞姿	闭式舞姿	闭式舞姿

动作提示：在整个舞步过程中，没有臀部动作，转动应连续，在 2 拍、4 拍、6 拍、8 拍时女伴右脚应进到男伴两脚中间。

右陀螺转步 1～3 步动作如图 4-3-24 所示。

图 4-3-24

（8）伦巴舞的组合练习。

组合一：

基本步（1、2、3、4、5、6）；纽约步（1、2、3、4、5、6、7、8、9）；定点转（1、2、3）；开式扭臀步（1、2、3）；扇形步（1、2、3）。

组合二：

曲棍步（1、2、3、4、5、6）；基本步（1、2、3）；右陀螺转（1、2、3、4、5、6、7、8、9）；闭式扭臀步（1、2、3）；扇形步（1、2、3）。

组合三：

阿里曼娜（1、2、3、4、5、6）；手接于（1、2、3、4、5、6、7、8、9）；阿伊达（1、2、3，退左脚开始 4、5、6）；合位（1、2、3）。

二、体育舞蹈三级套路

《中国体育舞蹈联合会技术等级教材——标准舞/拉丁舞》华尔兹和恰恰恰的舞蹈组合如表 4-3-8、表 4-3-9 所示。

表 4-3-8 华尔兹单人银牌组合

准备姿势：长线底端，面向斜墙壁，两手后背，架肘。

健身交谊舞

序 号	中文名称	动作时值	编舞时值
1	左脚前进步带跟掌滚动摆荡	<u>123</u> <u>223</u>	123223
2	后退步带跟推摆荡	<u>123</u> <u>223</u>	323423
3	左脚前进左转进入到维也纳左转	123	523
4	向左摆荡（右腿后退，左转1/4，左脚向旁）盘旋截步	123	623
5	后退拂步	123	723
6	向左行进追步	12&3	823
7	左拂步	123	123
8	向右行进追步	123&	223
9	后退拂步	123	323
10	向左行进追步	12&3	423
11	右脚向前左脚摆荡	123	523
12	左脚向前右脚摆荡	123	623
13	右脚向前左脚摆荡	123	723
14	脚尖左轴转	123	823

结束，面向新的舞程线循环

表 4-3-9 恰恰恰单人银牌组合

准备姿势：两脚分立，重心在右脚。

体育舞蹈形体训练

序 号	中文名称	动作时值	编舞时值
1	基本动作	234&1.234&1	12345678
2	分列式古巴碎步	2&3 4&1.2&3 4&1	22345678
3	左脚前进步转至锁步	234&1	3234
4	右脚前进步转至锁步	234&1	5678
5	前进抑制步至3个后退锁步	234&1 2&3 4&1	42345678
6	原地换重心至3个前进锁步结束于向旁	234&1 2&3 4&1	52345678
7	向右定点转	234&1	6234

续　表

序　号	中文名称	动作时值	编舞时值
8	纽约步	234&1.234&1.	5678 7234
9	向左定点转	234&1	5678
10	瓜帕恰节奏步	2&3 4&1. 2&3 4&1	82345678

结束，可循环动作

项目四　瑜伽与普拉提

一、瑜　伽

（一）瑜伽呼吸法

1. 腹式呼吸

仰卧或直背坐立，一手置于腹部。吸气时，把空气直接吸入腹部，如果吸气动作做得正确，手就会被腹部抬起，吸气越深腹部升起越高。随着腹部的扩张，横膈膜就会向下降。而呼气时，腹部会向内、向脊柱方向收缩。尽量收缩腹部，把所有空气呼出双肺。此时，横膈膜向上升起。

2. 胸式呼吸

仰卧或直背坐立，深深吸气，但不要让腹部扩张，把空气直接吸入胸部区域。在胸式呼吸中，胸部区域扩张时腹部应该保持平坦。吸气越深，腹部越向内、朝脊柱方向收缩。吸气时，肋骨向外和向上扩张，呼气时，肋骨向下并向内收。

3. 完全（瑜伽）呼吸

完全呼吸是把腹式呼吸和胸式呼吸两种类型的呼吸法结合起来完成的呼吸法。练习完全呼吸时，轻轻吸气，首先，吸向腹部区域，待腹部鼓起的时候，空气就开始充满胸部区域的下半部分，然后，充满胸部的上半部分。尽量将胸部吸满空气而扩张到最大限度——此时两肩略微升起，胸部也将扩大等。在这种情况下，腹部向内收紧。接着，按相反的顺序呼气：首先放松胸部，然后放松腹部，用收缩腹部肌肉的方法结束呼气。然后，再次慢慢吸气，首先充满腹部，如此循环下去。

4. 口吸式呼吸

向内吸气一口，两手拇指按向鼻子两侧，口中充满空气，仰头，屏住呼吸，低头，停住。抬头，放松拇指，通过鼻孔呼气。口吸式呼吸能提高肺活量，集中能量，刺激神经系统。口吸式呼吸有站立、坐式、地面（仰卧）站立、前弯、后仰、侧弯和斜面等多种形式。

瑜伽

（二）瑜伽冥想

控制大脑最有效的工具是让大脑脱离情绪、思想和行为，让大脑像旁观者般观察自己。这样，练习者就会发现思想和情绪已经无法左右自己，大脑和身体都成为自己可控制的工具。不断地进行冥想练习，练习者会发现无论是工作日，还是周末，都以同样的心态处之。

1. 瑜伽冥想姿势

（1）简易坐。

【方法】坐在垫子上，两腿前伸。左脚压在右腿下方，或右腿压在左腿下方。挺直脊柱，紧收下颌。两手自然地放在两膝上，掌心向下。（图4-4-1）

【益处】柔软、灵活两髋、两膝、两踝，补养和加强神经系统，减轻和消除风湿性关节炎。

（2）金刚坐。

【方法】两膝跪地靠拢，两脚紧靠，使两脚脚后跟向外指，臀部坐在两脚脚后跟之间。挺直脊柱，紧收下颌。两手自然地放在两膝上，掌心向下。（图4-4-2）

【益处】金刚坐是一个极好的冥想姿势，有助于心灵平和宁静，特别是在饭后练习5～10分钟，可以促进消化。

（3）半莲花坐。

【方法】以简易坐为起始动作，让左脚脚后跟顶紧右大腿内侧，再把右脚放在左大腿腹股沟处。挺直脊柱，紧收下颌。两手自然地放在两膝上，掌心向下。（图4-4-3）

【益处】具有和莲花坐相同的效果，但程度较低。

（4）莲花坐。

【方法】以半莲花坐为起始动作，再扳过左小腿，把左脚放在右腿腹股沟上方，两脚脚心向上。挺直脊柱，紧收下颌。两手自然地放在两膝上，拇指与食指轻点在一起，另外三指自然打开。（图4-4-4）

【益处】促进脑部、胸部和骨盆区域的血液循环，保护心脏，从而使心率平稳，对患呼吸系统疾病的人有益处，使两髋、两腿的柔韧性提高，有助于预防及缓解风湿病。

图4-4-1　　　图4-4-2　　　图4-4-3　　　图4-4-4

2. 几种不同的冥想方式

（1）音乐冥想。

【方法】选择自己有特殊感受的音乐，能很快让自己进入平静的音乐。双目合上，让身体随旋律随意舞动。

【益处】音乐冥想可以有效地改善抑郁情绪，帮助摆脱自闭的状态。

（2）充电冥想。

【方法】采用坐姿或卧姿，以舒服为主，开始观察自己的呼吸。

【益处】充电冥想让自己更接近身体的能量源，帮助练习者更有效地发掘和激活自身的潜层能量。

（3）睡眠冥想。

【方法】身体平躺在垫子上，让全身各部位保持放松状态，闭上两眼，从脚趾到头顶扫描全身，越慢越好，然后再扫描整个背部。

【益处】睡眠冥想能帮助练习者在短时间内让身体和大脑进入极度放松状态。有效地练习，能够保障练习者自如地进入深沉的睡眠。练习者可以尝试在工作之余，用30分钟的冥想补充3小时的睡眠。

（4）烛光冥想。

【方法】取一支蜡烛，将其置于与自己一臂距离远的正面，高度与目光水平线一致，凝视黑色烛心。1～3分钟，眼泪会慢慢渗出，然后，闭上两眼，试着在眉心继续凝视烛心。

【益处】能消除眼部疲劳，纯净双目，提高视力，并能使大脑得到平静。

（三）瑜伽体位法

1. 下犬式

【方法】下犬式要使身体呈倒V形，两臂前伸，头颈向腿部延伸方向靠拢，要做到能从两腿中间看向远方，脚后跟紧挨地面不要抬起。（图4-4-5）

【益处】消除疲劳，恢复精力，缓解脚后跟的僵硬和疼痛，帮助软化脚后跟的跟骨刺；增强脚踝力量，使腿部线条更匀称；有助于消除肩胛骨区域的僵硬，缓解肩周炎，使腹部肌肉得到增强。由于横膈膜被提升到胸腔，心跳速度减缓。

2. 上犬式

【方法】上犬式身体要伸直，臀部与肩、腰形成舒缓的S形，头颈向前伸，肩部向前用力。（图4-4-6）

提醒：在练上犬式和下犬式的时候，练习者往往会因为力度不够而做不到位，因此，应该把自己的筋骨舒展到最大限度。

【益处】使脊柱恢复活力，对于腰部疼痛、坐骨神经痛以及椎间盘突出的人有很好的效果，可提高脊柱弹性，治疗背部疼痛。由于胸部得到完全扩张，肺部的弹性也随之提高，骨盆区域的血液也得到完全的循环，使骨盆保持健康。

3. 骆驼式

【方法】骆驼式的身体应呈一个O字形；头部仰到最大限度；两肩胛向后伸展；两手扶住脚后跟；大腿与臀部垂直并绷紧。（图4-4-7）

【益处】伸展、强壮脊柱，促进血液循环，使脊柱神经因得到额外的血液滋养而受益，对于矫正驼背和两肩下垂等不良体态有较佳的效果。

4. 战士第二式

【方法】战士式强调身体平衡感，上身一定要竖直，右腿弓步，左腿向后伸直，左脚回勾，弓步不能弓得太靠下，臀部要绷住劲，两臂伸平，头颈摆正。（图4-4-8）

【益处】使腿部肌肉更为匀称、强健，同时也能缓解小腿和大腿肌肉痉挛，增强腿部和背部肌肉弹性，强化腹部器官。

图 4-4-5　　　　　图 4-4-6　　　　　图 4-4-7　　　　　图 4-4-8

5. 树　式

【方法】头颈挺直，胳膊伸直向上，想象身体将要冲上云霄，胯部同时向上提。（图 4-4-9）

【益处】补养和加强腿部、背部和胸部的肌肉；加强两踝力量，改善人体态的稳定和平衡，提高集中注意的能力；放松髋部，并对胸腔区域有益。

6. 三角式

【方法】上身与下身的弧线要顺畅，胯部不能为省力挺起，两臂伸展呈一字形。（图 4-4-10）

【益处】增强腿部肌肉，消除腿部和臀部的僵硬，矫正腿部畸形；缓解背部疼痛及颈部扭伤，强健脚踝、胸部；预防和缓解多种皮肤病，消除腰围区域多余的脂肪。

7. 后仰式

【方法】后仰时的臀部、胯部、腰部向前挺，可以用手臂支撑出力使臀部、胯部、腰部向前，注意逐步做后仰练习，千万不要用力过度，使身体过分后仰。（图 4-4-11）

【益处】有助于消除疲劳，使胸部得到完全伸展，伸展两腿、腹部和喉咙，加强两腕、两力量踝，增强骨盆的灵活性，改善肩关节的活动，使神经系统得到增强，血液循环得到改善。

8. 蝴蝶式

【方法】做蝴蝶式的两腿就好像是蝴蝶的两翅，要向两边伸展到最大限度，挺胸抬头。（图 4-4-12）

【益处】对骨盆区域有益，使骨盆、腹部和背部得到充足的血液供应，有助于消除泌尿功能失调和坐骨神经痛，预防疝气，纠正月经期不规律现象，孕期经常练习会使分娩更容易、顺利。

图 4-4-9　　　　　图 4-4-10　　　　　图 4-4-11　　　　　图 4-4-12

9. 犁　式

【方法】仰卧，手臂放在身体的两边。吸气，抬起两腿上举越过身体，呼气，将两腿向后放在头的上方。脚趾触地。（图 4-4-13）

【益处】对整个脊柱神经网络极为有益；伸展背部，减轻和消除各种背痛、腰部风湿痛和背部关节痛；消除肩部和两肘的僵硬；补养、增强腘绳肌；有助于消除腰部、髋部、腿部多余脂肪，缓解手部痉挛；促进血液循环，使血液流入头部，滋养面部和头皮；调整甲状腺，身体新陈代谢得到改善；收缩腹部器官，促进消化功能，缓解便秘和胃胀气；有助于调理月经失调；预防和缓解头痛、痔疮和糖尿病等病症。

10. 轮 式

【方法】仰卧，两手放在身体两侧。屈腿，脚后跟紧贴大腿后侧。两手移到头的两侧，掌心贴地。吸气，拱起背部，髋部和腹部向上升起。（图4-4-14）

【益处】轮式这一后弯的体式可以增强背部肌群的力量，放松肩关节和颈部肌肉，使脊柱得到完全的伸展，使身体更加柔软，促进头部供血，有效释放压力并感觉身体敏锐。

11. 脊柱伸展式

【方法】两手抓住脚踝，身体尽量接近腿，最终两手手掌可平放在脚边的地面上。（图4-4-15）

【益处】增强人体的柔韧素质，伸展脊柱，脊柱神经得到补养、加强；身体前屈有助于强壮两肾、肝脏和脾脏；有助于减轻月经期间下腹和骨盆部位的疼痛；使头脑逐渐适应增加的血流和压力从而进行倒立练习；可以克服精神和情绪波动，使神经系统得到滋养，心率减缓。

12. 脊柱扭转式

【方法】挺直身子坐在垫子上，两腿前伸，右小腿内收，将左脚移过右膝，将右臂穿左腿下方，两手在背后相握。（图4-4-16）

【益处】挤压、按摩脊柱周围的肌肉，刺激、兴奋脊柱神经；使背部肌肉更富有弹性，预防背痛和腰部风湿痛的发生；肝脏、脾脏得到强壮，对两肾起到按摩作用；促进胃肠蠕动，有助于增强消化和排泄功能；调整肾上腺的分泌，增强胰脏活动，有助于预防和缓解糖尿病；预防和缓解轻微脊椎盘错位。

图4-4-13　　　　图4-4-14　　　　图4-4-15　　　　图4-4-16

（四）瑜伽休息术

1. 瑜伽休息术概述

瑜伽休息术，是一种简单而有效的放松身心的良方，任何人都可以做。

瑜伽休息术包括瑜伽语音冥想、放松身体各部位、瑜伽场景冥想和精力充沛后起身。

练习者在日间进行休息术时，最好保持清醒状态，将注意力集中到放松和场景冥想上，以达到放松的最佳效果。瑜伽休息术在夜间进行时，目的在于帮助人身心尽快放松，消除失眠的痛苦。

准备姿势：仰卧于瑜伽垫上，端正全身，使脊柱放平。伸直两臂，置于体侧

15°的位置，两手掌心向上，两脚分开约 33 厘米的距离，全身以最舒适的状态保持不动，闭上眼睛。

（1）语音冥想休息术。

静心关注自己的一呼一吸，开始进行语音冥想休息术。

选择任意一段自己喜爱的语音，如 Madana—Mohana（马丹那—末汉那）。

每次吸气时，心里默念 Madana—Mohana（马丹那—末汉那）。

每次呼气时，嘴巴轻轻地出声念 Madana—Mohana（马丹那—末汉那）。

让这柔和、宁静的声音发自肺腑，由气息带出，感觉声音飘得很远，每一个音节之间可以加大间隔，可根据自己气息的长短合理安排语音，吸气与呼气的时间一样长。将语音反复 10 次左右。

放松意识力，不要思考，开始单纯地放松身体各个部位。

在每一个需要放松的部位稍微集中意识力，再转到下一个需要放松的位置。

放松右脚的五个脚趾，放松右脚脚心、右脚脚后跟、右脚脚背、右脚脚踝、右小腿胫骨、右小腿三头肌、右腿膝关节、右腿膝关节窝、右大腿前侧和大腿后侧。

继续放松右髋、右侧腰、右侧腋窝、右侧肩膀、右边上臂的内侧、外侧、右边前臂的内侧、外侧、右手手腕、右手掌心、右手手背、右手的五个手指，包括手指尖都完全放松了。

放松左脚的五个脚趾，放松左脚脚心、左脚脚后跟、左脚脚背、左脚脚踝、左小腿胫骨、左小腿三头肌、左腿膝关节、左腿膝关节窝、左大腿前侧和大腿后侧。

继续放松左髋、左侧腰、左侧腋窝、左侧肩部、左侧上臂的内侧、外侧、左侧前臂的内侧、外侧、左手手腕、左手掌心、左手手背、左手的五个手指，包括手指尖都完全放松了。

放松整个臀部、骨盆、所有的肋骨，放松后腰和整个背部。

放松尾骨、骶骨、腰椎、胸椎、颈椎。

放松腹部、腹部的内脏器官，放松肾脏、胃部、肝脏、肺部和心脏。

放松肩胛骨，放松颈部的两侧、前侧、后侧。

放松后脑、头顶、头的两侧，头皮、每一根头发全都放松。

放松前额、面颊、下颌、眉目、眼球、眼眶、眼睑、睫毛。

放松耳朵、鼻子、上唇、下唇、牙齿、舌头、喉咙。

放松身体的每一个毛孔、每一寸皮肤，放松全身的肌肉。

（2）场景冥想休息术。

用自己的心灵想象自己最想看的简单而美好的场景。

如以下场景：

湛蓝的天空，白云飘过；

白色的浪花，金色的海岸；

椰树在风中幸福地摆动着枝叶；

和风煦日，让全身暖洋洋的，舒服极了；

山上的奇松被雪覆盖着，屹然挺立；

优雅的白天鹅和高贵的黑天鹅在绿色湖面上舞蹈；

嫩绿、柔软的草地。晨雾皑皑的森林，透进缕缕晨光……

2.瑜伽休息术注意事项

（1）放松身体各部位，可以按照不同的顺序，反复进行，直到彻底放松。

（2）注意保暖，不要躺在冰凉的地面上；在寒冷处进行休息术需要铺上保暖的毯子。

（3）不习惯平躺的人，可以在后脑处放个小枕头或其他柔软的东西，甚至可以坐着进行。

（4）不要在饱餐后做休息术，尤其是在晚上。

二、普拉提

（一）单脚点和双脚点

【目标肌群】腹肌。

【动作要点】两脚点地时需要保持脊椎的中立位置，不用脚尖接触地面。如感到动作吃力，腿可抬到一半位置。（图4-4-17）

图 4-4-17

（二）仰卧脊椎扭转

【目标肌群】腹肌及腹斜肌。

【动作要点】肩部放松，肩胛骨不要离开垫子，注意防止腰部过度弯曲（腰部有伤者不宜练习）。（图4-4-18）

（三）百分百

【目标肌群】腹肌。

【动作要点】动作过程中颈部放松，可单手托住头的后部。难度增加时改变两腿向下的角度，整个过程必须保持脊椎中立位状态。（图4-4-19）

图 4-4-18　　　　　　　　　　　　　图 4-4-19

（四）卷　起

【目标肌群】腹肌。

【动作要点】卷动要匀速进行，身体卷起呈C形，卷起的过程脊椎一节一节地离开地面，放下时再一节一节地贴地面，感受脊椎的活动性。（图4-4-20）

图 4-4-20

（五）单腿画圈

【目标肌群】腹肌及髋内外旋肌群。

【动作要点】髋部及骨盆保持不动，画圈的大小以骨盆的稳定为前提。（图 4-4-21）

（六）滚　动

【目标肌群】腹肌。

【动作要点】滚动时身体各部位的角度不变，应匀速滚动（腰部有伤者不宜练习）。（图 4-4-22）

图 4-4-21　　　　　　　　　　图 4-4-22

（七）单腿伸展

【目标肌群】腹肌。

【动作要点】腰、髋保持不动，这是个控制性的练习。头和肩抬起至肩胛骨下角。保持稳定的身体姿势，感觉困难时可单手托头。（图 4-4-23）

（八）腹斜肌单腿交叉伸展

【目标肌群】腹斜肌。

【动作要点】两肘的肘关节往远处展开，旋转到一侧的肋部位置时下压，另一侧肩胛骨的下角不可完全离开地面。（图 4-4-24）

图 4-4-23　　　　　　　　　　图 4-4-24

（九）开屏式旋转

【目标肌群】腹肌。

【动作要点】腹部不要突起，需要时可屈膝。在增加动作难度时必须保持脊椎的

中立位置，难度的增加是由两腿向下的角度的加大而增加的。（图4-4-25）

（十）锯式练习

【目标肌群】背伸展肌群、腹斜肌、腘绳肌。

【动作要点】背部挺直，脚尖勾起，后背尽量往远处伸展。（图4-4-26）

图4-4-25　　　　　　　　　　　　　图4-4-26

（十一）前置支撑抬腿

【目标肌群】髋伸展肌、背伸展肌。

【动作要点】保持身体平板的姿势，保持肩胛的稳定和下沉。可以充分保持躯干和肩带的稳定性。（图4-4-27）

（十二）单腿踢

【目标肌群】背伸展肌、腘绳肌。

【动作要点】肩部下沉，腹部向内收紧。（图4-4-28）

图4-4-27　　　　　　　　　　　　　图4-4-28

（十三）游泳式

【目标肌群】背伸展肌。

【动作要点】肚脐眼向内收紧，手臂和腿拍打的动作很小。颈部是后背的延长线，背部肌肉拉长。（图4-4-29）

（十四）侧　踢

【目标肌群】腹肌。

【动作要点】腿向前或向后踢时，躯干保持不变。动作过程中如身体不稳，脚可指向45°角方向。（图4-4-30）

图4-4-29　　　　　　　　　　　　　图4-4-30

（十五）侧弯和转体

【目标肌群】腹肌、腹斜肌、肩带肌肉。

【动作要点】起落时腹部收紧，落下控制时轻回。初学者可用肘关节支撑完成练习。（图 4-4-31）

图 4-4-31

（十六）美人鱼

【目标肌群】腹肌、侧腰肌。

【动作要点】动作过程中两边坐骨没有离开地面，向一侧弯时，内侧肌肉拉长。（图 4-4-32）

图 4-4-32

（十七）T式挑战准备

【目标肌群】腹肌、背伸展肌。

【动作要点】身体均匀卷起，脊椎一节节地离开地面，两膝并拢（卷起动作无法完成者不宜做这个动作）。（图 4-4-33）

图 4-4-33

（十八）海狮滚动

【目标肌群】腹肌。

【动作要点】保持身体曲度不变，放松肩部，目光向下。（图 4-4-34）

图 4-4-34

模块五

户外运动俱乐部指导

项目一　野外生存

一、野外生存概述

（一）野外生存的起源

人类的生存、发展史其实就是一部野外生存史。原始人类为了能够在当时恶劣的自然环境中生存，逐步创造了野外生存方式和野外生产技能，如采集食物、寻找水源和钻木取火等。

在没有现代运输工具的时期，人类的商务活动和生存活动基本上依靠人力去完成，如翻山越岭、风餐露宿、长途跋涉等，人类面临的是复杂的生存环境。

近代的人类战争与野外生存这个主题更是密不可分。在长期的野外作战中，地质、气候、食物和水源等野外环境因素可以成为一支部队的取胜之道，也可能让一支部队彻底落败。

近代的探险与科考是指人类主动重返野外进行工作。探险者和科考人员逐步配置专业化的野外生存工具，并进行专门的野外生存技能训练。

（二）野外生存的发展

近 30 年来，随着现代文明的发展，野外生存训练在西方的一些发达国家中，已逐渐成为年轻人追求的一种时尚。人们厌倦了人造的娱乐场所和喧闹的城市生活，开始进行以个人、家庭、团队为单位去一些原始的、人迹罕至的地方的野外生存活动，从而缓解生活和工作压力，磨炼意志，强健体魄。

目前，野外生存训练在一些发达国家已非常普及，而且内容丰富，形式多样。休闲类的野外生存活动有野炊、露营、登山、游泳等；尝试类的野外生存活动有穿越沙漠、穿越丛林等；挑战类的野外生存活动有穿越极地、征服高山以及带有竞赛性质的比赛，如美国电视台主办的"生存者系列"活动。除了社会上自发和有组织的野外生存活动外，很多国家还把"野外生存生活训练"列入学校教育的科目中，作为培养学生身心健康、健全人格、增强适应社会能力和竞争力的教育课程。

二、野外生存活动前的计划拟定

在进行野外生存活动之前一定要制订出合理、详尽的计划。计划的内容包括以下几个方面。

（1）活动的目的和任务。

（2）活动的时间、地点。

（3）制订活动的具体计划、安排阶段任务和流程。

（4）活动经费预算。

（5）落实活动装备。

（6）纪律要求。

（7）人员情况和联系方式。

（8）考虑当地特殊情况，制定特殊对策。

三、野外生存物品的选择

出行前，要做好充分的物品准备，以下是进行野外生存时常用的装备清单，在实际应用中，可根据行动线路和时间等情况自由取舍。

一级物品（必备）：背包、睡袋、雨衣、帽子、手套、地图、食物、指北针、常用药和水壶（最好具有保温功能）。

二级物品：哨子、小刀、手电、电池、灯泡、笔记本、卫生纸、打火机和针线包。

其他：望远镜、相机、毛巾和防寒衣物等。

在出门前照着清单再检查物品，避免在出现状况时无法应对。

个人装备：防水手电筒、军用水壶及饭盒、容量为45升以上的背包、防护眼镜（可用太阳眼镜代替）、野外旅游服装（可选择保温排汗的内衣、毛绒外套、颜色鲜艳的冲锋衣、防撕长裤和短裤）、高筒防水靴、保暖排汗棉袜、联络应急用哨子、行军小刀（瑞士军刀）、旅行帽、棉纱或皮手套、塑料薄膜袋、塑料凉鞋（涉水时替换用）、防潮垫、睡袋、备用电池、防水运动手表、指北针、充气睡枕、保温铝膜、登山杖、防虫头罩和荧光棒等。

个人药品：感冒药、藿香正气丸、跌打药、创可贴、维生素B、维生素C、绑带和驱蚊油等（部分药品可作为集体药品）。

个人食品：少量巧克力、压缩饼干、少量盐、牛肉干、棉花糖或水果糖等。

个人用品：牙刷、牙膏、快干毛巾、纸巾、打火机、沐浴露和驱蚊水（夏天适用）等。

集体装备：双层帐篷、炉具、炊具、军用铲、25米安全绳和硫黄粉等。

集体食品：米、腊肠、麦片、速食玉米粥、鲫鱼罐头、梅菜扣肉罐头和干蘑菇等。

必备物品：红霉素眼膏、缝衣针、伤湿祛痛膏、行李绳、塑料袋、酒精和防水火柴等。

四、野外生存饮食的选择

（一）炉　灶

野外生存中利用地形地物修建野炊炉灶是很重要的一项技能，是野炊的基础和必备条件，各种炉灶还需根据所能寻找到的燃料修建。现今，进行野外生存可以携带汽油炉、煤气炉等现代化设备，但在不具备这些条件时，需修建简易、实用的炉灶，用以进行炊事活动。

（二）食　物

野外生存中的饮食安排尤为重要，它直接关系到在整个生存活动过程中人体是否有充沛的精力和充足的营养，以保证整个野外生存的顺利进行。在准备有关食物时，应注意以下几点。

（1）美味可口。当疲惫、食欲不振时，美味可口的食物可增进食欲。

（2）营养搭配合理。应特别注重准备碳水化合物，可以快速地补充体能。若长时间进行野外生存，应注意补充蛋白质。

（3）简单，便于携带。在一般条件下选择能轻易烹调的食品。

（4）易储藏，烹调前不必特别处理的食品。

（5）烹饪的食物能配合所携带的炊具。

（6）不浪费水。尤其是在水源少的野外，节省用水尤为重要。

（7）尽量不要有剩余，以免造成浪费。

有些食物，如饼干、方便面等易于保存，而新鲜的肉类、禽类、鱼、虾和蔬菜等在炎热的夏季易变质腐烂而无法食用。一般野外生存无法携带冰箱、冷藏柜之类的设备，只能因地制宜采取一些切实可行的办法来加工和保存食物，如熏晒法、风干法等。

（三）水

（1）地下水：高山融雪、溪水和渗入地下的雨水，山谷低凹处的积水，岩缝里流出的山泉等，均可视为地下水，此类水源须注意消毒。

（2）地表水包括泥泞水、雨水和露水等，其收集方法如下。

泥泞水：首先将茅草制作成一个长约30厘米的锥形草器作为过滤器，将水倒入过滤器，在底部以容器盛接，过滤数次，消毒后即可饮用。

雨水收集：下雨时，在大的树干上挖一个孔，插入竹筒，雨水即沿此筒聚流，底部以容器盛接即可。如无利器挖孔，可用长布条沿树干缠绕，约留30厘米于容器内，雨水即沿雨布条引入。

露水收集：利用金属板，夜间露天放置，待水珠凝结成露水时收集；或可用石头收集，在地上挖一个直径为1米左右的浅坑，其上铺一层帆布（或纸张、衣料和山芋叶等），再用石头在坑上排成高约1米的V字形，则露水沿石而下积聚于帆布内，次日除去石块，即可得到水，然后消毒饮用。

（3）若逢地上、地下水源均枯竭，或水源不洁不能饮用时，可在植物上找到代用水，其采集方法如下。

水树：凡树体粗大、叶阔大、多生果实，则树身藏水丰沛。只要用利器在树干上挖一个洞，即有水流出。但须注意，挖洞时应在太阳西落之后，黄昏时便能得水。

水藤：分布于800米以下的溪畔，潮湿地带。将其茎切割一段，即有水汩汩流出，待流尽后，在其上约30厘米处切割一段，水会再源源流出。

仙人掌：各种仙人掌含水甚丰，切去顶部，汁液即自切口流出，然后捣碎果壳果肉以吸管吸取汁浆。但如发现其汁液为乳白色时，则切勿饮用，因可能有毒性。

野生蔗：只要在其树干上挖洞，水则流出。也可砍去枝叶，以切口对嘴饮用汁水，但其味生涩，如无其他方法，则野生蔗为最佳植物代用水。

棕榈：收集棕榈的水较费时，先砍倒树干，割去顶端，然后将树干斜放地上，用容器在根部盛接，每8小时去茎一段，一日可得500～800毫升水。

（四）环境卫生与垃圾处理

（1）保护好营区的水源。刷洗东西必须汲水上岸，不要在水流中直接进行，防止造成湖水或河流下游污染。

（2）废水、废液、食物残渣要挖坑集中倾倒，撤营掩埋复原，不要在营区附近乱泼乱撒。

（3）便溺场所要集中挖坑并设掩帐，且离开营区50米以上。挖坑出土要整齐堆放坑旁，每用完一次撒一层土遮盖，撤营时掩埋复原。

（4）生活用的干垃圾要标明可燃、不燃两类分别设袋集中收集，撤营时将可燃类挖坑焚烧（山区非禁火季节）后掩埋，不燃类带往上下垃圾站。如果在山区禁火期，则两类垃圾皆要带回。

（5）要十分注意山区防火。尽可能不要在帐外用柴火野炊，取火要用适于野外使用的小型燃气灶。

（6）要严禁砍伐树木和随意捕杀野生动物，如果在狩猎区活动，也要有组织、守纪律，避免武器的误伤。

五、野外生存技能

（一）野外穿越行走技能

1. 野外行走

（1）行走技巧。

出发前最好准备一个手杖，不仅能减少旅途的劳累，还可以作为防身武器用来驱赶某些野兽。

在平地行走时应保持匀速。特别是刚开始出发时，应避免走得太快而造成疲劳，从而导致情绪低落，影响后面的行程。有规律地休息，平均每走30～45分钟应休息5～10分钟，可坐下来与队友说笑，放松一下紧张的情绪。必要时，调整各自的负荷，以便更舒适一些。

上坡时身体前倾，步距小，可采用外八字形步伐，并保持均匀速度前进。

下坡时身体后倾，步距小，可采用内八字形步伐，适当加快速度。

上、下很陡峭的山坡可采用侧身走，或采用之字形路线横向行走，必要时借助安全绳。

（2）夜行。

在未知地域的夜间行进可能会非常危险，但在紧急情况下很可能也是必需的，如果在沙漠地区，夜间行进就会更舒服一些。

夜间环境很少会是漆黑一片，对人来说，室外夜视能力并非完全退化消失，但由于不能清楚地看清物体，往往很容易偏离方向。这时可利用指北针来指示方向，帮助人们消除恐惧。在夜间，树林中会比开阔地方要更暗一些，因此，应尽可能沿开阔地带行进。

夜间观察物体最好观察它的边缘和轮廓，在黑暗中，物体的中央部分很难看清。

一旦眼睛适应了黑暗，夜视能力会越来越强，这个过程一般需要 30 ～ 40 分钟。但其后要避免亮光刺激，否则恢复这种能力需要相当长的时间。如果必须要用亮光，可以先捂住一只眼，这样至少可以保持这只眼的夜视能力不消退。若需要查看地图时，用红色滤光片覆在手电筒前面，会有助于维持夜视能力。

人在黑暗中巧妙利用听觉较为关键，如倾听河中流水的声音，可以估算流速的快慢。人在黑暗中对草木的气息也会更敏感，有助于鉴别相似的气味。

人在黑夜里应缓慢前进，重心前移之前应试探一下，如果是下坡则可以拖着脚走。

2. 复杂地形穿越

（1）穿越丛林。

在野外，穿越丛林是件很困难的事，因为穿越丛林时，人的视线会被茂密的树林所遮挡，很难辨别方向和自己的方位，容易陷入迷路、迷向的困境。因此，穿越丛林时应特别注意两点：一是方向要正确，最好配备指北针和地图，以免走错方向；二是相互之间的联系要频繁，如果有无线电通信系统最好；若没有，必须用灯光联络或声音联络；相互间距离不能拉得太大，不要过于分散。

在浓密的丛林中，如果原来没有路，就得靠砍伐树木开辟出一条道路来。注意砍伐时让树木倒向路的两旁。不要留下尖桩，如果有人倒下去或踩在上面，锋利的尖桩会扎伤人甚至会导致生命危险，各种藤本植物通常可砍断。

丛林草木中经常会有许多棘刺，须小心躲闪，避开周围的植物。例如，被马来西亚人称为"等一会"的植物，其腋处生着生鱼钩状的倒刺。如在丛林中遇到这种植物，不要撕开它，这会让人遍体鳞伤。

将脚部包裹保护好，以免被棘刺伤或被毒蛇和沙蚕咬伤。必须不时停下来除去身上的寄生虫，否则超过 1 小时，咬附在皮肤上的沙蚕就会引起感染。

如果碰到高草地区或藤蔓交织的丛林，就要用砍刀开路。对藤蔓挡道，横向的应"两刀三段，拿掉中间"，直向的则"一刀两段，拨开就算"；而对于高草区，特别是高过人头顶的，用刀开路的方法是"不过头，分两边，从中走；不见天，砍个筒，往里钻"。此时，指北针仍是重要的导向工具。如果草不密，那就可以"高草分，低草压"。

（2）穿越山地。

在山地和多山地区，最好沿高地行走，这样会更易于把握方向，也易于前进。河流两岸会有悬崖峭壁，河水落差会很大，河中的石块圆滑，赤脚过河会相当困难。找到适宜过河的地方后，不要在水中浪费时间，要疾步快行。

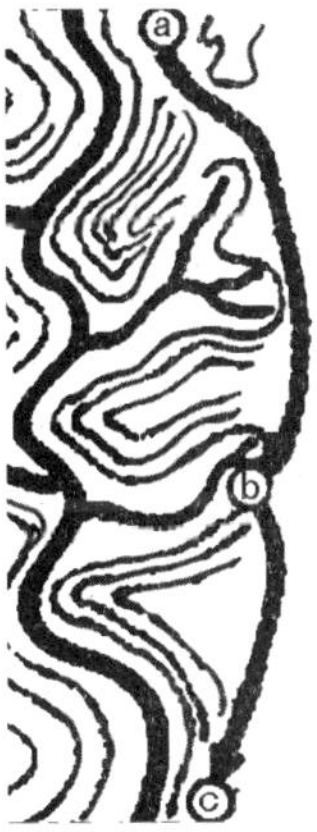

可利用山嘴翻越山谷。如图 5-1-1 所示的地形，可以先从山谷爬至图 5-1-1a 处，沿着山岭前行（图 5-1-1 中箭头所示）可以避开攀爬险峰。在图 5-1-1b 点暂停，可以下山补充水，在此处扎营。如果沿途可以找到露营地和水源，就没必要退到谷底了。这样不仅节省能量，而且山岭比谷底也会相对温暖一些。小块冷空气通常会降入谷底。如果带有水和露营材料，可以直接在高地上

图 5-1-1

寻找最佳露营点。沿着山脊前行，直至河流变宽，山谷向外扩展延伸处降至宽阔的谷

底，重新回到河流的边缘位点（图5-1-1c）。

（3）穿越险坡。

在高原和山地可能会遇到冰雪，即使没有冰雪覆盖，那些松软易崩的岩石、险峻的陡坡和悬崖峭壁在前行中也可能要通过，这会相当危险。

通过险坡时采用之字形路线。在变换方向时，用上坡的脚法，这样可以避免两腿交叉，以保持平衡。在攀爬险坡起步时两膝要紧靠，这样可让腿部肌肉更轻松一些。

下坡时，两膝弯曲，尽可能沿直线走。如果下坡速度太快，可休息一会再走。应尽量避开松软的山麓碎石。但如果必须通过，下坡时应脚后跟着地下踏，身体后仰。在重心移动前要确定落脚点是否可靠，不要直接踏在险坡的岩石或圆木上，以免受伤。

对于有经验者来说，从松软之地向下走时可跳跃行走，脚后跟着地向前滑动，前提是没有突然的断层或落差。两脚平行，两臂张开，使自己平稳地滑行。当速度加快时，两脚会逐渐失去控制而跳起来，此时应停下重新出发。如果山坡太险，应放弃这种方法，选择沿绳滑下坡法才是解决之道。

（4）穿越沼泽。

如果不可避免要穿越沼泽地带，应尽量把落脚点选在簇生草木之上。陷入泥沼时，别试图向上跳，应迅速采取俯泳姿势，靠向牢固地点。身体贴着地表展开，使身体的承重面积大大增加。

3. 野外渡河

（1）穿越河流。

河流上游通常水流湍急，河道狭窄。两岸可能陡峭崎岖、怪石林立，但一般还是能够找到适合渡河的地点的。对于河道较窄的上游，可选择蹚水过河的方法，但首先要用撑竿试一试河水的深浅。若河水较深应放弃蹚水过河；若河水较浅要找到落脚的岩石，也可人为地放置石块，帮助自己蹚过河。

团队探险时，少部分人可能能够直接跳越狭窄的河谷，或者利用水中的岩石穿过溪流。但团队全体成员穿越溪流就非常困难，千万不要冒险行事。

河流三角湾处通常波涛汹涌，河面也很宽，有些河流甚至会受潮汐影响，因此不要在该处穿越。除非有木筏或浮艇，否则还是向上游前进，以寻找适合穿越的河段。

在宽阔的河面，尤其是靠近入海口处，即便拥有木筏和浮艇，也不要轻易穿越，否则很可能会被河水冲走，从而离期望到达的对岸越来越远。应根据实际情况及水流和风浪对航行的影响程度而定。

如果水温过低，不要轻易做出蹚过河的决定。

（2）蹚水过河。

即便河流相当宽广，也会有相对狭窄的河道，适合蹚河。在蹚过河之前应先砍一根树棍，以帮助维持平衡和探水的深浅。应直接面对水流方向穿越河，这样会减少被河水冲走的概率。将裤腿卷至高出水面处或者直接脱下来蹚河可以减少阻力。穿上靴子蹚河会比光脚更易于控制平衡。解开背包的腰绳，当滑倒在水中时，可以立即挣脱腰绳。

（3）团体蹚河。

团队成员集体蹚水过河时，应由能力最强者领队，大家沿线依次前行。后者抓住前者腰部衣物，慢慢向前移动，尽可能减少水流的阻力。

另外，所有队员可以手拉手排成一列，或共同抓住一根长篙或棍木以保持队列，面对着河岸慢慢向前移动。第一位成员身侧直接阻挡水流，以减少水流对集体的阻力，集体也为每个成员提供了平衡保证。

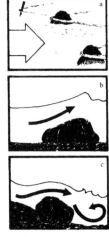

图 5-1-2

河面上水流的形状能提供许多有关水底的信息。水下有岩石或其他物体阻碍时，水流会形成 V 字形纹（图 5-1-2a）。某处波纹总是凸起，表明它水底有巨砾或圆石，使水流向上偏斜（图 5-1-2b）。靠近水面的水下障碍物会在其下游产生漩涡。如果一块巨型圆石挡在向下倾斜的河床上，这些涡流会产生强有力的回旋，将下游的物体包括游泳者吸住（图 5-1-2c）。这些水流表现对于过河者都是相当危险的。

（4）利用漂浮物过河。

过河时，油箱、塑料瓶、圆木，任何能够漂浮的物品都可加以利用。还可用衣物填充防水袋，并留下充足的充气空间，系住袋口，打折后再系紧，来帮助漂游。趴在漂浮物上，双脚游动，向前推进。

也可以利用防水布来过河。把嫩树枝和稻草堆积在防水布中央，将防水布四角紧紧拉紧，捆扎严实，以便产生更多的充气空间，再在上面堆上衣物和轻巧装备，漂浮过河。

4. 搭绳过河

（1）利用绳索过河。如果有绳索帮助，蹚水过河会更加安全。环状绳索的长度应约有河宽的 3 倍，团队成员也不能少于 3 人。2 人在两端拉紧绳索，第 3 人拉着绳索过河，遇到危险时，可以迅速被拖上岸。（图 5-1-3）

能力最强者第一个过河。过河者将自身安全绳系在绳索上。其他两人在其过河时控制绳索的安全，如果过河者滑倒，可以在另两人帮助下控制住局势。（图 5-1-4）

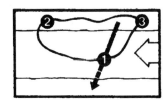　　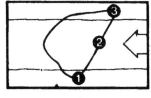

图 5-1-3　　　　　　　图 5-1-4

第 2 人上岸后，第 3 人系上安全绳，在前两人的控制下过河。

（2）爬行高绕。有时在途中会遇到地图未标出的不明障碍，如突然出现的绝壁，在其他方法不能实现的情况下，可以采取从高处绕过的绕行方法，但必须对方位和去向有正确的判断。

（二）野外方向辨别与天气预测技能

1. 野外定向

（1）利用指北针测方向。

将指北针水平放置，并使水平气泡居中，待磁针静止后，标有"N"的黑色端指的方向就是北方。在具体测定某一方位时，可将指北针上的零刻度对准目标，使目标、零刻度和磁针中点在同一条直线上。当指北针水平静止后，"N"端所指的刻度便是测量点至目标的方位，为了准确使用指北针，应尽量使它保持水平，且不要靠近磁性物质。

（2）利用北极星判定。

在天气晴朗的夜间，可以根据北极星的位置来确定方位。北极星是正北天空的一颗较亮的恒星，位于小熊星座的尾端。大熊星座（即北斗七星）由 7 颗明亮的星组成，形状像一把勺子；将勺底端两星的连线向勺子口的方向延长约两星间隔的 5 倍距离处有一颗比较大且较明亮的星，就是北极星。仙后星座由几颗明亮的星组成，形状像一个 W。大熊星座和仙后星座分别位于北极星的两侧。因此，也可以根据仙后星座来判定方向。

（3）利用地物特征判定。

有些地物的特征与方向有关。独立大树，通常是朝南方的枝叶茂密、树皮光滑，朝北的则相反。独立树被砍伐后，树桩上的年轮通常朝北方间隔小，朝南方间隔大。山坡朝南方干燥、青草茂密，冬季积雪融化比较快；朝北方潮湿，易生青苔，冬季积雪比较快，冬雪融化比较慢。

（4）利用手表。

在上午 4 时至下午 4 时，用时针对准太阳，此时手表上的时针与 12 时刻度的夹角平分线所指的方向为南方，相反为北方。但利用手表判别方向时，一是要注意将手表平置；二是该方法在南纬、北纬 20 分 30 秒地区的中午前后不宜使用；三是要把标准时间换算为当地时间。

（5）利用太阳判定。

选择一块平整的地面，在地面上立一根细直的长杆，在太阳的照射下，地面上就会出现长杆的影子，将影子标示在地面上；等待片刻，再标示出此时的影子；然后通过两个影子的端点连一条直线，此直线就是概略的东西方向线。判别东西方向时，由于太阳东出西落，其影子则沿相反方向移动，第一个影子即偏西，第二个影子即偏东。

2. 识别天气

（1）看云识天气。

观察风云的变化可以预测天气。

积雨云：云层较低，高度约在 2500 米以下，云色乌暗。出现该云常预示有阵雨，或可能会出现强风暴雨、雷鸣闪电。

雨层云：为低层雨云。如果出现乌色笼罩天空的现象，则预示在较短时间内会有降雨，下雨的时间可能持续几个小时。

积云：形状如团团棉絮，蓬松浮在天空中。为了准确判断天气，应掌握积云的变化规律。如果积云逐渐分开，则预示天气晴朗；如果积云的前端越积越多，且范围不断扩大，则预示有一场突如其来的暴雨即将降临。

卷云：云层高度一般在5000米以上，云色纯白呈缕状。天空出现卷云常预示天气晴朗。

卷积云：形状呈小圆块积云，远看如同海浪泛起的涟漪，高度约在5000米以上，常被称为"鱼鳞云"。天空出现卷云一般预示天气晴朗。

（2）根据动物的行为判断天气。

燕子低飞天将雨。

蜘蛛张网补网兆天晴。

青蛙成群叫大雨将来到。

看到猫洗脸会下雨。

蚂蚁搬家会下雨。

乌鸦成群叫，寒潮快来到。

鸡宿迟兆阴雨，鸡晒翅天将雨。

蚯蚓钻出地面会下雨。

鱼跃出水面会下雨。

项目二　攀　岩

一、攀岩概述

攀岩在19世纪萌芽于欧洲，兴起于20世纪50年代末60年代初。攀岩技术是登山运动的基本功，随着攀岩运动的不断发展，竞技攀岩首先于20世纪60年代在苏联兴起。按历史发展过程分类，攀岩运动到目前已形成三种运动类型：攀登悬崖峭壁、休闲式攀岩（抱石攀登）、人工岩壁攀登。

攀　岩

攀岩是一项新兴的体育运动，是勇敢者的运动，是一种不用攀登工具，仅靠手脚和身体的平衡攀登陡峭岩壁或人造岩墙的竞技性运动项目。攀岩运动不依赖任何外在的辅助力量，只靠攀登者自身力量完成攀登过程。攀岩运动要求人们在各种高度及不同角度的岩壁上，连续完成转身、引体向上、腾挪、甚至跳跃等惊险动作，集健身、娱乐、竞技于一身，是一项刺激而不失优雅的极限运动。因此，攀岩运动被誉为"岩壁上的艺术体操""峭壁芭蕾"，运动者也被形象地称为"蜘蛛人"。

二、攀岩保护性装备

（一）攀岩绳

攀岩绳主要分为动力绳、静力绳和路绳。

（1）动力绳：直径为8～12毫米，常用的直径为10毫米或10.5毫米，延展性是6%～8%，主要用于攀登；种类分为单绳（直径为9.6～11毫米，一般长度为50米，用于竞技攀登）、双绳（直径为8～8.5毫米，常用的是8.2毫米，标准长度为60

米，用于攀冰、大岩壁攀登、器械攀登和登山结组）。

（2）静力绳：静拉力可达 2000 千克，延展性为 2%～3%，最多有两种颜色，主要用于垂直操作、下降、探洞、救援、工业。

（3）路绳：小细绳、彩色，不能用于受力，只起辅助作用。

（二）安全带

安全带为攀岩者和保护者提供舒适、安全的固定。安全带方便与绳子连接而不用把绳子直接绑在腰上，从而可以把坠落的冲击力分散到腰、腿上，而不单集中于腰上。安全带可分为可调式（用于登山、攀冰、攀岩场馆）和不可调式（用于个人攀岩），也可分为坐式安全带和全身安全带。

（三）绳套、扁带套

绳套、扁带套在保护系统中作软性连接，主要有两种：机械缝（抗拉力达 22000 牛）和手工打结（抗拉力随扁带的性质及打结的方式不同而不同，但一般很难达到 22000 牛）。

（四）铁 锁

铁锁用来连接绳子与保护点、安全带与保护（下降）器、携带器材等。在保护系统中铁锁作刚性连接。

1. 分 类

（1）丝扣锁：用于相对永久的保护点（半自动锁、弹簧锁和螺旋锁）。

（2）简易锁：用于临时性的保护点。

2. 性能指标

纵向拉力大于 20000 牛；横向拉力大于 7000 牛；开门拉力大于 7000 牛。

（五）保护／下降器

在保护和下降过程中，通过保护/下降器与绳子产生的摩擦力来减小操作者所需的握力。常用的保护/下降器有：8 字环，是最早、最常见的下降器，也是国际攀岩比赛指定使用的下降器；ATC，深受攀岩者喜爱的下降器，可用于双绳；GRI—GRI，可以自锁，只能用于单绳；STOP，可做长距离下降的下降器，可以自锁，价格较贵，自重较大，只能用于单绳。

（六）上升器

上升器在攀登过程中起到借力和保护作用。上升器分为左式和右式两种，适用于不同用手习惯的攀岩者。使用上升器时，须用铁锁把上升器上端串口锁起来。

（七）头 盔

头盔在攀登过程中能避免头部受落石、冰块或上方抛下的装备引起的伤害，起到保护头部的作用。

三、攀岩基本技术

（一）绳结技术

利用打结使绳索之间、绳索与其他装备之间相互连接的方法称为结绳技术。在攀登过程中，绳子要与其他保护装备、固定点及绳子自身发生各种连接，以解决实际需要。绳结技术是攀登、保护技术中所使用的最重要的技术。

绳结有各种不同的打法，各种打法有不同的用途，以下举例说明。

1. 基本结

基本结又称为单结、保护结。在绳头部位打基本结，可防止绳结脱落。建议：在打好其他结后，一定要打此结。（图 5-2-1）

（1）双 8 字结。

简单易学，拉紧后不易松开；不受力时，不容易松开。（图 5-2-2）

　　图 5-2-1　　　　　　　　　图 5-2-2

（2）布林结。

布林结又称船结。易结易解，但绳结也易松动。（图 5-2-3）

（3）蝴蝶结。

蝴蝶结又称中间结。结组时可用蝴蝶结直接套在中间队员安全带上起保护作用。（图 5-2-4）

　　图 5-2-3　　　　　　　　　图 5-2-4

（4）双套结。

双套结又称丁香结，可用于固定，也用于攀登和下降。（图 5-2-5）

图 5-2-5

2. 连接安全带用结

（1）双"8"字结：同前。

（2）布林结：在顶绳攀登中可选的连接方式。优点是方便快捷，缺点是不受力时容易松动。

3. 绳子间的连接

（1）平结。

平结又称连接结、本结、陀螺结。用于粗细相同的绳索之间的连接。（图5-2-6）

（2）"8"字结。

"8"字结用于粗细相同的绳索之间的连接。（图5-2-7）

（3）渔人结。

渔人结适用于结两条质地、粗细相同的绳索或扁带。

（4）水结。

水结又称防脱结，可将两条扁带连接在一起。水结易松，必须用力打紧并经常检查。（图5-2-8）

图5-2-6　　　　　　图5-2-7　　　　　　图5-2-8

（5）混合结。

混合结用于不同直径绳索之间的连接。（图5-2-9）

（6）交织结。

交织结又称渔翁结、水手结、紧密结合、天蚕结。用于直径相同绳索之间的连接。（图5-2-10）

图5-2-9　　　　　　图5-2-10

4. 特殊用途

（1）抓结。

抓结又称普鲁士结、移动结。用于行进、上升中的自我保护。抓结不受力时可沿主绳滑动，受力时在主绳上卡住不动。（图5-2-11）

（2）意大利半扣。

意大利半扣用于沿主绳快速下降时的速度控制。意大利半扣主要用于8字环遗失的情况。（图5-2-12）

图5-2-11　　　　　　图5-2-12

（二）攀岩技术

攀岩运动是一项实践性很强的运动项目，其技术的掌握、经验的积累主要来自平时大量的实践和钻研摸索，并无定式。

1. 攀岩的手法

在攀岩中用手的根本目的是使身体向上运动和贴近岩壁。岩壁上的支点形状很多，常见的也有几十种。攀岩者对这些支点的形状要熟悉，了解对不同支点，手应抓握何处，如何发力。根据支点上凸出（凹陷）的位置和方向，可选用抠、捏、拉、攥、握、推等方法，但也不要拘泥于一种方法，同一个支点可以有多种抓握方法。如果有一种支点是一个圆疙瘩上面有个小平台，一般情况是把手指搭在上面垂直下拉，但为了使身体贴近岩壁，可以用手掌捏住支点，平拉。又如，要两只手抓同一个支点时，前手可先放弃最好抓握处，让给后手，以免换手的麻烦。抓握支点时，尤其是水平用力时，手臂位置要低，利用向下的拉力来加大水平摩擦力；要充分使用拇指的力量，尽量把拇指搭在支点上。对于常见的水平浅槽的支点，抓握时应把拇指扭过来，使指肚一侧扣进平槽，或把拇指横搭在食指和中指指背上，都可增加很大力量。休息地段要选择在没有仰角或仰角较小，且手上有较大支点处。休息时两脚踩稳支点，手臂拉直（手臂弯曲时很难得到休息），上体后仰，但腰部一定要向前顶出，使下身贴近岩壁，把重心压到脚上，以减小手臂负担，做活动手指、抖手动作放松，并擦些镁粉，以免打滑。

2. 掌握重心

在攀登过程中，应明确地意识到自己重心的位置，灵活地控制重心的移动。移动重心的主要目的是在动作中减轻两手负荷，保持身体平衡。初学者攀登时的动作大都十分盲目，不知道体会动作，一心只想提升高度。其实初学者最好不要急于爬高，可先做一段时间的平移练习，即水平地从岩壁一侧移到另一侧，体会重心、平衡、手脚运用等基本技术。在最基本的三点固定，单手换点时，一般把重心向对侧移动，使手在没离开原支点之前就已经没有负荷，可以轻松地移动。横向移动时，要使重心向下沉，使两手吊在支点上而不是费力地抠拉支点。

在一般情况下，应把两脚踩实，再伸手够下一支点，而不要脚下虚踩，靠手上拉使身体上移。一定要注意体会用腿的力量使重心上移，手只是在重心上移时维持平衡。

3. 掌握侧拉

侧拉是一项很重要的技术动作，它能极大地节省上肢力量，使·些原本困难的支点可以轻易通过，尤其在过仰角地段时被大量采用。侧拉的基本技术要点是身体侧向岩壁，以身体对侧的手脚接触岩壁，另一条腿伸直以调节身体平衡，靠单腿力量把身体顶起，抓握上方支点。以左手抓握支点不动为例，此时身体朝左，右腿弯曲踩在支点上，左腿保持平衡，右腿蹬支点发力，右手伸出抓握上方支点。由于人的身体条件，膝关节是向前弯的，若面对岩壁，抬腿踩点必然要把身体顶出来，此时改为身体侧向岩壁就可以很好地解决这一问题，使身体更靠墙，把重心落到脚上，而且可利用全身的高度，达到更高的支点。

4. 手脚同点

手脚同点是指当一些支点的高度在腰部附近时，把同侧脚也踩到此点，身体向上、向前压，把重心落到脚上，发力蹬起，手伸出抓握下一支点，这期间，另一只手用来保持平衡的一种技术动作。手脚同点需要的岩壁支点较少，且身体上升幅度大，做此动作时有以下几点需要注意：若支点较高，应使身体稍侧转，面向支点，腰胯贴墙向后坠，腾出空间抬腿，不要面向岩壁直接抬腿；脚踩实后，另一脚和双手发力，把重心前送，压到前脚上，单腿发力顶起身体，同点手放开原支点，从侧面滑上，抓握下一个支点，另一手固定不动调整身体平衡。手脚同点技术主要用在支点比较稀少的线路上。

5. 注意节奏

攀岩讲究节奏，讲究动作的快慢和衔接。每做完一个动作，身体都有一定的惯性。如果上一个动作正确到位，身体平衡就可以很好地保持，然后利用身体惯性直接冲击下一个支点，两个动作间不做停顿。否则，如果过分求稳，一动一停，每个动作前都要先移动重心、调节平衡，然后从零开始发力，必然导致体力消耗过大。动作要连贯但不能太快，各个细节要到位，上升时一定要由脚发力，不能用手拉和脚蹬。手主要用来保持平衡和把身体拉向岩壁。一般做一两个连贯动作要稍稍停顿一下，调整重心，观察选择路线。困难地段可以快速通过，容易地段稳定、调整。连贯—停顿—连贯—停顿，间歇进行，做连贯动作时手脚和重心的调整一定要到位，冲击到支点后要尽快恢复身体平衡。有必要时，可选好地段稍事休息，放松双手。进行练习时可以把各个动作分解成几个步骤，细细体会各处细节，分析如何才能节省体力。

6. 三点固定法

三点固定法是基本的攀登方法，一次只移动一手或一脚，其他三点不动。

7. 线路规划

一面岩壁安装着众多的支点，选择不同支点可以形成多条攀登线路。每个人的身体条件不同，相对于个人也就有着不同的最优路线。练习时可以先观察别人的攀登路线，再根据自己的身体条件选择一条最优路线，并锻炼自己的眼力，发现、规划新的线路。在正式比赛时，是不能观看别人路线的，必须自己规划，这就需要参赛者对自己的身高、臂长、抬腿高度和手指力量等有较好的了解。攀岩者可以通过规划不同的线路来增加难度，一般是自觉地限制自己，放弃一些支点，如放弃某几个大的支点，或故意绕开原线路上的某个关键点，或只使用岩壁一侧或中间的支点，或从一条线路过渡到另一条线路。

项目三　定向运动

一、定向运动概述

定向运动起源于瑞典，最初只是一项军事体育活动。"定向"这个词在 1886 年首次使用，意思是：在地图和指南针的帮助下，越过不被人所知的地带。真正的定向比赛于 1895 年在瑞典斯德哥尔摩和挪威奥斯陆的军营区举行，标志着定向运动作为一种体育比赛项目的诞生，距今已有百年历史。

20 世纪初，定向运动作为一种体育项目在北欧开展起来。到 20 世纪 30 年代，已在芬兰、挪威、瑞典、丹麦立足。1932 年，举办了第一次世界定向运动比赛。1961

年，国际定向联合会在丹麦哥本哈根成立。国际定向联合会是世界定向运动的行政实体，是国际体育联合会总会之一。定向运动也是被国际承认的奥林匹克体育项目。

定向运动在中国按国际标准正式作为一项体育活动开展训练和比赛是在 1983 年。

二、指北针的认识与使用

指北针是定向运动中不可缺少的导航工具。将指北针水平放置，红色端永远指向北方，使用时人动图不动，转动直到地图上的北方与指北针的红色指针平行（北对北）。结合四周地貌确认位置。（图 5-3-1）

图 5-3-1

使用指北针的注意事项有以下几点。（图 5-3-2）

（1）指北针的重要性。

（2）红针指北。

（3）水平放置读数。

（4）附近磁场、辐射的问题。

（5）偏差的产生和避免。

（6）磁偏角等。

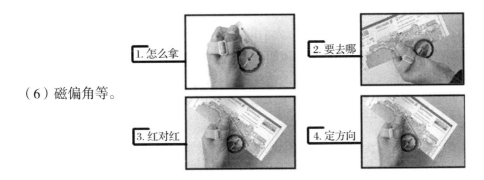

图 5-3-2

三、地 图

地图是按比例尺来表示地貌、地物平面位置和高程正射投影的平面地形图。

（一）地 貌

地貌是地球表面高低起伏的各种形态，如山地、谷地和平地等。

（二）地 物

地物是分布在地表面上自然形成的和人工建造的固定物体，如江河、湖泊、居民点、道路和水利工程建筑等。

（三）地 形

地形是地貌和地物的统称。

（四）地图颜色分布

蓝色：象征任何有水的地方。黄色：代表开阔地，如田野、牧场或空旷区。黄绿色：是私宅区域，禁止入内，如民宅、私家花园或草坪。绿色：代表不易通过的森林，绿色越深，越难通过。棕色：表示等高线和主干道及坚硬的路面。白色：表示容易通过的森林区，简称"白林"。

（五）等高线

等高线是指在地形图上高程相等的相邻各点连接而成的闭合曲线。在同一幅地图上，等高线平距越小，排列越密，说明实地坡度越陡，反之则相反。等高线的弯曲形状与相应实地的地貌形态相似。

（六）山的各部形态

山的最高部分称为山顶；比周围地面凹，且经常无水的地区叫凹地（图5-3-3）；从山顶到山脚间的凸起部分被称为山背；两个山背或山脊间的低凹部分称为山谷；相连两个山顶间如马鞍状的低凹部分被称为鞍部（图5-3-4）；由若干山顶、鞍部相连所形成的凸棱部分叫作山脊线（图5-3-5）。

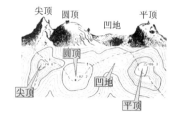

图5-3-3

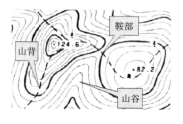

图5-3-4

图5-3-5

（七）地图比例尺

地图上某两点之间的距离与相应的实地之间的水平距离之比被称为地图比例尺。地图比例尺＝图上距离／实地距离。地图长度单位一般为厘米。例如，某幅地图上长 1 厘米，若相当于实地距离 10000 厘米，则此幅地图比例尺为 1 ∶ 10000，或 1 ／ 10000。

四、识图技巧

（一）读　图

读图分为静止读图和运动中读图。根据地形的难易程度和当时的体能分配，必要时采取静止读图，一般情况下尽量在运动中读图。

（二）简化、提取和记忆地图信息

（1）大到小、高到低：明显特征标志物，尽量扩大视野，观察地形的特点。
（2）先地貌后地物：先观察实际地貌，如等高线表示的地貌，再观察人造地物。
（3）读图节奏：平均 10 秒左右读图一次。
读图的方法有：拇指辅行法；超前读图，记忆地图。根据地形的难易程度，合理地分配体能，在确定下一个进攻点的前提下超前读图，预先读图；并根据图上信息进行简化的记忆，增强预见性。

五、检查点符号说明及设备

如图 5-3-6 所示，一条完整的地图路线都是由一个起点（用三角形表示）、一个终点（用双圆圈表示）和若干个点标（也称检查点，用单圆圈表示）组合而成的，相对应的每张地图有检查点说明表。

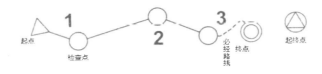

图 5-3-6

（一）电子计时系统概述

定向运动电子计时系统采用国际兼容的操作模式。"水密"设计，适应在野外各种恶劣的使用环境。点签器和CH指卡浸在水中仍能工作而不进水，设备反应迅速，保障比赛使用流畅。（图5-3-7）

（二）CH指卡

（1）采用非接触方式打卡。
（2）每个CH指卡可储存50个点标和到达点标的时刻。
（3）存储起点和终点的时间。
（4）每个CH指卡具有全球唯一的卡编号。
（5）CH指卡不需要电池。
（6）卡片采用非磁效应的模式，可打卡10万次。

六、定向运动基本技能

（一）标定地图

标定地图的目的就是使地图的方位与现地的方向相一致。

（1）概略标定法。概略标定就是对方位进行一个大概的识别，按照上北、下南、左西、右东的原则将越野地图的上方对准目前所在地的北方，就可以标定地图，这也是现阶段定向运动比赛中比较常用的一种方法，既简单，又快捷。

（2）磁北线（MN线）标定法。磁北线（MN线）标定法是利用磁北线对方位进行标定的一种方法。首先，要将指北针内的箭头指向地图上方，同时还需要将越野地图上的磁北线与指北针两侧的平行线重合或者是平行，接下来只需要将地图进行调整，让指北针的指针对准正磁北方向，就可以对越野地图进行标定。

（3）直长地物标定法。直长地物标定法就是利用一些直长的地物对越野地图进行标定的一种方法，直长的地物如道路、河流、高压线和山川等。首先，要在越野地图上找到比较明显的直长地物，根据两侧地形，对照相应地点；然后，调整地图方向与当前景物方向一致，这样就可以标定出越野地图的方位。

（4）明显地形点标定法。首先找到一个比较明显的地形点，然后在越野地图上找到相应的位置，调整地图方向，使越野地图上的地形点与目标点的连线与实际方向一致，这样越野地图即标定。

（5）对照地形在定向运动中标定好地图之后还要根据实际情况将地形进行对照，其主要有两方面的作用：一是用于确定站立点，二是用于判定行进方向。

（二）确定站立点

1. 直接确定法

这是在定向运动中比较常用的一种方法，比较明显的地形点主要包括以下几种。
（1）单个的地物。

（2）线状地物的拐弯点、交叉点（呈十字形）、交汇点（呈丁字形）和端点。

（3）面状地物的中心或者有特征的边缘。可以称得上是明显地形点的地貌主要有：山地、鞍部和洼地；特殊的地貌形态，陡崖和冲沟等；谷地的拐弯、交叉和交汇点；山脊、山背线上的转折点、坡度变换点。

2. 位置关系确定法

在定向运动中，一旦发现自己附近有明显的地形点，想要确定准确的站立点，就可以采用位置关系确认法。

3. "交会法"

根据不同情况"交会法"可分为很多种，有些只能在一些特定条件下才能使用，因此在定向运动中很少会被使用。一旦遇到所在位置没有明显地形，又需要确定站立点的情况时，就不得不使用"交会法"，这也是定向运动中必不可少的一项知识。

4. 寻路 90° 法

定向运动中还有一种寻路 90° 方法，即根据 90° 路径判断具体的行进策略和方向，当检查点位于线状地形（包括道路、沟渠、山背线、谷底线和坡度变换线等）上时，如果在与运动方向相垂直的方向上能够找出一个明显地形点，那么确定站立点就简单得多。线状地形符号与垂直方向线的交点即为站立点。

5. 截线法

截线法指的是在地形复杂的区域，根据标定地图的连点直线作出路线行进的判断。一般的截线法步骤是根据标定地图选择线状地形，在地图上根据指北针选择最长路线边缘，用铅笔和三角尺测量切角，在地图上标注出来，定位选择两点间的最短距离，然后进行路线移动，沿着指北针的直线最长边移动。

6. 后方交会法

后方交会法指的是在检查点上没有可交会的地形时，以及地图和现场的情况不符合交会时，就需要设计两个以上的明显地形地点，该方法一般的步骤为：在地图上找到选定的方位物之后，标定地图，然后按照截线法的步骤分别向各个方位物瞄准并画方向线，图上方向线的交点就是站立点。利用后方交会法确定站立点。

7. 记忆法

记忆法指的是根据自身对路线的记忆，判断如何行进的路线，即"人在地上跑，心在图上移"。

8. 拇指辅行法

拇指辅行法指的是运动员在定向运动中，及时选择好到达目标点的路线，行进过程中"人动图不动"，并利用拇指压住站立点一侧，然后开始行进。行进中要根据自己所处的位置，不断移动拇指，保持位置、方向的连贯性和正确性。

项目四　拓展训练

一、团队项目

（一）信任背摔

项目类型：个人挑战与团队配合项目。

场地：一块平整的场地。

器材：

（1）背摔台1个，约150厘米高。

（2）捆手绳1条，约60厘米长。

（3）体操垫1块。

人数要求：11～20人。

项目目标：

（1）克服心理恐惧。

（2）活跃集体气氛、增加团队凝聚力。

（3）增强信任感和责任感。

项目时间：小组学生为15人时，项目操作时间为60分钟，讨论时间为30分钟。

项目布置：

（1）集合学生，介绍项目名称和活动要求。

（2）说明活动要求学生轮流站于台上，两臂前举，两手外旋，十指交叉紧握、内旋，贴紧胸前，肘关节贴紧身体，下颌内收，然后教师用捆手绳捆住学生的两手，使学生直立向后倒下，全体学生保护其安全。

（3）挑选10～12名下方保护人员，摆成保护姿势。要求保护人员以1对1的形式面对面排列，两臂向前平举，掌心向上，两手伸到对面学生的右侧肩膀上，形成人的手臂垫，手臂垫要在同一水平面。保护人员头部后仰，用眼睛余光看台上学生倒下的方向。腿要成弓箭步，左腿在后，右腿在前，与搭档膝关节内侧相抵。台上学生倒下去时注意手臂用力，头看着倒下的队员。将倒下的学生接住后，用"放腿抬肩法"将学生平稳地放下。在开始之前，教师应先用身体下压负责保护的学生的手臂，让学生感受到重量并表现出足够的托力。

（4）说明上下口令。

台上学生大声问台下的学生："准备好了没?"

台下学生齐声回答："准备好了!1、2、3!"

台上学生直挺身体向后倒下。

（5）教师站在台上，用捆手绳将学生的手捆住后，让学生站在与台下保护队员的手臂中间相对应的位置，手臂伸直在台上学生的两侧，以防台上学生突然倒下或倒偏，等到学生倒下时，迅速蹲下抓住倒下学生的脚踝，防止其挣扎时踢到台下学生。

注意事项：

（1）要求全体学生摘去手表、钥匙、发卡、眼镜和手机等可能造成伤害的物品。

（2）有心脏病、脑血管病、高血压及严重腰伤者不能参加。

（3）背摔台的四脚应稳固结实，要注意台面木板是否结实。

（4）大家要对准备背摔的同学进行"充电"，全体将其围在中间，手搭在其肩膀上，全体高呼队训。

（5）第一位背摔者可由学生自报，但要确定一位体重较轻的人进行第一次背摔，体重较重的人应放在中间顺序做，并可适当增加保护人数。

（6）防止台上的学生倒下时将教师同时拉下。

（7）教师在台上时注意学生和自身的安全位置。

（8）教师要检查背摔者身上是否有硬物等危险物品，并随时注意台下的安全隐患，如保护的手型、是否戴眼镜等。

（9）未经上下口令呼应时不得操作。

（10）下方进行保护的学生接住上方学生后不得将其抛起。

（11）禁止将接住的学生顺势平放在地上。

引导讨论：

（1）谈谈突破心理障碍瞬间的感受和挑战自我的意义。

（2）通过对比"看"和"做"之间的心理差别，体会相互理解和换位思考的重要意义。

（3）体会相互信任的重要性。

（4）理解按要求进行挑战是最安全的。

（5）有些事情未能做或未能做好的原因，并不是能力不足而是心理素质差，心理素质是可以通过锻炼加强的。

（6）心理保护层厚的人，即使拥有较强的能力也很难发挥，因此，不断突破心理保护层是成功的关键。

（二）电　网

项目类型：团队配合项目。

场地：在相对开阔的地带，选择两棵主干高2米以上的树，或有同样高度的其他支撑物。

器材：一张4米宽、1.6米高的绳网（网洞数量比人数多2～3个，大小不一，最小的"洞"可勉强通过比较瘦小的学生），体操垫1个，标志绳若干。

人数要求：10～20人。

项目时间：项目操作50分钟，讨论30分钟。

项目目标：

（1）增强相互合作的团队精神。

（2）体会计划和精心操作的重要性。

（3）认识每个人在团队中的角色及其作用。

项目布置：

（1）将电网挂在两棵树之间。

（2）将学生集中于"电网"一侧，介绍项目名称和活动的要求。

（3）说明活动要求后，全队学生开始从"电网"的一侧，在不触动"电网"的情况下穿越"电网"到另一侧，穿越必须在规定的时间内完成。

（4）要求每个"网洞"只能1人通过，如果触网则须返回，另选取其他"网洞"通过，触网的"洞"作废（拴上标志绳）。

（5）全队学生只能从"电网"中的"网洞"中通过，方为有效，从其他地方通过无效。未通过的和已通过的学生，不得返回至另一侧帮忙。

注意事项：

（1）此项目可锻炼学生的决策和操作能力。为避免学生开始时盲目地匆匆通过，应在布置完任务后提醒学生此活动并不简单，也许会涉及管理中的一些重要环节。

（2）根据学生人数留出1～2个富余"网洞"，若人数太多时，可规定若干的"网洞"可以通过两次。

（3）教师在判罚时可采取"大洞严，小洞宽"的原则，根据实际情况进行安排。

（4）如果在夏季可提醒学生的穿着以方便行动为主，女生不要穿裙子。

（5）如果在天冷季节可适当地放宽要求。

（6）详细观察每个人的表现、作用、决策和协调过程，以便进行指导。

（7）需要将队员托起通过时，应提醒负责保护的学生，注意平稳起放，以保证安全；抬女生时要求正面向上。

（8）在活动进行过程中，学生如果有导致危险的举动，教师要及时地予以制止。

引导讨论：

（1）团队在集体完成任务时，确定决策人是迈向成功的第一步。

（2）确立方案、明确分工和注意安全保障等是团队成功的关键。

（3）确立有效的团队纪律是团队成功的保障。

（4）有效地利用资源是团队成功的思路。

（5）相互协调和精心操作才能使计划得以顺利地实施。

（6）正确对待不同意见和挫折，增强团队的凝聚力。

（7）摆正个人在团队中的位置，是团队成功的基础。

（三）领袖风采

项目类型：个人挑战与团队配合项目。

场地：一块平整的场地。

器材：

（1）音响、手电。

（2）口哨、秒表、白板和笔。

人数要求：每个单独的团队最少有10人。

项目目标：

（1）从游戏中深刻感受责任、认真、细心的精髓。

（2）在有效沟通的基础上，提高同伴间的合作精神。

（3）增强信任感和责任感。

项目时间：小组学生为15人时，项目操作时间为60分钟，讨论时间为30分钟。

报数竞赛规则：

（1）领袖们只负责建设团队，所有队员参加报数比赛；所有队员必须报数：声音洪亮、清楚、准确；不得抢报、错报、漏报；对方比赛时必须肃静；裁委会公布两队成绩为最终结果。

（2）领袖公众承诺在团队面临挫折、困难、甚至失败负100%责任。

（3）各组领袖承担责任示范。

拓展要求：

（1）强烈的企图心、信心、决心，明确的目标——赢。

（2）丰富的肢体语言，使队员情绪快速达到巅峰状态。

（3）超强的行动力。

（四）挑战 No.1

项目介绍：

挑战No.1是一项带有"魔鬼训练"特征的挑战游戏，大家在一系列组合活动面前，尽显本色逐个完成，并通过努力在规定时间内完成，尽力达到最好成绩。

项目时间：150秒。

项目目标：

（1）培养团队成员统筹协作能力。

（2）了解团队学习的成长潜力与成长过程，培养团队快速学习的能力。

（3）培养学员在压力下坚持不懈地努力和敢于拼搏的精神。

（4）通过每一个项目，学习其中暗含的道理。

项目布置：

（1）通过团队的努力，在规定的150秒时间内完成3个项目。

（2）活动项目如下：

不倒森林：用8根1米长的杆首尾相连组成一个圆后按照顺序从一头扶起，右手按住杆头，左手背在身后，保持距离，大家同时按前一个人的杆，连续完成8次回到原位，杆倒或用手抓杆则从头开始计数。

（2）诺亚方舟：8个人同时站在40厘米×40厘米的方台上保持6秒钟，任何时候有人脚触地即重新开始。

（3）集体跳绳：共需10个人参加跳绳，每人跳10次，任何时候中断都要重新开始。

（五）人体多米诺

项目介绍：

团队所有成员围成一个大圆，在不借助椅子的前提下，坐在身后成员的腿上（不接触地面），并达成一个大团队的平衡。

项目目标：

（1）共同体验——团队之间只有相互支持、彼此奉献才能获得成功，才能完成本以为不可能完成的事情。

（2）初步建立相互之间的信任。

（3）以开放的心态相互了解，通过身体接触打破沟通障碍。

（4）创造轻松愉快的气氛。

（5）积极投入放松身心。

拓展训练目的：

（1）成功源于尝试。

（2）团队的成功源于团队成员每一个人的奉献和支持。

（3）团队的成功是建立在每一个环节、每一个成员都成功的基础之上的，团队是一个相互依存、相互支持的整体，大家都必须完成自己的任务。

（4）团队方向的重要性，领导的重要性。

（5）团队的稳定是在不断地发展中的状态改变，而不是在静止中改变。

（6）大家要有换位思考的意识，要想团队成功，首先必须自己成功，你和你团队的竞争力源自于你不可替代的价值等。

二、个人挑战项目

（一）独木桥

项目介绍：

独木桥是一个以个人挑战为主的项目，它考验自己在高空中努力控制自己的身体，保持平常心勇往直前的精神。

人数及时间：

人数在14人左右，最好不要超过16人；项目完成时间为120分钟；项目布课时间为10分钟；项目挑战时间为85分钟；回顾总结时间为25分钟。

场地器材：

足够大的室外场地，组合训练架或专项训练架，桥面距地8米左右，桥体要求不短于6米，中间段为直径30厘米的长直木为佳，自然打磨光即可，离上方铁索2.6米；25米长、直径为10.5毫米动力绳2条；D形锁或O形锁4把，用于连接钢索，主锁4把，8字环2把；手套4副；80厘米扁带2条，主锁2把；全身式安全带2条，安全头盔2顶。

（二）高台演讲

项目概述：

高台演讲是挑战者站在设定的高台上，面对下面的众多人，按照既定题目利用规定的时间方式进行演讲，以此锻炼自己在特殊情况下的逻辑思维和语言表达能力。

人数及时间：

14 人左右；项目完成时间为 90 分钟，每人 3 分钟；项目布课时间为 5 分钟；项目挑战时间为 50 分钟；回顾总结时间为 35 分钟。

场地及器材：

室外开阔宽敞的开放场地；一个不低于 2 米的高台，最好有 3 面护栏，可利用背摔台加木箱代替；秒表 1 块，用于记录的笔和本。

模块六

武术俱乐部指导

项目一　徒手套路

一、初级长拳（第三路）

（一）初级长拳（第三路）动作名称

起　势

1. 虚步亮拳　　　　2. 并步对拳

第一段

| 1. 弓步冲拳 | 2. 弹腿冲拳 | 3. 马步冲拳 | 4. 弓步冲拳 |
| 5. 弹腿冲拳 | 6. 大跃步前穿 | 7. 弓步击掌 | 8. 马步架掌 |

第二段

| 9. 虚步栽拳 | 10. 提膝穿掌 | 11. 仆步穿掌 | 12. 虚步挑掌 |
| 13. 马步击掌 | 14. 插步双摆掌 | 15. 弓步击掌 | |

16. 转身踢腿马步盘肘

第三段

17. 歇步抡砸拳	18. 仆步亮掌	19. 弓步劈掌
20. 换跳步弓步冲拳	21. 马步冲拳	22. 弓步下冲拳
23. 插步亮掌侧踹腿	24. 虚步挑掌	

第四段

| 25. 弓步顶肘 | 26. 转身左拍脚 | 27. 右拍脚 | 28. 腾空飞脚 |
| 29. 歇步下冲拳 | 30. 仆步抡劈拳 | 31. 提膝挑掌 | 32. 提膝劈掌 |

33. 弓步冲拳

结束动作

1. 虚步亮掌　　　　2. 并步对拳　　　　3. 还原

武　术

（二）初级长拳（第三路）分解动作图

	1. 虚步亮掌			2. 并步对拳			
起势	并步直立	撤步摆掌	后移穿掌	虚步亮掌	提膝直立	落步对掌	上步摆掌	并步对拳

	1. 弓步冲拳		2. 弹腿冲拳	3. 马步冲拳	4. 弓步冲拳		5. 弹腿冲拳
第一段	上步格打	弓步冲拳	力达脚尖	马步冲拳	转体格打	右弓步冲拳	弹腿冲拳
	6. 大跃步前穿			7. 弓步击掌		8. 马步架掌	
	屈腿挂掌	落步摆掌	跃步摆掌	仆步护肩	弓步击掌	后移穿掌	马步架掌

	9. 虚步栽拳	10. 提膝穿掌		11. 仆步穿掌	12. 虚步挑掌		
第二段	提膝勾手	虚步栽拳	转体盖掌	提膝穿掌	仆步穿掌	弓步穿掌	虚步挑掌
	13. 马步击掌	14. 插步双摆掌		15. 弓步击掌			
	马步搂手	马步击掌	回身摆掌	插步摆掌	回身搂手	弓步摆掌	

122

16. 转身踢腿马步盘肘

第二段

弓步击掌　　转身抡臂　　正踢亮掌　　落步按掌　　马步盘肘

17. 歇步抡砸拳　　　　　　18. 仆步亮掌

马步抡拳　　转体抡拳　　歇步砸拳　　弓步击掌　　提腿穿掌　　仆步亮掌

19. 弓步劈拳　　　　　　20. 换跳步弓步冲拳

第三段

弧步搂手　　上步展臂　　弓步劈掌　　虚步挂掌　　提腿挂掌　　震腿按掌　　马步冲拳

21. 马步冲拳　22. 弓步下冲拳　23. 插步亮掌侧踹腿　　　　24. 虚步挑掌

马步冲拳　　弓步下冲拳　　回转叉手　　插步亮掌　　踹腿亮掌　　落脚挑掌　　提膝挂掌　　虚步挑掌

25. 弓步顶肘　　　　　　　　　　26. 转身左拍脚

第四段

虚步挂掌　　提膝摆臂　　跳步摆臂　　扣脚护拳　　弓步顶掌　　转体抡臂　　左斜拍脚

27. 右拍脚　　　　28. 腾空飞脚　　　　　　29. 歇步下冲拳

落脚摆臂　　右斜拍脚　　落脚放松　　摆臂击掌　　腾空拍脚　　落脚抱拳　　歇步下冲拳

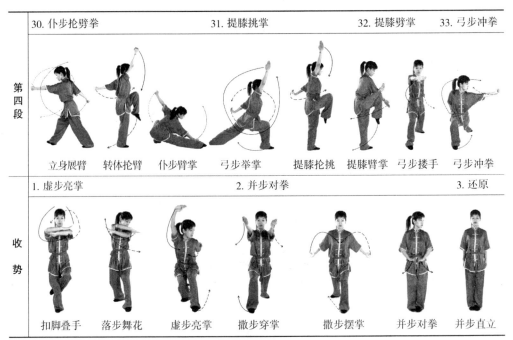

第四段	30. 仆步抡劈拳				31. 提膝挑掌		32. 提膝劈掌	33. 弓步冲拳
	立身展臂	转体抡臂	仆步臂掌	弓步举掌	提膝抡挑	提膝臂掌	弓步搂手	弓步冲拳

收势	1. 虚步亮掌			2. 并步对拳			3. 还原	
	扣脚叠手	落步舞花	虚步亮掌	撤步穿掌	撤步摆掌		并步对拳	并步直立

二、24式简化太极拳

（一）太极拳概述

太极拳是中国武术的一个重要拳种，根据我国古代阴阳哲学的原理而命名。太极拳中所有动作的开合、起落、进退、刚柔、蓄发、顺逆、虚实、曲直等，无不和谐地体现出阴阳对立与统一的辩证规律。

太极拳在长期的流传过程中逐渐形成了陈式、杨式、吴式、孙式、武式等功法流派。中华人民共和国成立以后，国家体育总局组织专家创编了24式简化太极拳，更适合广大群众练习。

太极拳的运动特点：中正安舒、轻灵圆活、松柔慢匀、开合有序、刚柔相济，如"行云流水，连绵不断"。经常练习太极拳可亲身体会到音乐韵律、哲学内涵、美的造型、诗的意境。在高雅的享受中，使身心得到放松。

（二）太极拳的功法要领

虚灵顶颈：头颈似向上提升保持正直，松而不僵，使身体重心保持稳定。

含胸拔背、沉肩垂肘：胸部要含不能挺，两肩不能耸而要有下沉之感，两肘不能抬而要下垂，全身要自然放松。

手眼相应，以腰为轴，移步似猫行，虚实分明：打拳时必须上下呼应，融为一体，要做到动作出于意、发于腰、动于手，眼随手转，弓步和虚步分明交替。

意体相随，以意发力：如果软绵绵地打完一套拳身体不发热，不出汗，心率没有显著变化，就失去了打拳的作用。应该随意用力，内功使劲而外表动作看不出来。

意气相合，气沉丹田：就是用意与呼吸相配合，用腹式呼吸，一吸一呼正好与动作一开一合相配。

动中求静，动静结合：即肢体动而脑子静，意念要集中于打拳，所谓形动于外，心静于内。

行云流水，连绵不断：指每式动作快慢均匀，各式间连绵不断，全身各部位肌肉舒松协调而紧密衔接。

（三）24式简化太极拳动作名称

24式简化太极拳动作名称见表6-1-1。

表6-1-1　24式简化太极拳动作表

组　别	动作名称			
第一组	1. 起　势	2. 左右野马分鬃	3. 白鹤亮翅	
第二组	4. 左右搂膝拗步	5. 手挥琵琶	6. 左右倒卷肱	
第三组	7. 左揽雀尾	8. 右揽雀尾		
第四组	9. 单　鞭	10. 云　手	11. 单　鞭	
第五组	12. 高探马	13. 右蹬脚		
第六组	14. 双峰贯耳	15. 转身左蹬脚	16. 左下势独立	17. 右下势独立
第七组	18. 左右穿梭	19. 海底针	20. 闪通背	
第八组	21. 转身搬拦捶	22. 如封似闭	23. 十字手	24. 收　势

（四）24式简化太极拳分解动作图

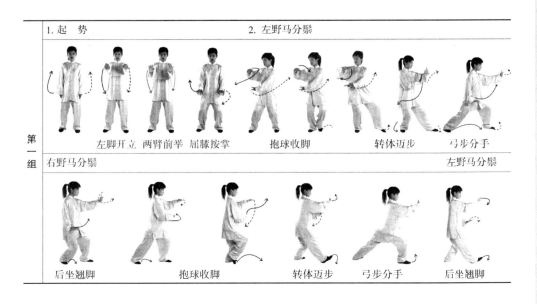

第一组

1. 起　势　　　　　　　　　　2. 左野马分鬃

左脚开立　两臂前举　屈膝按掌　　抱球收脚　　转体迈步　　弓步分手

右野马分鬃　　　　　　　　　　　　　　　　　　　左野马分鬃

后坐翘脚　　　抱球收脚　　　转体迈步　弓步分手　　后坐翘脚

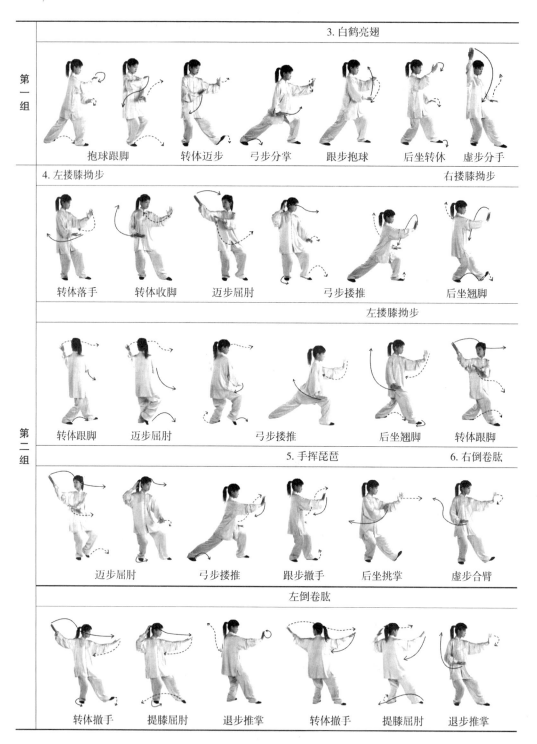

3. 白鹤亮翅

第一组

抱球跟脚　　转体迈步　　弓步分掌　　跟步抱球　　后坐转休　　虚步分手

4. 左搂膝拗步　　　　　　　　　　　　　　　　　　　　　　右搂膝拗步

转体落手　　转体收脚　　迈步屈肘　　弓步搂推　　后坐翘脚

左搂膝拗步

第二组

转体跟脚　　迈步屈肘　　弓步搂推　　后坐翘脚　　转体跟脚

5. 手挥琵琶　　　　　　　　　　　　　　　　　6. 右倒卷肱

迈步屈肘　　弓步搂推　　跟步撤手　　后坐挑掌　　虚步合臂

左倒卷肱

转体撤手　　提膝屈肘　　退步推掌　　转体撤手　　提膝屈肘　　退步推掌

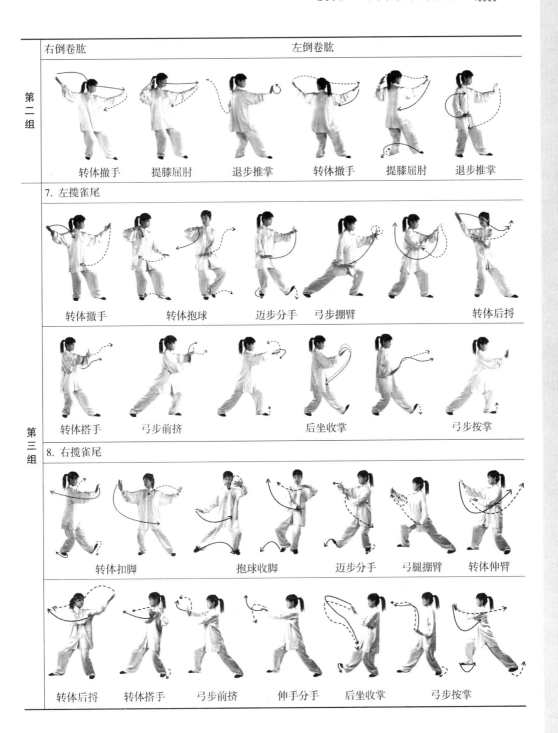

第二组	右倒卷肱		左倒卷肱			
	转体撤手	提膝屈肘	退步推掌	转体撤手	提膝屈肘	退步推掌

7. 左揽雀尾

转体撤手		转体抱球		迈步分手	弓步掤臂		转体后捋

第三组	转体搭手	弓步前挤		后坐收掌		弓步按掌

8. 右揽雀尾

转体扣脚		抱球收脚		迈步分手	弓腿掤臂	转体伸臂

转体后捋	转体搭手	弓步前挤	伸手分手	后坐收掌		弓步按掌

9. 单 鞭

转体扣脚　　云 手　　勾手收脚　　转体迈步　　马步推掌

第四组

10. 云 手

转体扣脚　转体撑掌　转体云手　撑掌收步　转体云手　撑掌出步　转体云手

撑掌出步　转体云手　撑掌收步　　转体云手　　撑掌出步　转体云手

11. 单 鞭

撑掌出步　转体云手　撑掌收步　转体勾手　转体迈步　弓步推掌

12. 高探马　　　　13. 右蹬脚

第五组

跟步后坐翻掌　虚步推掌　穿掌提脚　弓步分手　跟步合抱　提膝分手　蹬脚撑臂

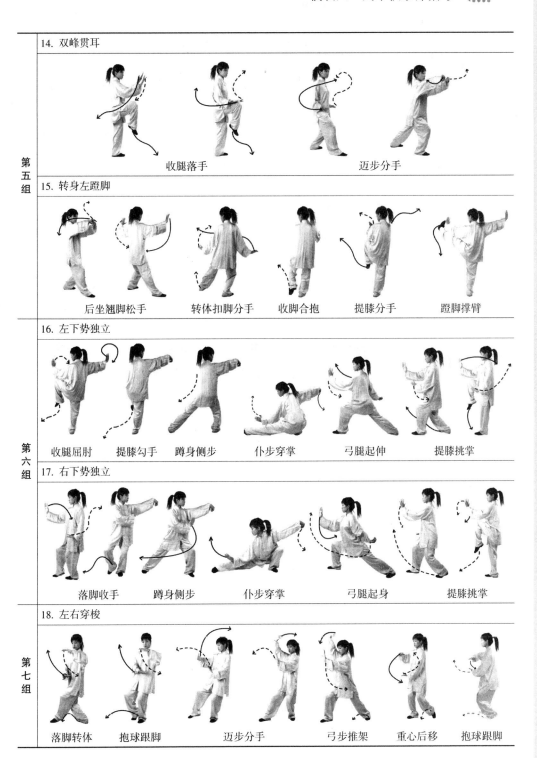

第五组

14. 双峰贯耳

收腿落手　　　　　迈步分手

15. 转身左蹬脚

后坐翘脚松手　　转体扣脚分手　　收脚合抱　　提膝分手　　蹬脚撑臂

第六组

16. 左下势独立

收腿屈肘　　提膝勾手　　蹲身侧步　　仆步穿掌　　弓腿起伸　　提膝挑掌

17. 右下势独立

落脚收手　　蹲身侧步　　仆步穿掌　　弓腿起身　　提膝挑掌

第七组

18. 左右穿梭

落脚转体　　抱球跟脚　　迈步分手　　弓步推架　　重心后移　　抱球跟脚

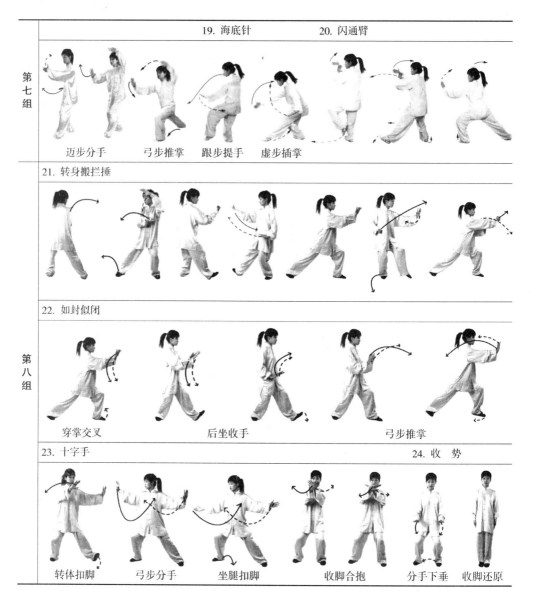

| 第七组 | 19. 海底针 | 20. 闪通臂 |
| 迈步分手 | 弓步推掌 | 跟步提手 | 虚步插掌 |

21. 转身搬拦捶

22. 如封似闭

第八组

穿掌交叉　　　　后坐收手　　　　弓步推掌

23. 十字手　　　　　　　　　　24. 收　势

转体扣脚　　弓步分手　　坐腿扣脚　　收脚合抱　　分手下垂　收脚还原

三、初级南拳

初级南拳分解动作图如下。

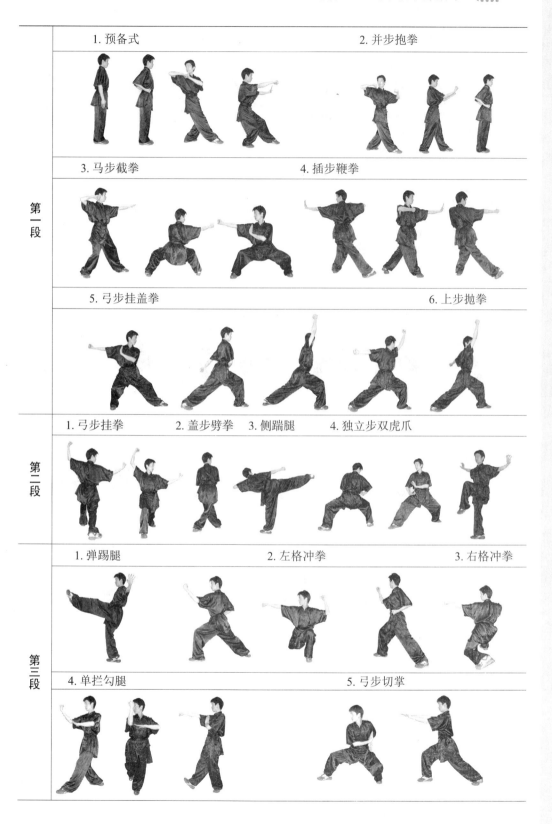

第四段	1. 弓步虎爪	2. 分爪蹬腿	3. 马步冲拳

第五段	1. 转身马步冲拳	2. 虚步截拳	3. 弓步左抛拳	4. 弓步右抛拳

第六段	1. 弓步挂盖拳	2. 弓步盖拳	3. 马步冲拳

第七段	1. 马步劈拳	2. 格挡标拳	3. 弓步冲拳
	4. 虚步劈拳		

第八段	1. 马步冲拳	2. 马步双挂拳	3. 马步冲拳

4. 虚步推掌冲拳			5. 收　势	
第八段				

项目二　器械套路

一、刀　术

（一）刀的基本抱握法

（1）抱刀：手心紧贴护刀盘，食指、中指夹握刀柄，拇指朝上，其余二指朝下扣握护刀盘，刀背贴臂。

（2）握刀：五指握刀柄，虎口贴近护刀盘，四指中节与刀刃成一条直线。

（二）主要内容

（1）缠头刀：刀尖下垂，刀背沿左肩贴背绕过右肩，头部正直。

（2）裹脑刀：刀尖下垂，刀背沿右肩贴背绕过左肩，头部正直。

（3）劈刀：刀由上向下为劈，力达刀刃，臂与刀成一条直线。抡劈刀沿身体右侧或左侧抡一立圆；后抡劈要求与转体协调一致。

（4）砍刀：刀向右下方或左下方斜劈为砍。

（5）撩刀：刀刃由下向前上方为撩，力达刀刃前部。正撩前臂外旋，手心朝上，刀沿身体右侧贴身弧形撩出；反撩前臂内旋，刀沿身体左侧撩出。

（6）挂刀：刀尖由前向上、向后或向下、向右为挂，力达刀背前部。上挂向上、向后贴身挂出；下挂向下、向后贴身挂出；抡挂贴身立圆拄一周。

（7）扎刀：刀刃朝下、朝上或朝左，刀尖向前直刺为扎，力达刀尖，臂与刀成一条直线。平扎刀刀尖高与肩平；上扎刀刀尖高与头平；下扎刀刀尖高与膝平。

（8）抹刀：刀刃朝左（右），由前向左（右）弧形抽回为抹，高度在胸腹之间，力达刀刃；旋转抹刀要求旋转一周或 ·周以上。

（9）斩刀：刀刃朝左（右），向左（右）横砍，高度在头与肩之间，力达刀刃，臂伸直。

（10）横扫刀：刀刃朝左（右），向左（右）横砍，与踝关节同高为扫，力达刀刃。旋转扫刀要求旋转一周或一周以上。

（11）按刀：左手附于刀背或右腕，刀刃朝下，平向下按。高与腰平为平按刀；接近地面为低按刀。

（12）藏刀：刀身横平（刀尖朝后、朝外）藏于左腰后为拦腰藏刀；刀身竖直藏于左臂后为立藏刀；刀身平直（刀尖朝前、朝下）藏于右髋侧为平藏刀。

（13）背刀：右臂上举，刀背贴靠右臂和后背右侧为背后背刀；右臂侧平举，刀背顺贴于右臂为肩背刀。

（14）架刀：刀刃朝上，由下横向上为架，刀高过头，力达刀身，手心朝里或朝外。

（15）抱刀：刀柄朝前，两手相交，刀背贴于左臂，向前平举为平抱刀；左手持刀，左臂下垂，刀尖朝上，刀背贴于左臂为立抱刀。

（16）剪腕花：以腕为轴，刀在臂两侧向前下贴身立圆绕环，刃背分明。

（17）撩腕花：以腕为轴，刀在臂两侧向前上贴身立圆绕环，刃背分明。

（三）初级刀术完整套路名称与图示

第一段			
1. 弓步缠头	2. 虚步藏刀	3. 弓步前刺	4. 并步上挑
5. 左抡劈	6. 右抡劈	7. 弓步撩刀	8. 弓步藏刀

第二段			
9. 提膝缠头	10. 弓步平斩	11. 仆步带刀	12. 歇步下砍
13. 左劈刀	14. 右劈刀	15. 歇步按刀	16. 马步平劈

第三段			
17. 弓步撩	18. 插步反撩	19. 转身挂劈	20. 仆步下砍
21. 架刀前刺	22. 左斜劈	23. 右斜劈	24. 虚步藏刀

第四段			
25. 旋转扫刀	26. 翻身劈刀	27. 缠头箭踢	28. 仆步按刀
29. 缠头蹬腿	30. 虚步藏刀	31. 弓步缠头	32. 收势

二、初级剑术

（一）握剑和基本剑法

1. 握　剑

（1）持剑掌心贴近护手，食指伸直附于剑柄；拇指在一侧，其余手指在另一侧，手腕扣握护手。剑脊贴近前臂后侧。

（2）握剑五指握拢剑柄，虎口靠近护手。剑刃必须与虎口相对。

（3）剑指中指与食指伸直并拢，其余三指屈于手心，拇指压在无名指第一指节上。

2. 基本剑法

（1）刺剑：立剑或平剑，向前直出为刺，力达剑尖，臂与剑成一条直线。

（2）劈剑：立剑，由上向下为劈，力达剑身，臂与剑成一条直线。

（3）撩剑：立剑，由下向前上方为撩，力达剑身前部。

（4）点剑：立剑，提腕，使剑尖猛向前下为点，力达剑尖，臂伸直。

（5）云剑：平剑，在头顶或头前上方平圆绕环为云。

（二）初级剑动作图解

预备式

【动作要领】身体正直，并步站立。左手持剑，前臂与剑身要紧贴并垂直于地面，右手成剑指。两臂在体侧下垂，两肘稍上提。正视前方。（图 6-2-1）

起 势

【动作要领】上身右转，右脚向右上一步成右弓步（图 6-2-2）；左手持剑由左侧直臂向右侧画弧，至身前做反臂平举（图 6-2-3）；左脚向右脚并步，左手持剑随之下落于身体左侧，右手剑指向右侧平伸指出（图 6-2-4）。左脚向左，成左弓步（图 6-2-5）。右脚向前并步站立，左手持剑落于左侧，右手剑指向前平伸指出（图 6-2-6）。左手持剑由右手剑指上穿出，上身右转，右脚向右侧跨步成右弓步，右手剑指向右侧平指出（图 6-2-7）。上身左转，重心落于右腿，成左虚步，左手持剑向胸前屈肘，右手剑指也向胸前屈肘，准备接握左手的剑。目视剑尖（图 6-2-8）。

图 6-2-1 　图 6-2-2 　图 6-2-3 　图 6-2-4 　图 6-2-5

图 6-2-6 　图 6-2-7 　图 6-2-8

第一段

1. 弓步直刺

【动作要领】右手接握左手剑，左手成剑指；左脚上半步成左弓步；上身左转，右手持剑向身前平伸直刺，左手剑指随之伸向身后平举。目视剑尖。（图 6-2-9）

【易犯错误】弓步时，右脚脚跟离地；臀部凸起；剑尖高于肩。

图 6-2-9

2. 回身后劈

【动作要领】左脚不动，右脚向前上一步，膝略屈，上身右转；右手持剑经上向后劈，剑与肩平，左手剑指随之由下向前上弧形绕环，在头顶上方屈肘。目视剑尖。（图6-2-10）

【易犯错误】上步、转身、平劈和剑指向上侧举不协调。

3. 弓步平抹

动作要领：左脚向左前方上一步成左弓步；同时，左手剑指由胸，经左下向上弧形绕环，在头顶上方侧举，右手持剑随之向前平抹，剑尖稍向右斜。目视前方。（图6-2-11）

【易犯错误】左手剑指与抹剑不协调，手腕用力过硬。

4. 弓步左撩

【动作要领】上身左转，右腿在身前提起，脚背绷直；右手持剑由前向上、向后画弧，前臂贴靠腹部，手心朝里，左手剑指附于右手手腕。右腿向右前方落步成右弓步；同时，右手持剑向前反手撩起。目视剑尖。（图6-2-12）

【易犯错误】剑向前弧形撩起时，与提膝和向前落步的动作不协调，握剑不可太紧。

5. 提膝平斩

【动作要领】左脚向前上一步，右手手腕向左翻腕，使剑向左平绕至头部前上方，再用力向前平斩，同时右脚由后向身前屈膝提起；左手剑指由下向左上弧形绕环，屈肘横举于头部左上方。目视前方。（图6-2-13）

6. 回身下刺

【动作要领】右脚向前落步，脚尖外撇，上身右转；右手持剑，使剑尖下垂向后下方直刺，左手剑指先向身前的右手靠拢，在刺剑的同时向前上方伸直。目视剑尖。（图6-2-14）

【易犯错误】腰向右拧转的同时剑指和剑身不成一条直线。

图6-2-10　　　图6-2-11　　　　图6-2-12　　　　图6-2-13　　　图6-2-14

7. 挂剑直刺

【动作要领】左脚向前上一步，右臂内旋，使剑尖向左、向上贴身抄挂一圈至身后，右腿随之在身前屈膝提起，左手剑指屈肘附于右手腕处。同时以左脚前脚掌碾地，上身右转，右手持剑向前直刺，同时右脚向身后跨一大步成右弓步；剑尖与肩同高，左手剑指随之向后平伸。目视剑尖。（图6-2-15）

8. 虚步架剑

【动作要领】右手持剑将剑尖由左向右搅一小圈，以右脚脚跟和左脚为轴碾地，右脚外撇，上身从右向后转，左脚向前收拢半步，两膝成交叉步；同时右手持剑反手向后上方屈肘上架；左手剑指附于右手腕处，右腿不动，左脚向前进一步，成左虚

步；同时，左手剑指向前平伸指出，手心朝下。目视剑指。（图6-2-16）

【易犯错误】剑尖随向右画小圈时，改变剑尖的方向；挂剑、提膝、直刺动作不连贯。

第二段

9. 虚步平劈

【动作要领】左脚脚跟外展，重心移于左腿，右脚脚跟随之离地，成右虚步；同时右手持剑向下平劈，左手剑指即向上屈肘，手心向左上方。目视剑尖。（图6-2-17）

【易犯错误】虚步时，虚实不明确；劈剑时，手腕太松。

10. 弓步下劈

【动作要领】重心前移，左手剑指伸向右腋下，左脚随即向左前方上步成左弓步；右手持剑向左画小圈向前下方劈剑，左手剑指由右腋下向上绕环，在头顶上方屈肘侧举，上身略前俯。目视剑尖。（图6-2-18）

【易犯错误】向左画小圈时成头顶上方平绕剑花。

11. 带剑前点

【动作要领】右脚向左脚靠拢，脚尖虚着地面，两腿屈膝略蹲；右手持剑向右耳际带回，左手剑指附于右手腕处，目向右前方平视；右脚向右前方跃一步，左脚随之跟进成丁步，右手持剑向前点击，左手剑指向头顶上方侧举，手心朝上。目视剑尖（图6-2-19）。

【易犯错误】跃步与点剑动作方向不一致，点剑变成劈剑。

图6-2-15　　　　图6-2-16　　　图6-2-17　　图6-2-18　　　图6-2-19

12. 提膝下截

【动作要领】右腿伸直，左腿退步后屈膝，上身后仰；右臂外旋，手心朝上，使剑向右后上方绕环一周下截；左手剑指不动。同时上身向前探倾，左腿屈膝提起。目视剑尖。（图6-2-20）

【易犯错误】剑身画弧下截没有连贯起来。右腿膝部弯曲，站立不稳。右臂和剑身不成一条直线。

13. 提膝直刺

【动作要领】左脚向前落步，脚尖外撇成为交叉步。右臂外旋手心朝上，将剑柄收抱于胸前，剑尖高与肩平；左手剑指按于剑柄上。右腿向前屈膝提起，左腿伸直站立；右手持剑向前平直刺出；同时左手剑指向后平伸指出，手心朝下。目视剑尖。（图6-2-21）

【易犯错误】抱剑与落步，直刺与提膝，不协调一致。

14. 回身平崩

【动作要领】右脚向前落步脚尖外撇；左脚前脚掌碾地，上身向右后转成交叉步；右手持剑臂外旋经胸前使剑的前端用力向右平崩，手心朝上；同时左手剑指先附于右

手手心上屈肘，后向额部左上方侧举。目视剑尖。（图 6–2–22）

【易犯错误】收剑和平崩两个动作没有连贯起来做。上身向右拧转，但左脚易移动。

15. 歇步下劈

【动作要领】右脚蹬地起跳，左脚向左跃步横跨一步，落地后右腿在左腿后插步成歇步；右手持剑向上举起，并在形成歇步时向左下劈，剑尖与踝关节同高；左手剑指下按于右手手腕。目视剑身。（图 6–2–23）

【易犯错误】劈剑与跃步成歇步动作分散，不能同时完成。

16. 提膝下点

【动作要领】两脚的前脚掌碾地，上身经右向后转动，两腿随之站立起来，上身后仰，右手持剑贴右臂平绕一周；右腿直立左腿屈膝提起，上身向右侧下探俯，右手持剑向前下点击。目视剑尖。（图 6–2–24）

【易犯错误】仰身外绕剑与提膝下点两个动作不连贯。点剑时，剑身、右臂、左臂和剑指不在同一个垂直面内。

图 6–2–20　图 6–2–21　图 6–2–22　图 6–2–23　图 6–2–24

第三段

17. 并步直刺

【动作要领】右脚为轴碾地，上身向左后转；右臂内旋使剑尖指向转身后的身前；左手剑指向正前方指出，手心朝下。左脚向前落步，右脚跟进并步半蹲；同时，右手持剑向前平伸直刺；左手附于右手手腕处。目视剑尖（图 6–2–25）。

【易犯错误】并步与剑刺出的方向不一致。

18. 弓步上挑

【动作要领】右脚上步成右弓步；右手持剑直臂向上挑举，剑尖向上，手心朝左；左手剑指仍向前平伸指出，手心朝下，上身微前倾。目视剑指。（图 6–2–26）

【易犯错误】左臂伸直时，左肩耸肩，剑指过高。

19. 歇步下劈

【动作要领】左脚向前上步，脚尖外撇，两腿交叉全蹲成歇步；同时，右手持剑向前下劈，剑尖与踝关节同高；左手剑指屈肘附于右手腕里侧，上身稍前俯。目视剑身。（图 6–2–27）

【易犯错误】劈剑与歇步下蹲不一致。

20. 右截腕

【动作要领】两脚碾地，两腿稍伸直立起，上身右转成左虚步；右臂内旋用剑的前端下刃向前上方画弧翻转，右手持剑再向右后上方托起，左手剑指附于右手手腕，两肘微屈。目视前方。（图 6–2–28）

【易犯错误】两腿虚实不明确，成两腿直立，上下肢不协调。

21. 左截腕

【动作要领】左脚向前上半步，上身向左后转，右脚随之向前上一步成右虚步；同时右臂外旋，使剑身的前端向左前上方画弧翻转，手心朝上，剑身与地面平行；左手剑指离开右手手腕，屈肘向上侧举。目视剑的前端。（图 6-2-29）

【易犯错误】右脚上步与左前方画弧翻转动作不一致。

图 6-2-25　　　　图 6-2-26　　　图 6-2-27　　　图 6-2-28　　图 6-2-29

22. 跃步上挑

【动作要领】左脚向前上一步蹬地，右脚向右侧跃步，落地后略蹲，左脚从身后伸向右侧方成望月平衡式；右臂外旋使剑由右向左上，画弧一周，剑到达右侧方时，使剑向上挑击；左手剑指横举于左额前上方。右手持剑由左胯向左上方屈肘横举。目视右侧方。（图 6-2-30）

【易犯错误】跃步和上挑动作不协调一致，挑剑时，松腕无力。

23. 仆步下压

【动作要领】右手持剑使剑尖向右身后弧形平绕至右侧时，将剑柄收抱于胸前下方，手心朝上；右膝伸直，上身立起，左腿屈膝提起，左手剑指仍横举于左额前上方。上一动作不停，左手剑指按在右手手腕上。左脚随之向左侧落步，成右仆步。右手持剑用剑身平面向下带压，剑尖斜向右上方，上身前探。目视右前方。（图 6-2-31）

【易犯错误】做仆步时，两脚脚跟离地或脚尖外撇。仆步与下压剑快慢不一致。

24. 提膝直刺

【动作要领】两腿直立站起，左腿屈膝提于身前，右腿挺直站立；同时，右手持剑向身前平伸直刺；左手剑指屈肘在左侧上举，目视剑尖。（图 6-2-32）

【易犯错误】右腿独立不能站稳，脚背未能绷直。右肩、右臂和剑身不在一条直线上。

第四段

25. 弓步平劈

【动作要领】右臂外旋，剑的下刃转翻向上，上身左转，同时左脚向左后侧落一大步成左弓步；左手剑指随着右臂的运行由右向下，经左向上圆形绕环，屈肘举于头部左侧上方，右手持剑向身前平劈，臂要伸直，剑尖略高于肩。目视剑尖。（图 6-2-33）

【易犯错误】向前劈剑和剑指绕环这两个动作时，易耸肩。

图 6-2-30　　　　　图 6-2-31　　　　　图 6-2-32　　　　　　　图 6-2-33

26. 回身后撩

【动作要领】右脚上一步，膝微屈；左脚随之离地，小腿向上弯曲；上身前俯，腰向右拧转；右手持剑随右脚上步向后反撩，拇指一侧在下；左手剑指前伸成侧上举。目视剑尖。（图 6-2-34）

【易犯错误】右脚站立不稳，左脚脚背松弛，反撩剑时右手虎口易向上。

27. 歇步上崩

【动作要领】右脚蹬地，左脚向前跃步，上身随之向右后转；左脚落地，脚尖稍外撇，右腿摆向身后，两腿屈膝全蹲成歇步。同时，右手持剑直臂下压，使剑尖上崩；左手剑指随之屈肘在头部左上方侧举。目视剑身。（图 6-2-35）

【易犯错误】向前跃步、歇步和剑尖上崩三个动作不连贯协调。

28. 弓步斜削

【动作要领】上身右转，右脚随之向前上步成右弓步；右手持剑臂外旋在转身的同时向左肋前收回；左手剑指按在剑柄上。右手持剑由后向前上方斜面弧形上削，手心斜向上方；同时，左手剑指伸向后方。目视剑尖。（图 6-2-36）

【易犯错误】斜削时，剑尖易高于头，动作过大与转身不协调。

图 6-2-34　　　　　　　图 6-2-35　　　　　　　　图 6-2-36

29. 进步左撩

【动作要领】上身向左转，左腿稍屈膝；同时，右手持剑使手心朝里转身向左画弧，左手剑指附于右手腕里侧；以右脚脚跟为轴碾地，上身向右后转；左脚随之向前上步，以前脚掌虚着地面，右手持剑反手向右前、向上画弧撩起，剑尖高与肩平。目视剑尖。（图 6-2-37）

【易犯错误】进步与撩剑动作不协调，左右手撩出的方向不一致。

30. 进步右撩

【动作要领】右手持剑直臂向上、向右后方画弧一周至前方，剑尖高与头平；左脚踏实后以脚跟为轴碾地，脚尖外撇，右脚随之向左脚前上一步，前脚掌虚着地面；左手剑指随之由右肩前经前下向后上方绕环，屈肘侧举于头部左上方。目视剑尖。（图 6-2-38）

【易犯错误】同进步左撩。

31. 坐盘反撩

【动作要领】右脚踏实后向前上一小步,随即左脚从右腿后向右侧插步下坐,成坐盘式;同时右手持剑经上、向左下反手绕环斜上撩,剑尖高过头顶;左手剑指随之经体前向后下方画弧一周,屈肘横举于左耳侧,上身向左前倾俯。目视剑尖。(图6-2-39)

【易犯错误】坐盘与反撩剑动作不协调。

32. 转身云剑

【动作要领】右脚蹬地,两腿站起,两脚脚掌碾地,上身向左后转;此时左手剑指附于右手手腕处。上身后仰,右手持剑经左后向右前方画圆云绕一周,剑至身前时,右手手心朝上、松把,使剑尖下垂;左手剑指放开,准备接握右手的剑;此时重心前移,左脚踏实,右腿伸直,上身前倾。目视左手。(图6-2-40)

【易犯错误】转身和云剑动作不连贯。

收　势

【动作要领】右手将剑柄交于左手后即握成剑指,左手接剑后反握住剑柄向身体左侧下垂;右脚脚尖里扣,屈膝略蹲,上身随之左转;左脚随之向前移步成左虚步,右手剑指随之由身后向上屈肘侧举于头部右上方,手心朝上。目视左侧。(图6-2-41)

【易犯错误】虚步虚实不清,身体后仰。

图6-2-37　　　图6-2-38　　　图6-2-39　　　图6-2-40　　　图6-2-41

三、棍　术

(一)基本用法

1. 棍的规格

棍的长度不得短于本人身高。

2. 棍的基本握法

棍的基本握法包括持棍法、提棍法。(图6-2-42)

(1)持棍法:右手持棍,以拇指和食指卡握棍身,其余三指自然弯曲,虎口朝向棍梢,使棍身紧贴于身体右侧,把端触地。

(2)提棍法可具体分为以下几种。

单手握:右手握住棍身距把端1/3处。

顺把握:两手虎口顺向握棍。

对把握:两手虎口相对握棍。

持棍法　　提棍法
图6-2-42

（二）基本技法

棍术，是以抡、劈、戳、撩、舞花等棍法所组成的套路练习。棍，作为一种兵器，其作用和威力是不可忽视的。棍法快速勇猛、舞动如飞，练起来呼呼生风、节奏生动，是人们所喜爱的武术健身套路。棍术的基本技法如下。（图6-2-41）

（1）拨棍：棍梢斜向前上方左右摆动为拨。拨棍时用力轻快平稳，幅度不要过大。

（2）扫棍：棍梢在腰部以下水平抡摆或尽量以棍梢贴地，棍身倾斜抡摆为扫。扫棍要求迅猛有力，力达棍梢。

（3）抡棍：单手或双手将棍梢向左或向右平抡。平抡不得超过一周，加转身不得超过两周。抡棍要求迅猛有力，力达棍梢。

（4）戳棍：棍梢或棍把直线向前、向侧或向后戳击。戳棍要求发力短促，力达梢端或把端。

（5）劈棍：棍由上向下为劈。劈棍要求迅猛有力，力达棍梢。

（6）立圆舞花：两手握住棍身中段，使棍在身体两侧由上向前、向下绕立圆转动。要求连续快速，走立圆时棍身要贴近身体。

（7）提撩舞花：两手握住棍身距把端1/3处，使棍沿身体左右两侧由下向前、向上划立圆连续向前撩出。要求快速连贯，立圆抡转应贴近身体但不得触身。

拨　棍　　　　　　　　扫　棍　　　　　　抢　棍

戳　棍　　　　劈　棍

立圆舞花　　　　　　　　提撩舞花

图6-2-41

（三）棍法规整

棍法，是指以劈、抢、戳、撩等格斗法则为准绳，在棍理的指导和制约下形成的基本棍术方法，或称棍术基本动作。棍法内容很多，有劈、抢、戳、撩、挂、崩、点、扫、穿、拦、挑、架、托、云、提、砸、舞花等。不同流派的棍术套路，有各自不同的棍法，在棍的内容和棍法运用方面也各有侧重。但在主要方面，大体一致。

每种棍法都有严谨的规格，遵循棍法的规格要求，操之熟练，运用得法，是棍术技法的根本所在。有了准确无误的棍法技能，方能在战术法则的启示下组成风格各异、内容丰富、特点突出的棍术套路，同时也能完整地表达棍术的特色。

项目三　搏击格斗

一、散　打

散打基本技术是指在实战中完成进攻与防守动作的方法，是竞技水平的重要体现。其主要内容有基本姿势、基本步法、基本拳法、基本腿法、基本摔法和基本防守技术等。

（一）基本姿势

两脚前后开立，稍宽于肩；两脚脚尖微内扣，后脚脚跟稍离地；两膝微屈，身体重心落在两腿之间；两臂弯曲，左臂屈肘约成90°角，肘尖下垂，左拳置于体前，拳眼斜朝上，高与鼻平；右臂屈肘小于90°角，右拳置于右肋前，略高于下颌，上臂内侧紧贴右侧肋部，肘部自然下垂；胸部、背部保持自然，下颌微收，两眼平视前方。左脚在前称为"正架"，右脚在前称为"反架"。（图6-3-1）

图6-3-1

（二）基本步法

（1）前进步：基本姿势站立（以下均同），前脚先向前进半步，后脚紧接着跟进半步。（图6-3-2）

【要点】步幅不宜过大，上体姿势不变，跟步要快速、紧凑。

（2）后退步：后脚先向后退半步，前脚紧接着向后回收半步。（图6-3-3）

【要点】同前进步。

（3）上步：后脚向前上一步，左右拳前后交换成右脚在前的反架实战姿势，两眼平视前方。（图6-3-4）

【要点】身体重心平稳，移动迅速，前后脚保持适当距离。

　　图 6-3-2　　　　　　　　图 6-3-3　　　　　　　　图 6-3-4

　　（4）撤步：左脚向后撤一步，成右脚在前、左脚在后，左脚脚跟离地，右脚脚尖外展，重心偏右脚。（图 6-3-5）

　　【要点】同上步。

　　（5）垫步：后脚蹬地向前脚内侧并拢，同时前腿屈膝提起。（图 6-3-6）

　　【要点】后脚向前脚并拢要迅速，垫步与提膝不可脱节、停顿；身体向前移动时，不能向上腾空。

　　（6）插步：重心前移，同时后脚经前脚后面前插，两脚呈交叉状，随之前脚向前上步。（图 6-3-7）

　　【要点】插步时上体略右转，插步后前脚上步要快，迅速还原成基本姿势。

　　（7）闪步：左脚向左侧移半步，右脚随之向左滑步；同时身体向右转动约 90°（图 6-3-8）。右侧与左侧相同，只是方向相反。

　　【要点】步法灵活，躲闪快速、敏捷。

　　（8）纵步包括单腿纵步和双腿纵步。

　　单腿纵步：前腿屈膝上提，后腿连续蹬地向前移动。（图 6-3-9）

　　双腿纵步：两脚同时蹬地，使身体向上或向前、向后、向左、向右跳跃移动。（图 6-3-10）

　　【要点】腰胯紧收，上体正直，腾空不宜过高。

图 6-3-5　　　　　图 6-3-6　　　　　图 6-3-7　　　图 6-3-8　　　图 6-3-9　　　图 6-3-10

　　（9）环绕步：右（左）脚蹬地，左（右）脚向左（右）斜前（后）方滑移，着地后右（左）脚也向左（右）斜前（后）方滑移。（图 6-3-11、图 6-3-12）

　　【要点】连续滑移，脚步应成弧形环绕，后脚步幅略大于前脚，上体和上肢姿势不变。

　　　　图 6-3-11　　　　　　　　图 6-3-12

（三）基市拳法

1. 冲 拳

（1）左冲拳：基本姿势站立，右脚蹬地，上体微右转；同时左拳内旋，直线向前冲出，力达拳面，右拳收至下颌处。（图6-3-13）

（2）右冲拳：右脚蹬地，并以前脚掌向内转，转腰送肩，上体左转；同时右拳内旋，直线向前冲出，力达拳面。左拳收至右肩前。（图6-3-14）

【要点】冲拳时，上体不可前倾，腰要拧转；上臂催动前臂，不可先向后引拳再冲出。

2. 掼 拳

（1）左掼拳：上体微右转，同时左臂内旋，抬肘至水平，使拳向外、向前、向内成平面弧形横击，左臂微屈，拳心朝下，力达拳面。（图6-3-15）

（2）右掼拳：右脚蹬地，上体左转，同时右臂内旋，抬肘至水平，使右拳向外、向前、向内成平面弧形横击，拳心朝下，力达拳面。（图6-3-16）

【要点】击打要借助转体的力量，转腰、发力协调一致，上体保持正直；不可掀肘，拳走弧形。

3. 抄 拳

（1）左抄拳：上体先向左转，重心微下沉；随之左膝及上体瞬间挺伸，并向右转体；同时左臂外旋，左拳由下向前上方勾起，拳心朝里，力达拳面。（图6-3-17）

（2）右抄拳：右脚蹬地，扣膝合胯，腰稍右转。同时右臂外旋，右拳由下向前上方勾起，拳心朝里，力达拳面。（图6-3-18）

【要点】发力时，上体不可后仰、挺腹；重心下沉，脚蹬地拧转，上体跟着拧转，以加大抄拳力量。动作要连贯顺达，用力由下至上，发力短促。

图6-3-13　　　图6-3-14　　　　图6-3-15　　　图6-3-16　　　图6-3-17　　　图6-3-18

（四）基市腿法

1. 蹬 腿

（1）左蹬腿：右腿直立或微屈支撑，左腿屈膝前抬，脚尖勾起，当膝高于髋关节时，膝关节快速蹬伸，力达脚跟；亦可送髋，脚掌下压，力达前脚掌。（图6-3-19）

（2）右蹬腿：重心前移，左腿直立或微屈支撑，右腿屈膝向前抬起，勾脚，膝关节快速蹬伸，力达脚跟；亦可送髋，脚掌下压，力达前脚掌。（图6-3-20）

【要点】上体不可过于后仰，屈膝高抬，爆发用力，快速连贯。

图 6-3-19　　　　　　　　　　　图 6-3-20

2. 侧踹腿

（1）左侧踹腿：重心右移，右腿直立或微屈支撑；同时左腿屈膝抬起与髋同高，小腿外翻，脚尖勾起，展髋、挺膝向前踹出，上体微侧倾，力达脚底。（图 6-3-21）

（2）右侧踹腿：身体左转 180°，重心移至左腿，左腿直立或微屈支撑；同时右腿屈膝抬起与髋同高，小腿外翻，脚尖勾起，展髋、挺膝向前踹出，上体微侧倾，力达脚底。（图 6-3-22）

【要点】上体、大腿、小腿和脚要成一条直线，大腿带动小腿直线用力。

图 6-3-21　　　　　　　　　　　图 6-3-22

3. 鞭　腿

（1）左鞭腿：重心后移，右腿直立或微屈支撑，上体稍右转并侧倾，右脚脚跟内转；同时，左腿屈膝内扣、绷脚背向左侧提起，随即伸髋、挺膝、向前鞭甩小腿，脚面绷平，小脚趾外侧朝上，力达脚背。（图 6-3-23）

（2）右鞭腿：重心移至左腿，上体向左转，左脚脚跟内转；同时，右腿扣膝、绷脚背向右侧摆起，随即右腿经外向斜上、向里、向前鞭甩小腿，脚面绷平，小脚趾外侧朝上，力达脚背。（图 6-3-24）

【要点】扣膝，绷脚背，发力时大腿带动小腿，力点准确。

图 6-3-23　　　　　　　　　　　图 6-3-24

4. 勾踢腿

左腿稍屈支撑，上体左转；同时，右脚脚尖勾紧，大腿带动小腿以踝关节与脚背接合部为力点，向前弧形勾踢，脚底内侧贴地面擦行，右手向右斜下拨搂对方颈部。（图 6-3-25）

【要点】勾踢腿不可向后预摆；勾踢时接触用力，上下肢协调配合。

图 6-3-25

（五）基本摔法

（1）抱腿前顶：基本姿势，上左步，身体下潜，两手抱住对手的两腿，用力回拉；同时用左肩前顶对手的大腿或腹部，将对手摔倒。（图6-3-26）

【要点】抱腿要紧，两臂和肩向相反方向协调用力。

（2）夹颈过背：右臂夹住对手颈部，右侧髋部贴紧对手小腹，两腿屈膝；随即两腿蹬直，向下弓腰、低头，将对手背起后摔倒。（图6-3-27）

【要点】夹颈牢固，屈膝、蹬伸、弓腰、低头协调连贯。

图6-3-26   图6-3-27

（3）夹颈打腿：左手夹住对手颈部，同时右脚变步与左脚平行；随即右转体，用左小腿向后横打对手左小腿外侧，将对手摔倒。（图6-3-28）

【要点】夹颈牢固，身体贴对手，打腿与转体协调一致。

（4）抱单别腿摔：抱住对手左腿后，用左腿别住对手右腿膝窝，用胸肩贴住对手左腿向前下靠压。（图6-3-29）

【要点】靠压有力，腿要别紧，不能让对手右腿有活动的余地。

图6-3-28   图6-3-29

（5）接腿勾踢：左手抄抱住对手右腿，右手向对手颈部下压，右脚勾踢对手左脚；同时上体右转，右手回拉，将对手摔倒。（图6-3-30）

【要点】接抱腿准确；转腰、压颈、勾踢动作要协调有力，快速完整。

（6）接腿上托：两手抓住对手的脚后跟，屈臂上抬，两手迅速上托并向前上方推送，使对手向后倒地。（图6-3-31）

【要点】抓脚准而牢，推托动作快速、连贯。

图6-3-30   图6-3-31

（六）基本防守技术

（1）后闪：重心后移，上体略后仰闪躲。（图 6-3-32）

（2）侧闪：两膝微屈，俯身，上体向左侧或右侧闪躲。（图 6-3-33）

（3）下躲闪：两腿屈膝下蹲，同时缩头、含胸、收下颌，弧形向下躲闪，眼看对手。（图 6-3-34）

（4）拍挡：左手以掌心为力点向里横向拍挡。（图 6-3-35）

图 6-3-32　　　　图 6-3-33　　　　图 6-3-34　　　　图 6-3-35

（5）外格：左前臂边内旋边向左斜举，以内臂部位为力点向外格挡。（图 6-3-36）

（6）拍压：左拳变掌以掌心或掌根为力点由上向前下方拍压。（图 6-3-37）

（7）勾挂：左臂以肘关节为轴，由上向下、向外伸肘下挂于身体左侧；随即前臂内旋以前臂和勾手勾挂住对手的来腿。（图 6-3-38）

（8）前抄抱：左手由上向下、向右上屈肘画弧，掌心向上，以前臂内侧部位为接触点，向上抄抱对手的来腿；同时，右臂贴腹夹紧，以掌心为接触点向前推抱。（图 6-3-39）

图 6-3-36　　　　　图 6-3-37　　　　　　图 6-3-38　　　　图 6-3-39

（9）侧抄抱：身体左转，右肩前领；左手由下向左上伸肘，左臂屈肘置于胸前，前臂内旋，手心向外；两肘关节相对靠近，以两前臂和掌心为接触点，同时合抱来腿。（图 6-3-40）

（10）阻挡：两脚蹬地，重心稍前移，以肩部和手心阻挡对手直线形拳法的进攻，以臂部阻挡对手直线形腿法的进攻。（图 6-3-41）

图 6-3-40　　　　　　　　　图 6-3-41

二、拳　击

（一）握拳法

食指、中指、小指和无名指并拢内屈，拇指压住中指和食指，拳头稍内扣，"拳峰"朝着对方。握拳不要太用力，否则，手臂很快就会疲劳，拳速也会降低。在击打对方的要害部位前一刹那，要用力握拳。从食指到小指的第一关节和第二关节成为一个平面，这个部位称为指关节部位。指关节部位的中心在中指和食指之间，要用这个关节中心，也就是我们常说的"拳峰"来打击对方的要害。向前出拳时要注意保持腕关节的稳定性。（图 6-3-42）

图 6-3-42

（二）准备姿势

体重应均匀地分到两脚趾骨基节部位，上下起伏时重心还能均匀地分到两脚趾骨基节部位上，上体要直，上下跳动时要非常轻盈，脚落地要有弹性。（图 6-3-43）

下面以左手在前的实战姿势为例进行讲解。

图 6-3-43

（三）基本步法

拳击的基本步法是拳击技术的重要组成部分，双方搏斗时，如何保持身体平衡，灵活地移动身体，使自己始终处于进攻和防御的最佳位置，是一名拳击运动员必须具备的基本素质。因此，步法的移动包含着进攻和防御的双重含义。

拳击的基本步法有滑步、刺步、侧步、环绕步和撤步等步法。

1. 滑　步

滑步是一种较稳健的步法，其主要目的是调整身体至最佳位置，逼近对方准备进攻，或引诱对方出击，当对方出现防守上的空隙时乘机出拳攻击。在使用滑步时，要防止对方的突然进攻，应有防备的意识，以应对对方的突然进攻。

（1）前滑步。

【动作要领】由基本姿势开始，右脚脚掌蹬地，左脚稍离地面向前滑进 20～30 厘米，后脚轻擦地面跟进，移动的步幅稍大于肩距。两脚以脚掌着地，身体重心始终保持在两腿之间。（图 6-3-44）

（2）后滑步。

【动作要领】由基本姿势开始，左脚脚掌蹬地，右脚稍离地面向后滑行 20～30 厘米，左脚随即后滑一步，两脚保持原来的基本姿势和距离。（图 6-3-45）

（3）左滑步。

【动作要领】由基本姿势开始，右脚蹬地，左脚向左侧擦地横向滑动 20～30 厘米，右脚随即跟上保持原来姿势。（图 6-3-46）

（4）右滑步。

【动作要领】由基本姿势开始，左脚蹬地，右脚向右侧滑动 20～30 厘米，左脚

随即跟进，保持原来的基本姿势。（图6-3-47）

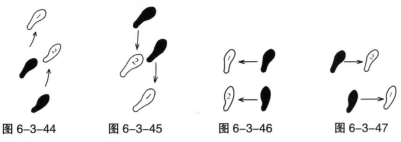

图6-3-44　　　　图6-3-45　　　　图6-3-46　　　　图6-3-47

2. 刺　步

【动作要领】开始左脚脚跟稍微提起，右脚用短而快的弹力向后蹬地，接着左脚向前冲刺急进一步，右脚随即跟进保持原来的距离。这种步法在蹬地时力量要比前滑步大，滑动的距离也比较长，一般为40～50厘米。在滑进时身体重心微向前移，以增加冲击速度。（图6-3-48）

3. 侧　步

侧步分左侧步和右侧步两种，右侧步是向对手右拳方向侧步，左侧步是向对手左拳方向侧步。

（1）右侧步。

【动作要领】当对手打右直拳时，我方右脚先起动向右后方侧转，左脚以脚尖为轴，脚跟向左侧转动40°～60°。我方应站在对手右拳外侧。（图6-3-49）

（2）左侧步。

【动作要领】对手打左直拳时，我方右脚先起动向右侧上一步，左脚以脚尖为轴，原地向右转100°～120°。我方应站在对手左拳外侧位置。（图6-3-50）

图6-3-48　　　　　图6-3-49　　　　　图6-3-50

4. 环绕步

环绕步是以对方为中心，围绕对方移动的一种步法，环绕步有顺时针方向和逆时针方向两种，即左环绕和右环绕。其动作要领类似于侧步法，但不属于侧步法，环绕步动作幅度小，只微微闪躲对方的打击，并且能够反击对方即可。

（1）左环绕。

【动作要领】向左环绕滑动时，右脚蹬地，左脚先向左斜前方滑移，着地后右脚迅速向同一方向跟进，身体重心随着两脚的移动，由原来的位置向斜前方移动，在移动中应保持基本姿势不变。（图6-3-51）

（2）右环绕。

【动作要领】向右环绕滑动时，左脚蹬地，右脚先向右斜前方滑移，着地后左脚迅速向同一方向跟进，身体重心在移动中，身体应保持基本姿势不变。（图6-3-52）

5. 撤　步

【动作要领】前脚用力蹬地，后脚先向后迅速后滑，后脚落地的同时前脚迅速跟上，身体重心随着后滑而向左脚移动成基本姿势。（图 6-3-53）

图 6-3-51　　　　　　图 6-3-52　　　　　　图 6-3-53

（四）基本拳法

基本拳法是学习拳击的根本，练习时必须把每一个动作做得标准、规范，才能在实战当中应用自如。

拳击的基本拳法包括刺拳、直拳、摆拳、勾拳和抛拳等。

1. 刺　拳

【动作要领】前臂由屈到伸，拳头直线击打出去，当肘和臂将要伸直时，前臂内旋至拳背向上，左脚要在出拳的同时配合做前滑步，靠近对方，拳打出去时上体应稍向前倾，并配合顺肩动作，以加大出拳的幅度和力量。（图 6-3-54）

技术应用：击打对方脸部。

双方从实战对立开始，使用前滑步靠近对手，用前手刺拳击打对手脸部。（图 6-3-55）

图 6-3-54　　　　　　图 6-3-55

2. 直　拳

（1）左直拳。

【动作要领】由基本姿势开始，左臂迅速用弹力伸直，同时左肩前送，上体略向右转，以加大出拳的速度和力量。在左臂向前伸直的同时，左拳向内转至拳心向下成一条直线击出，肘关节随即拳心内转向上抬平。在出击的同时，后脚用力蹬地，前脚（左脚）顺势向前滑出，用前脚掌的内侧着地，后脚蹬地后，脚跟提起，后腿略伸直，身体重心移到前脚上。在出拳的同时还要利用腿部、腰部、髋部发力以增加击打力量，使力量通过肩、臂、腕关节和拳峰沿一条直线作用在被击目标上。在出拳过程中应放松臂部和肩部肌肉。在即将击中目标时，拳要突然握紧，使最后阶段更为有力。右手随左拳出击而自然前移，保护下颌和面部。待击中目标后，拳迅速放松由原路收回，恢复原姿势。（图 6-3-56）

【技术应用】① 左直拳击头由基本姿势开始，使用前滑步靠近对手用左直拳击打其头部（图 6-3-57）。② 左直拳击上体由基本姿势开始，前滑步用左直拳击打其胸部（图 6-3-58）。

图 6-3-56　　　　　　　　　图 6-3-57　　　　　　　　　图 6-3-58

（2）右直拳。

【动作要领】由基本姿势开始，以右脚脚掌蹬地开始发力，右腿发出的力量使右侧髋关节前送，带动腰部迅速向前转动，同时右肩前送。右拳以直线向前发出，攻击对方头部。髋部和腰部的扭动以及右肩的前送，能够增加右直拳的力量和攻击距离。（图 6-3-59）

【技术应用】① 右直拳击头由基本实战姿势开始，使用前滑步靠近对手，用右直拳击打其头部（图 6-3-60）。② 右直拳击腹：由基本实战姿势开始，使用前滑步靠近对手，用右直拳击打其腹部（图 6-3-61）。

图 6-3-59　　　　　　　　　图 6-3-60　　　　　　　　　图 6-3-61

3. 摆　拳

（1）左摆拳。

【动作要领】拳由自己的左肩前开始，从左侧向前成弧形路线移动击打目标，上臂与前臂成120°～150°角，臂与肩平，并利用腿部、腰部、胯部发力，重心移至左脚。在出拳过程中，拳及前臂略向内旋，肘部微向上翻，与肩同高。在击中目标的一瞬间，肩、臂肌肉与腕关节突然紧张，并随即放松，恢复成实战预备姿势。击打对方腹部正、侧部位时，上体可略向右倾斜或向左侧跨步，以借助身体腰部的转动力度来加大击打力量。（图 6-3-62）

【技术应用】① 摆拳击头由基本实战姿势开始，使用前滑步靠近对手，用左摆拳击打其头部（图 6-3-63）。② 摆拳击腹由基本实战姿势开始，使用前滑步靠近对手，用左摆拳击打其腹部（图 6-3-64）。

图 6-3-62   图 6-3-63   图 6-3-64

（2）右摆拳。

【动作要领】与左摆拳大致相同，唯腰部、腿部和胯部的发力动作较左摆拳更为明显。右摆拳动作大，速度也较慢，但拳较重。当对手大意或其进攻时疏于防守出现空当时，可用右摆拳给予他出其不意的击打和还击，但一般使用机会较少。击打对方腹部正侧部位时，上体可略向左倾斜或向右侧跨步，以借助身体的移动来加大击打力量。（图 6-3-65）

【技术应用】① 右摆拳击头由基本实战姿势开始，使用前滑步靠近对手，用右摆拳击打其头部（图 6-3-66）。② 右摆拳击腹由基本实战姿势开始，使用前滑步靠近对手，用右摆拳击打其腹部（图 6-3-67）。

图 6-3-65   图 6-3-66   图 6-3-67

4. 勾 拳

（1）平勾拳。

左平勾拳：

【动作要领】从准备姿势开始，先将左肘提起与肩平，肘部约成 80° 角，利用身体腰部、肩部突然转动的力量，上体向右方转动，但不超过 90°，臂部肌肉由放松到突然紧张，之后再迅速放松，打击对方的右侧，这时重心移到右脚上，击打后立即收回还原成实战姿势。击打腹部时要贴近对手，重心降低。（图 6-3-68）

【技术应用】① 左平勾拳击对方头部由基本实战姿势开始，应用前滑步或冲刺步靠近对手，用左平勾拳击打其头部（图 6-3-69）。② 左平勾拳击对方腹部由基本实战姿势开始，应用前滑步或冲刺步靠近对手，用左平勾拳击打其腹部（图 6-3-70）。

图 6-3-68   图 6-3-69   图 6-3-70

右平勾拳：

【动作要领】右平勾拳的技术动作要领同左平勾拳，只是身体腰部向左转，身体重心稍移向左脚。（图6-3-71）

【技术应用】① 右平勾拳击对方头部由基本实战姿势开始，应用前滑步或冲刺步靠近对手，用右平勾拳击打其头部。（图6-3-72）。② 右平勾拳击对方腹部当两人近战时，用右平勾拳击打其腹部（图6-3-73）。

图6-3-71　　　　　　　　图6-3-72　　　　　　　　图6-3-73

（2）上勾拳。

左上勾拳：

【动作要领】身体稍向左侧转，接着迅速拧转上体，左脚脚掌用力蹬地，前臂外旋，左拳随之向下、向前、向上直冲对方腹部或下颌，右拳保持原姿势不变，击打后按原路线收回（图6-3-74）。

【技术应用】① 左上勾拳击头在实战当中，当对手身体前倾时出左上勾拳击打其头部（图6-3-75）。② 当两人近战时，用左上勾拳击打其腹部（图6-3-76）。

图6-3-74　　　　　　　　图6-3-75　　　　　　　　图6-3-76

右上勾拳：

【动作要领】由基本姿势开始，身体右转略屈右腿，沉右肩。拳峰朝上内扣，右拳略下降，迅速屈臂由下向上勾击，同时伸右腿向内碾地以增加击打力量。出拳过程中，上体微向左转，右肩随拳略转向前，同时左拳迅速收回，保护下颌。（图6-3-77）

【技术应用】① 右上勾拳击头在实战当中，当对手身体前倾时，出右上勾拳击打其头部（图6-3-78）。② 右上勾拳击腹当两人近战时，用右上勾拳击打其腹部（图6-3-79）。

【注意事项】注意左拳的防守。

图 6-3-77　　　　　　图 6-3-78　　　　　　图 6-3-79

5. 抛 拳

抛拳是介于直拳和摆拳之间的拳法，击拳的路线是从侧上方向侧下方，拳走轨迹是一个很小的抛物线，其动作快且弧度小，一般在近距离内击打对手。抛拳的发力主要借助于腰部的突然转动将拳击打出去，抛拳击打出去后一般对手很难阻挡，而抛拳又往往能绕过对方手臂阻挡的路线，击打到对方的面部或得分部位。抛拳可分为前手抛拳和后手抛拳两种。

【动作要领】开始出拳时拇指指向自己身体，拳心向着对手，利用前脚（后手抛拳为后脚）蹬地转胯、转腰将拳击打出去。当拳击打到目标的瞬间用拳正面击打，此时拳心向斜下方。拳击打出去后应迅速收回或紧接其他的拳法。

三、女子防身术

女子防身术的基本技术是运用手、脚、四肢和躯干等部位，单独或配合做出一些简单的技术动作。女子防身术包括手法、肘法、腿法、膝法、解脱法和擒拿法等基本技术。

（一）手法和肘法

1. 手 法

（1）直击拳。

【动作方法】预备姿势（左架）站立，左拳直线向前击出，力达拳面，拳心向下；左肩前倾，右腿膝盖内扣，目视左拳。（图 6-3-80）

【学法建议】转腰、催肩、抖臂、爆发用力，拳与前臂成直线。

图 6-3-80

【攻击部位】面部是左直拳攻击的主要目标；左直拳幅度小、灵活性大、速度快，又有引拳、探拳、先锋拳之称，既可直接进攻，又可做各种诱导假动作，以迷惑对手，突破防线，为其他方法的进攻创造条件。

（2）前后撩掌。

【动作方法】预备姿势站立，左拳或右拳变掌，掌心向前下，由屈到伸向前或向后撩击对方，力达手掌。（图 6-3-81）

【学法建议】腰要拧，步要进，速度要快，力点要准。

图 6-3-81

【攻击部位】主要攻击对方裆部。裆部神经丰富，被撩击后会疼痛难忍，有时甚至使对手全身乏力，出现休克。

2. 肘　法

肘法属于近距离击打的技法，利用屈肘时的臂部和突起的肘尖进行进攻和防守。肘不但坚硬，且攻击力大；其招式稳而速，短而险，时短时长，变化莫测。在近身厮斗中，最易发挥出攻击和防守的效用。主要的攻击性肘法有以下几种。

（1）顶肘。

【动作方法】肘部平抬，屈臂，肘尖向前，发力时蹬地、送髋，同时另一手上臂向另一侧用力。顶肘是以肘尖攻击，女性自卫时用以顶击歹徒腋下。（图6-3-82）

【学法建议】蹬腿、送髋、上臂猛伸用力，三者要协调一致。

（2）横肘。

【动作方法】横肘时上臂向前横移，实际上是用旋转身体的力量，以肘尖击打对手，适于攻击对手的太阳穴、后脑、耳门、颈部以及胸肋等。（图6-3-83）

【学法建议】横肘主要是两种力，一是蹬腿，二是旋转身体。

（3）砸肘。

【动作方法】手臂上抬，肘尖朝前上方，砸击时身体迅速下沉，肘由上向下砸击。砸肘多用于当对手抱腰、腿时，砸击其后脑或腰部。（图6-3-84）

【学法建议】砸肘时，身体下沉与手臂砸击力要合二为一。

（4）反手顶肘。

【动作方法】手臂略上抬，身体迅速下沉（但幅度没有砸肘大），同时肘向后顶击，力达肘尖。顶肘主要用于攻击对手肋部、腹部。（图6-3-85）

【学法建议】手臂迅速快抬，身体要下沉，肘尖用力。

（5）反手横肘。

【动作方法】手臂平抬，蹬腿，身体旋转发力，同时手臂随旋转方向横向向后猛击，力达肘尖。反手横肘主要用于攻击对手的面部、太阳穴等。（图6-3-86）

【学法建议】抬臂要平，转体发力，力达肘尖。

图6-3-82　　　　图6-3-83　　　　图6-3-84　　　　图6-3-85　　　　图6-3-86

（二）腿法和膝法

1. 腿　法

腿法，即人体下肢屈伸、摆扣、剪绞等攻击方法。腿可以上踢头胸，中踢腰腹，下踢裆腿，向前、向后、向左、向右也均有不同的攻击方法。

（1）弹踢。

【动作方法】预备姿势站立，支撑腿稍屈，另一腿由屈到伸向前弹击，膝部挺直，脚面绷平，力达足尖或足背，先朝对手面部虚击左右拳，待其招架时，以最快速度弹踢对手，目视对手肩部。（图6-3-87）

【学法建议】弹踢要脆、快、有力，且要迅速回收。

图6-3-87

【攻击部位】主要攻击对手裆部。裆部受击会使对手疼痛难忍，甚至昏厥。

（2）蹬踢。

【动作方法】预备姿势站立，支撑腿稍屈，另一腿由屈到伸，勾足尖向前蹬击，膝部挺直，力达足跟。（图6-3-88）

【学法建议】同弹踢。

图6-3-88

【攻击部位】主要攻击对手小腹及裆部，蹬腿力量很大，击中小腹后，很容易使对手因疼痛而丧失战斗力。

2. 膝 法

膝法是屈胯抬膝进行进攻或防守的方法，具有重要作用。膝部因其生理解剖的特点，而具有起动快、力量大的特征，是近距离攻击的重型"武器"。膝法攻击的部位主要有面部、下颌、背部、裆部等。

（1）前顶膝。

【动作方法】预备姿势站立，一腿微屈支撑，另一腿迅速提膝上抬，力达膝盖处。当对手从正面搂抱时，即可用两手搂住对手脖子回拉下压，同时屈膝上顶。

【学法建议】两手回拉下压与屈膝上顶要协调一致，动作要快，攻击部位要准。

【攻击部位】主要攻击对手腹部、裆部，有时也可顶击对手面部。

（2）横撞膝。

【动作方法】预备姿势站立，一腿微屈，外撇支撑，上体稍转并侧斜倾，另一腿屈膝上抬横撞对手，力达膝盖处。当对手近身平勾拳进攻时，应顺势低头偏身抬膝横撞，力达膝盖处。

【学法建议】屈髋蓄劲，支撑腿要稳固。

【攻击部位】主要攻击对手肋部、腰部。

（三）解脱法和擒拿法

1. 解脱法

当自己的身体某些部位被对手抓住或控制住时，首先想到的应是如何解脱。特别是女子防身时，解脱就显得更为重要。

（1）腕部被抓解脱。

压腕解脱：握拳用力下压对手虎口，即可解脱。（图6-3-89）

上摆解脱：握拳臂内旋屈肘，即可解脱。（图6-3-90）

图6-3-89   图6-3-90

（2）胸襟被抓解脱。

扣腕压肘解脱：一手用力将对手抓握手固定压拧，同时蹬腿转腰，另一臂弯曲撞击对手肘部即可解脱。（图6-3-91）

（3）肩部被抓解脱。

坠肘解脱：右肩被对手左手抓住时，屈肘由上向下坠击对手前臂，即可解脱。
（图6-3-92）

图6-3-91　　　　　　　　　　　　图6-3-92

2. 擒拿法

擒拿法是针对人体各部的关节和穴位，采用各种方法，使对手失去反抗能力的技术。运用擒拿方法，借以巧劲，能达到"四两拨千斤"的良好效果。擒拿术技击性强且复杂，运用的秘诀在于"巧"。熟练地掌握各种方法，有助于在实战中灵活运用，得心应手，充分发挥其攻击力。

（四）防身技术组合

本部分是根据女性的生理特点，结合格斗技术中以柔克刚、击打要害、顺势借力等招式编排和设计的女子防身技术组合动作。

1. 托颌顶裆

【动作方法】当你自然行走或站立，对手在正前方，其手臂由你的腋下穿过抱住你的腰部时。你可以两臂上举，两手托（推）对手下颌；屈抬右腿，用右膝下顶对手裆部，上体自然后仰。（图6-3-93）

【学法建议】当对手两臂（或手）抱住你时，应首先搞清对手的意图，而后两手托对手下颌，顶裆要准、狠。

2. 撞面顶裆

【动作方法】当你自然站立或乘公共汽车，对手在正前方抱住你的两臂及腰部时，上体后仰，然后向前勾头，用前额撞击对手面部；随即屈抬右腿，上体后仰，用右膝上顶对手裆部。（图6-3-94）

【学法建议】在做撞面顶裆动作时，对手将你的两臂或腰部抱住时，在你的两臂（手）不能使用的条件下，应用头先撞对手面部，而后用膝顶裆。动作要连贯、有力。

图6-3-93　　　　　　　　　　　　图6-3-94

3. 顶肋击面

【动作方法】当你自然行走或站立，对手在背后搂抱住你的两臂或胸部时，向前上右步，两臂屈肘上提对手两臂；右手抓住对手左手手腕，同时撤左步，身体左转，用右手击打对手左侧下颌。（图6-3-95）

图 6-3-95

【学法建议】在做顶肋击面动作时，上步、转身要快，抓腕要牢，顶肘要狠，松手要及时，击下颌要有力。动作要快速、协调、连贯、有力。

4. 砸面顶颌

【动作方法】当你自然站立或坐车，对手在正前方用其两臂由你的两臂腋下穿过搂抱住你的腰（胸）部时，左臂屈肘上举，用左拳背砸击对手面部；右臂屈肘平抬，用右肘横击对手左侧下颌。（图 6-3-96）

【学法建议】在做砸面顶颌动作时，出拳要狠，右肘横击动作要连贯、有力。

5. 压腕担肘

【动作方法】当你自然站立或行走，歹徒在前方用右臂下伸，右手摸裆部时，你应立即后撤右脚，左手抓握对手右手手腕；右前臂由对手右臂下穿过向上担（击）对手肘关节同时左手下压对手右手手腕。（图 6-3-97）

图 6-3-96   图 6-3-97

项目四　养生功法

一、五禽戏

五禽戏是东汉名医华佗根据古代导引、吐纳、熊经、鸟伸之术，研究了虎、鹿、熊、猿、鸟五禽的活动特点，并结合人体脏腑、经络和气血的功能，编成的一套具有民族风格特色的导引术。五禽戏寓医理于动作之中，寓保健、康复效益于生动形象的"戏"之中，这是五禽戏区别于其他导引术的显著特征。

根据中医的脏腑学说，五禽配五脏。虎戏主肝，能疏肝理气，舒筋活络；鹿戏主肾，能益气补肾，壮腰健胃；熊戏主脾，能调理脾胃，充实两肢；猿戏主心，能养心补脑，开窍益智；鸟戏主肺，能补肺宽胸，调畅气机。但是，人体是一个有机整体，五脏相辅相成，因此五禽戏中任何一戏的演练，既主治一脏的疾患，又兼顾其他各脏，从而达到祛病强身、延年益寿的目的。

（一）虎 戏

练习虎戏最重要的是要有虎威：神发于目、威生于爪、神威并重、啸声惊人；要有动如雷霆无阻挡、静如泰山不可摇的气势；既要做到刚劲有力，又要做到刚中有柔，从而体现动静相兼、刚柔并济的特点。

1. 虎 窥

（1）两脚并拢直立，两手垂于体侧；眼平视前方。呼吸自然。（图6-4-1）

（2）身体重心移向右腿，左腿向上抬起，左大腿与地面平行；同时两手呈虎爪状沿体侧上举至胸前，掌心向下。配合吸气。

（3）左脚向前跨出一大步，成左弓步；同时两手由上向下落至左膝两侧，稍比肩宽，掌心向下；两眼向前方平视，眼神威猛。配合呼气。（图6-4-2）

（4）身体向右后转动，以腰带臂，同时两手随转体向右后画弧摆动。配合吸气。再向左转体，以腰带臂，两手向体前画弧，身体转正；眼随手动，配合呼气。（图6-4-3）

（5）右脚向右前方迈步，做右式，动作同（1）、（2），唯左右相反。

【要点】要表现出虎的威猛。提膝要高、落步轻灵，两掌下按时意贯虎爪，力达指尖。上体竖直、颈随体转，目光炯炯、虎视眈眈，似猛虎出洞寻食。

2. 虎 扑

（1）接上动。以右脚为轴，向左转体90°，左脚收至右脚内侧，成左丁步；两腿弯曲，两手随转体摆至两脚前，稍比肩宽，掌心向下。（图6-4-4）

（2）上体抬起后仰，两腿由屈变伸，两膝微屈；两手沿体侧向上收至胸前侧，掌心向下。配合吸气。（图6-4-5）

（3）左脚快速向左前方跨出一大步，成左弓步；同时两手向前下猛扑至左膝下两侧，掌心向下；眼视前下方，配合快速呼气，并发出"嗨"声。（图6-4-6）

图6-4-1　　图6-4-2　　　图6-4-3　图6-4-4　　图6-4-5　　　图6-4-6

（4）以左脚为轴，向右转体90°，右脚收到左脚内侧，做右式，动作同（1）至（3），唯左右相反。

【要点】练习虎扑时，动作应轻灵敏捷、先柔后刚。前扑时发声吐气，以声催力，力达指尖。

【作用】练习虎扑时，配以"嗨"发声，能开张肺气、强腰固肾，并能使周身肌肉、筋腱、骨骼强壮。在虎戏的各种步法变换中，可增强关节的灵活性，对防治老年性慢性支气管炎、神经衰弱、腰背痛、骨关节酸痛、颈椎综合征等疾病有一定疗效。

（二）鹿　戏

练习鹿戏时要舒松自然，动作轻捷奔放，不能有丝毫的勉强和拘束；精神要安闲雅静，意想在山坡、草原群鹿行游，自己身为其中一员随群进行各种活动。

1. 鹿　兴

（1）右腿直立，左腿屈膝提起，小腿自然下垂，成右独立式；同时两掌变鹿指，由体侧上举过头，两臂伸直，掌心朝前。配合吸气。（图6-4-7）

（2）左腿向前迈出，挺膝踏实，右脚脚尖点地；两臂屈肘，拇指架于头顶两侧，呈鹿角状；眼向后看。配合呼气。（图6-4-8）

（3）右脚屈膝上提，成左独立式，做右式时动作同（1）、（2），唯左右相反。

【要点】独立要稳，脚趾屈勾抓地。两臂上举，神态舒展昂扬。落步回头眺望，躯干和后腿成一条斜线，颈部尽量后拧。

2. 鹿　盘

（1）接上一动作。上体直立，向左转体，同时左脚由后向前上步至右脚前，前脚掌着地，成左高虚步；两臂由头侧下落，左臂屈肘，上臂靠近身体左侧，前臂约与地面平行，掌心向上，右手举至头顶右上方，两掌掌心斜相对；眼视左手。（图6-4-9）

（2）左脚稍回收，再向前迈一步，脚尖稍外展踏实，屈膝，右脚向前经左脚内侧，摩擦地面而过，脚尖略内扣，如此连续沿一圆圈走八步（即八卦步）；眼始终注视圆心。（图6-4-10）

（3）走完八卦步，以两脚为轴，身体左转约270°后屈膝下蹲，成左歇步；两手中指以及眼神始终对着圆心。（图6-4-11）

图6-4-7　　图6-4-8　　图6-4-9　　图6-4-10　　图6-4-11

（4）身体直立，同时向右转体约270°，成右高虚步，做右式时动作同（1）至（3），唯左右相反。

【要点】八卦步要匀速走在圆弧上，走转时两膝适度弯曲，身体下坐，使力量贯注两腿。脚尖扣摆转换，前进如蹚泥状，全脚掌平落地面，五趾抓地。眼视圆心，心舒体松，神情怡然，呼吸自然。

【作用】鹿戏善运尾间，有助于打通任、督二脉，有强筋骨、固腰肾的作用，对腰背痛、腰肌劳损、阳痿、月经不调、痛经等病症有疗效。鹿兴、鹿盘使身体各关节活利，肌肉得到充分锻炼和牵拉，使肌肉力量增强。鹿盘使脊柱充分拧转，可增进脊柱的灵活性和稳定性，延缓衰老和防治脊柱畸形。

（三）熊　戏

练习熊戏要表现出熊的浑厚、沉稳、性情刚直、勇敢和不怕困难的意志。练习熊戏外观上笨重拖沓，实际内含无穷气力，且在沉稳中又轻灵敏捷。练习熊戏时要松静自然、气沉丹田。

1. 熊　行

（1）左脚向前迈一步，成左弓步；上体稍向前倾，含胸拔背；同时拧腰向右，左肩前靠内旋，松肩、松肘、松髋，由腰部带动向前下摆动至左膝前；右臂稍向前摆动，之后再后摆至右髋后侧，两手呈熊掌状。配合呼气。（图6-4-12）

（2）身体转正，重心后移，拧腰晃膀，带动两臂前后摆动。配合吸气。（图6-4-13）

（3）身体重心前移，成左弓步；左臂摆至体前，右臂摆至右后侧。配合呼气。（图6-4-14）

（4）右脚经左脚内侧向右前方迈一大步，成右弓步，做右式时动作同（1）至（3），唯左右相反。

【要点】上步轻灵，落步沉稳。重心前后移动，连贯均匀；两臂顺势前后摆动，如风吹杨柳；前靠时须用内劲。

2. 熊　攀

（1）接上一动作。左脚向前上步，与肩同宽，成开立步；同时两掌收至体侧，再经体前上举至头上方，掌心向前，呈握物状；抬头，眼向上看。配合缓缓吸气。（图6-4-15）

（2）两臂屈肘，两手慢慢下拉至肩前；同时，身体上引，脚跟慢慢提起。（图6-4-16）

（3）脚跟慢慢落地，上体前屈同时俯身；两手变掌落至两脚前。配合缓缓呼气。（图6-4-17）

图6-4-12　图6-4-13　图6-4-14　图6-4-15　图6-4-16 图6-4-17

（4）上体徐徐抬起，同时两手呈熊掌状经两腿前再上提至腹前。配合吸气。之后两拳变掌下落至体侧，配合呼气。

【要点】两手上攀时，身体尽量伸展；两手下落时，身体尽量前屈，两膝不能弯曲。

【作用】练习熊戏有改善脾胃的运化功能、营养脏腑和增强肌力的作用。熊戏中用腰带动身体的晃动，使全身都得到运动，促进血液循环，活跃全身生理机能，有滑利脊柱和髋关节、增强腰腹肌力量、调理脾胃的功效。熊戏中，下肢动作在各种步法变换之时，对髋、膝、踝三个主要关节起活利作用，有利于疏通经络，改善腿部血液循环，强壮筋骨。

（四）猿　戏

猿生性好动，机智灵敏，善于纵跳，攀枝爬树，不知疲倦，这是由猿性好动的特点所致。练习猿戏，外练肢体运动的轻灵敏捷，内练精神的宁静，方能收到动静兼修的境界。

1. 猿采

（1）左脚向左前方跳一小步，右脚快速跟至左脚内侧，成右丁步；同时左手呈猿勾状收至左腰侧，勾尖向后，右手经体前弧形上举至额前，掌心向下，指尖向右；眼注视右前方，眼神机敏。（图6-4-18）

（2）左脚向左前方跨一步，踏实，上体前倾，右腿向后平举过腰，脚掌心向上；同时，左勾手向右前方平伸屈腕，摆至头前，成摘采式，右手由额前向下画弧摆至身体右后侧，掌变勾手，勾尖向上。（图6-4-19）

（3）左脚蹬地，右脚下落向左后方跳回，右脚收至左脚内侧，成右丁步；同时左臂屈肘，手收至左耳旁，掌心向上，呈托桃状，右臂屈肘，手掌捧托在左肘下。（图6-4-20）

（4）右脚蹬地，左脚向右前方跨一步，左脚快速跟至右脚内侧，成左丁步，做右式时动作同（1）至（3），唯左右相反。

【要点】摘采之前，眼睛先要注视前上方，好似发现树上有桃，摘采收回要快速敏捷。身体前倾摘采，要保持平衡。呼吸自然。

2. 猿摩

（1）接上动。左脚向左前方跳一步，右脚跟至左脚内侧成右丁步，上体稍前倾；同时两手向两侧画弧，收至背后，掌心向外，之后沿腰背部做上下按摩数次；同时做左右转颈、眨眼、叩齿动作。（图6-4-21）

图6-4-18　　　　图6-4-19　　　　图6-4-20　　　　图6-4-21

（2）右脚向右前方跳一步，左脚跟至右脚内侧，成左丁步；同时两手由背后向前画弧再收至背后，同时做左右转颈、眨眼、叩齿动作。动作同（1），唯左右相反。

（3）身体直立，两脚并拢，两臂自然下垂，成站立姿势。

【要点】两手上下摩擦腰脊两侧，以肾俞穴为主，摩擦幅度要大，摩背、叩齿、眨眼、窥视要同时进行。呼吸自然。

【作用】久练猿戏能健神、增强肢体的灵活性，进而达到体健身轻和延缓衰老的作用。猿戏的攀登、跳跃可增强腿部的肌肉力量及各关节的灵活性和柔韧性。猿戏中的平衡动作能增强人的平衡能力。

（五）鸟　戏

鹤是鸟类的代表。鸟戏要表现出鹤的昂然挺拔、亭亭玉立、轻盈安详、悠然自得的神韵。"熊径鸟伸，为寿而已矣"。"鸟伸"这里指的是练鸟戏时要舒缓伸展，用鹤的形象练功，取其轻灵敏捷。

1.鸟　伸

（1）左脚向前一步，身体重心前移，左脚脚跟抬起，脚尖点地；同时右手由体前向上撑起，左手下按，两手呈鸟翅状；眼平视前方。配以吸气。（图6-4-22）

（2）两臂同时向前立抡一周，上体前俯，两腿屈膝，再右手下落摸左脚脚尖，左手后抬；眼视右手。配以呼气。（图6-4-23）

（3）左腿挺膝蹬直，右腿伸直向后抬起，脚掌向上，抬头、挺胸、塌腰；两臂伸直后摆，掌心向上，成燕式平衡；眼视正前方。呼吸自然。（图6-4-24）

图6-4-19　　　　图6-4-20　　　　图6-4-21

（4）右脚落下，上步踏实，左脚脚跟抬起，左手上撑，右手下按，做右式时动作同（1）至（3），唯左右相反。

2.鸟　翔

（1）接上一动作。左腿下落，收至右脚内侧，脚尖点地，两腿稍屈；同时两手由体侧下落，左手在外；眼视两手。配合呼气。（图6-4-25）

（2）右腿伸直，左腿提起，大腿与地面平行，小腿自然下垂；同时，两臂在体侧向上平举；眼视前方。配合吸气。（图6-4-26）

（3）左脚下落踏实，右脚脚跟抬起，脚尖点地；同时两手下落至体前交叉，右手在外；眼视两手。配合呼气。（图6-4-27）

（4）左腿伸直，右腿向上提起；两臂在体侧向上平举；眼视前方。配合吸气。（图6-4-28）

（5）右脚下落踏实，左脚脚跟抬起，脚尖点地；同时两手下落回收至体前交叉，左手在外；眼视两手。配合呼气。（图6-4-29）

图6-4-25　　图6-4-26　　图6-4-27　　图6-4-28　　图6-4-29

（6）右腿伸直，左腿向上提起；同时两手交叉，由体前举至头的前上方，右手在外。配合吸气。（图6-4-30）

（7）左脚下落踏实，右脚脚跟抬起，脚尖点地；同时两手由上向体侧弧形下落，至体前交叉，右手在外；眼视两手。配合呼气。（图6-4-31）

（8）左腿伸直，右腿向上提起；同时两手交叉由体前举至头的前上方，左手在

外。配合深长吸气。（图6-4-32）

（9）右脚落于左脚内侧踏实，屈膝深蹲，上体前俯；同时两手弧形下落触摸脚外。配合深长呼气。（图6-4-33）

图6-4-30　　　　图6-4-31　　　　图6-4-32　　　　图6-4-33

（10）身体直立，两臂自然下垂，成站立姿势；眼平视前方；呼吸自然。

【要点】两臂摆动幅度要大，轻松自如，开合升降与呼吸紧密配合。手脚变化协调一致，同起同落。

【作用】鸟戏要求伸展。伸展运动可以加强呼吸的深度，使肺的功能得到充分发挥，也可以使胃肠、心脏等内脏器官功能加强，从而改善人体全身的生理机能。鸟戏中的步法变换较多，能起到活利关节、增强肌力的作用。

二、八段锦

（一）八段锦简介

八段锦由八节动作组成，因简便易学，深受人们喜爱。古人将其比喻成"锦"（精美的丝织品），意为美而华贵，体现其动作舒展优美。八段锦是中国古代导引术中的一个重要组成部分，是一套针对一定脏腑、病症而设计的练功功法。其中，每一句歌诀都明确提出了动作的要领、作用和目的。功法中伸展、前俯、后仰、摇摆等动作，分别作用于人体的三焦、心肺、脾胃、肾腰等部位和器官，可以防治心火、五劳七伤等各种疾病，并有滑利关节、发达肌肉、增长气力、强壮筋骨、帮助消化和调整神经系统的功能。

八段锦之所以对人体有良好的作用，是因为它的动作对某一脏器起到一定的针对性作用，但是这种作用又是综合性、全身性的，并非"头痛医头、脚痛医脚"。把八段锦各节动作综合起来，可起到调脾胃、理三焦、去心火、固肾腰的作用。

（二）动作说明

预备动作

（1）两脚并步站立；两臂自然垂于体侧；身体中正，目视前方。（图6-4-34）

（2）随着松腰沉髋，身体重心移至右腿；左脚向左侧开步，脚尖朝前，约与肩同宽；目视前方。（图6-4-35）

（3）两臂内旋，两掌分别向两侧摆起，约与髋同高，掌心向后；目视前方。（图6-4-36）

（4）上一动作不停。两腿膝关节稍屈；同时，两臂外旋，向前合抱于腹前呈圆弧形，与脐同高，掌心向内，两掌指间距约 10 厘米；目视前方。（图 6-4-37）

　图 6-4-34　　　　图 6-4-35　　　　图 6-4-36　　　　图 6-4-37

1. 两手托天理三焦

（1）接上式。两臂外旋微下落，两掌五指分开在腹前交叉，掌心向上；目视前方。（图 6-4-38）

（2）上一动作不停。两腿徐缓挺膝伸直；同时，两掌上托至胸前，随之两臂内旋向上托起，掌心向上；抬头，目视两掌。（图 6-4-39）

（3）上一动作不停。两臂继续上托，肘关节伸直；同时，下颌内收，动作略停；目视前方。（图 6-4-40）

（4）身体重心缓缓下降；两腿膝关节微屈；同时，十指慢慢分开，两臂分别向身体两侧下落，两掌捧于腹前，掌心向上；目视前方。（图 6-4-41）

　图 6-4-38　　　　图 6-4-39　　　　图 6-4-40　　　　图 6-4-41

本式托举、下落为一遍，共做六遍。

2. 左右开弓似射雕

（1）接上式。身体重心右移；左脚向左侧开步站立，两腿膝关节自然伸直；同时，两掌向上交叉于胸前，左掌在外，两掌掌心向内；目视前方。（图 6-4-42）

（2）上一动作不停。两腿徐缓屈膝半蹲成马步；同时，右掌屈指成"爪"，向右拉至肩前；左掌成八字掌，左臂内旋，向左侧推出，与肩同高，坐腕，掌心向左，犹如拉弓射箭之势；动作略停；目视左掌方向。（图 6-4-43）

（3）身体重心右移；同时，右手五指伸开成掌，向上、向右画弧，与肩同高，指尖朝上，掌心斜向前；左手手指伸开成掌，掌心斜向后；目视右掌。（图 6-4-44）

（4）上一动作不停。重心继续右移；左脚回收成并步站立；同时，两掌分别由两侧下落，捧于腹前，指尖相对，掌心向上；目视前方。（图 6-4-45）

　图 6-4-42　　　　图 6-4-43　　　　图 6-4-44　　　　图 6-4-45

动作（5）至（8）同动作（1）至（4），只是左右相反。（图6-4-46至图6-4-49）

本式一左一右为一遍，共做三遍。第三遍最后一个动作时，身体重心继续左移；右脚回收成开步站立，与肩同宽，膝关节微屈；同时，两掌分别由两侧下落，捧于腹前，指尖相对，掌心向上；目视前方。（图6-4-50）

图6-4-46　　　图6-4-47　　　图6-4-48　　　图6-4-49　　　图6-4-50

3. 调理脾胃须单举

（1）接上式。两腿徐缓挺膝伸直；同时左掌上托，左臂外旋上穿经面前，随之臂内旋上举至头左上方，肘关节微屈，力达掌根，掌心向上，掌指向右；同时，右掌微上托，随之臂内旋下按至右髋旁，肘关节微屈，力达掌根，掌心向下，掌指向前，动作略停；目视前方。（图6-4-51）

（2）松腰沉髋，身体重心缓缓下降；两腿膝关节微屈；同时，左臂屈肘外旋，左掌经面前落于腹前，掌心向上；右臂外旋，右掌向上捧于腹前，两掌指尖相对，相距约10厘米，掌心向上；目视前方。（图6-4-52）

动作（3）、（4）同动作（1）、（2），只是左右相反。（图6-4-53、图6-4-54）

本式一左一右为一遍，共做三遍。第三遍最后一个动作时，两腿膝关节微屈；同时，右臂屈肘，右掌下按于右髋旁，掌心向下，掌指向前；目视前方。（图6-4-55）

图6-4-51　　　图6-4-52　　　图6-4-53　　　图6-4-54　　　图6-4-55

4. 五劳七伤往后瞧

（1）接上式。两腿徐缓挺膝伸直；同时，两臂伸直，掌心向后，指尖向下，目视前方；然后上一动作不停；两臂充分外旋，掌心向外；头向左后转，动作略停；目视左斜后方。（图6-4-56）

（2）松腰沉髋，身体重心缓缓下降；两腿膝关节微屈；同时，两臂内旋按于髋旁，掌心向下，指尖向前；目视前方。（图6-4-57）

动作（3）同动作（1），只是左右相反。（图6-4-58）

动作（4）同动作（2）。（图6-4-59）

本式一左一右为一遍，共做三遍。第三遍最后一个动作时，两膝关节微屈，同时，两掌捧于腹前，指尖相对，掌心向上，目视前方。（图6-4-60）

　图6-4-56　　　　图6-4-57　　　　图6-4-58　　　　图6-4-59　　图6-4-60

5. 摇头摆尾去心火

（1）接上式。身体重心左移；右脚向右开步站立，两腿膝关节自然伸直；同时，两掌上托与胸同高时，两臂内旋，两掌继续上托至头上方，肘关节微屈，掌心向上，指尖相对；目视前方。（图6-4-61）

（2）上一动作不停。两腿徐缓屈膝半蹲成马步；同时，两臂向两侧下落，两掌扶于膝关节上方，肘关节微屈，小指侧向前；目视前方。（图6-4-62）

（3）身体重心向上稍升起，而后右移；上体先向右倾，随之俯身；目视右脚。（图6-4-63）

（4）上一动作不停。身体重心左移；同时，上体由右向前、向左旋转；目视右脚。（图6-4-64）

（5）身体重心右移，成马步，同时，头向后摇，上体起立，随之下颌微收；目视前方。（图6-4-65）

　图6-4-61　　　图6-4-62　　　图6-4-63　　　图6-4-64　　　图6-4-65

动作（6）至（8）同动作（3）至（5），只是左右相反。（图6-4-66至图6-4-68）

（7）本式一左一右为一遍，共做三遍。做完三遍后，身体重心左移，右脚回收成开步站立，与肩同宽；同时，两掌向外经两侧上举，掌心相对；目视前方。随后松腰沉髋，身体重心缓缓下降。两腿膝关节微屈；同时屈肘，两掌经面前下按腹前，掌心向下，指尖相对；目视前方。（图6-4-69）

　图6-4-66　　　图6-4-67　　　图6-4-68　　　　图6-4-69

6. 两手攀足固肾腰

（1）接上式。两腿挺膝伸直站立；同时，两掌指尖向前，两臂向前、向上举起，肘关节伸直，掌心向前；目视前方。（图6-4-70）

（2）两臂外旋至掌心相对，屈肘，两掌下按于胸前，掌心向下，指尖相对；目视前方。（图6-4-71）

（3）上一动作不停。两臂外旋，两掌掌心向上，随之两掌掌指顺腋下向后插；目视前方。（图6-4-72）

（4）两掌掌心向内沿脊柱两侧向下摩运至臀部；随之上体前俯，两掌继续沿腿后向下摩运，经脚两侧置于脚面；抬头，动作略停；目视前下方。（图6-4-73）

（5）两掌沿地面前伸，随之上体起立，两臂伸直上举，掌心向前；目视前方。（图6-4-74）

本式一上一下为一遍，共做六遍。做完六遍后，松腰沉髋，重心缓缓下降；两腿膝关节微屈；同时，两掌向前下按至腹前，掌心向下，指尖向前；目视前方。（图6-4-75）

图6-4-70　图6-4-71　图6-4-72　图6-4-73　图6-4-74　图6-4-75

7. 攒拳怒目增气力

（1）接上式。身体重心右移，左脚向左开步；两腿徐缓屈膝半蹲成马步；同时，两掌握固，抱于腰侧，拳眼朝上；目视前方。（图6-4-76）

（2）左拳缓慢用力向前冲出，与肩同高，拳眼朝上；瞪目，视左拳冲出方向。（图6-4-77）

（3）左臂内旋，左拳变掌，虎口朝下；目视左掌；左臂外旋，肘关节微屈；同时，左掌向左缠绕，变掌心向上后握固；目视左拳。（图6-4-78）

（4）屈肘，回收左拳至腰侧，拳眼朝上；目视前方。（图6-4-79）

图6-4-76　　图6-4-77　　　　图6-4-78　　　　图6-4-79

动作（5）至（7）同动作（1）至（4），只是左右相反。（图6-4-80至图6-4-83）

本式一左一右为一遍，共做三遍。做完三遍后，身体重心右移，左脚回收成并步站立；同时，两拳变掌，自然垂于体侧；目视前方。（图6-4-84）

图6-4-80　　图6-4-81　　　图6-4-82　　　图6-4-83　图6-4-84

8. 背后七颠百病消

（1）接上式。两脚脚跟提起；头上顶，动作略停；目视前方。（图6-4-85）

（2）两脚脚跟下落，轻震地面；目视前方。（图6-4-86）

（3）本式一起一落为一遍，共做七遍。

收　势

（1）接上式。两臂内旋，向两侧摆起，与髋同高，掌心向后；目视前方。（图6-4-87）

（2）两臂屈肘，两掌相叠置于丹田处（男性左手在内，女性右手在内）；目视前方。（图6-4-88）

（3）两臂自然下落，两掌轻贴于腿外侧；目视前方。（图6-4-89）

图6-4-85　　　图6-4-86　　　图6-4-87　　　图6-4-88　　图6-4-89

三、易筋经

（一）易筋经简介

易筋经是一种内外兼练的医疗保健养生功法，据传为梁武帝时代印度高僧达摩所著。但多数学者认为，《易筋经》的书籍是在明朝天启四年，由紫凝道人集医、释、道流行的养生导引术以及汉代东方朔的洗髓伐毛健身法，并在宋代八段锦的健身理论等基础上创编而成的。另外，清初手抄本尚有海岱游人于大元中统元年所作之序。综合各家观点，我们初步判定《易筋经》在宋元以前在少林寺众僧之中即有流传，自明清以来逐步流向民间，广为人知，在流传的过程中又演变出不同的易筋经流派。

易筋经注重内外兼修，强调动静结合。动者外动以易筋强骨，静者内静以攻心纳意，集内外兼修之长，静中求动（气）、动中求静（意），精练勤思，可达防治疾病、延年益寿的效果。

学练易筋经，除了姿势要正确以外，还必须掌握以下要点。

（1）伸展。练习每式时要尽量伸展，《论语》载："子之宴居，申申如也，夭夭如也。"俗语说："睡不厌屈，觉不厌伸。"这说明人在清醒状态下身心舒展是古人的养生妙法。

（2）缓慢。动作慢是缓解紧张和充分伸展的关键。

（3）柔和。《黄帝内经》中讲："骨正筋柔，气血以流。"练习养生功多以修炼气脉为主，姿势正确、心平气和、肌肉放松是经络通顺、气血畅达的关键。

（4）安静。练功时神态安详安静。静止时固然安静，但内在有无限生机，使气血更好地运动。动时要神态安详、意静心清。

（5）呼吸。初练功时要缓缓地自然呼吸，有一定功夫后，逐渐进入"吐唯细细，纳唯绵绵"的呼吸。

（二）动作说明

1. 拱手环抱

（1）两脚并步直立，身体端正，两臂自然下垂，两膝保持直而滑利不僵的状态，两眼平视前方的固定目标。（图6-4-90）

（2）左脚向左分开，与肩同宽；两臂向前、向上画弧，屈肘内收，两手距胸约20厘米，掌心向里，指尖相对，手对膻中穴。平心静气，神态安详，呼吸自然。（图6-4-91）

【要点】宽胸实腹，气沉丹田，脊背舒展，沉肩垂肘，上虚下实。

【作用】定心涤虑，排除杂念。神态安静和祥，外静而内有无限生机，气血调和，这样可消除内心焦虑，稳定不安情绪，使心平气和，心肾相交，阴阳平衡，精神内守，遍体舒畅。

2. 两臂横担

（1）两手缓缓前伸至两臂伸直，与肩同宽，掌心向上。

（2）两臂向身体两侧分开成侧平举，两臂平直，掌心向上，两手稍高于肩，有向两侧伸展之意。肩关节有意识地向下松沉，舒胸。两眼平视前方，眼神延伸极远；百会虚领上起，躯干有向上伸展之意；松腰，臀部自然向下松垂，两脚有向地心伸展之意。（图6-4-92）

图6-4-90　　图6-4-91　　图6-4-92

【要点】以腰为轴，使其他部位劲力内收，展中寓合，合中寓展。

【作用】舒胸理气，健肺纳气。展臂舒体，矫正腰背畸形，伸肱理气，贯注百脉。此式有助改善心肺功能，对肺气肿、肺源性心脏病及心肌缺血的治疗有一定的辅助作用。

3. 掌托天门

（1）两臂屈肘，两掌心向内、向耳旁合拢。

（2）提踵，同时两手反掌上托，举至头顶前上方，掌心斜向上，两手指尖相对，两臂展直，有向上伸展意。也可轻闭两眼，"仰面观天"，似遥望天之极处。配合吸气。（图6-4-93）

（3）两手向身体两侧下落，掌心逐渐翻转向下，两脚脚跟随之缓缓下落。配合呼气。

【要点】身体和上肢动作舒松，但松而不懈，要有内劲；提踵时，两膝伸直内夹，可以提高动作的稳定性。

【作用】治腰痛和肩臂痛。两臂上举，伸长肢体和脊柱，有调理三焦的作用。通过调理三焦，激发五脏六腑之气，起到防治内脏诸病的作用，对心肺疾病、脾胃虚弱及妇科病等疾病有一定辅助作用。

4. 摘星换斗

（1）重心移向右腿，左脚提起，两手上提至腰侧，配合吸气；上体左转，左脚向左前方跨出，屈膝半蹲，成左弓步；同时，右手向后，掌背附于腰后命门穴处，左手向左前方伸出，高与头平，掌心向上，意念延及天边；眼视左手。配合呼气。（图6-4-94）

（2）重心后移，上体右转，右脚屈膝，左腿伸直，脚尖上翘；同时，左手随转体向右平摆；眼随左手。配合吸气。（图6-4-95）

（3）上体左转，左脚稍收回，脚尖着地，成左虚步；同时，左手随体右摆，变勾手举于头前上方，屈肘拧臂，勾尖对眉中呈摘星状；眼视勾手并延伸极远。配合呼气。（图6-4-96）

图6-4-93　　　　　图6-4-94　　　　　图6-4-95　　　　　图6-4-96

（4）左脚收回，右脚向右前方伸出，成右弓步；左勾手变掌下落至背后，右手向右前上方伸出，做右式，动作同（1）至（3），只是左右相反。

（5）两手下落于体侧，右脚收回，并步直立。

【要点】整个动作变化，均应用腰来带动，体现协调柔和；屈臂勾手内旋，应做到尽力。意念上，手的摆动好似空中摘星揽月，最后神归天日。

【作用】此式主要作用于中焦，肢体伸展宜柔宜缓，上体转动幅度要大，交替牵拉，使肝、胆、脾、胃等脏器受到柔和的自我按摩，促进胃肠蠕动，增强消化功能，故有调理脾胃、治疗胃脘胀痛及排浊留清的作用，并通过肢体运动，辅助治疗颈、肩、腰诸关节的疼痛，提高下肢肌肉力量。

5. 倒拽九牛尾

（1）左脚向左横跨一步，相距约三脚宽；两臂由体侧上举至头两侧，两臂伸直，两掌掌心相对，指尖向上。配合吸气。（图6-4-97）

（2）两腿屈膝下蹲，成马步；两掌变拳，由头上向体前下落至两腿之间，两臂伸直，拳背相对。配合呼气。（图6-4-98）

（3）两拳由下向上提至胸前，拳心向下，配合吸气。再由胸前向两侧撑开，两拳逐渐变掌，坐腕、展指，掌心向两侧，指尖向上，两臂撑直，有向两侧推撑之意。配合呼气。（图6-4-99）

（4）身体重心移向右腿，左脚脚尖外展90°，之后身体重心再向左腿移动，成左弓步；同时两掌逐渐变拳，左手向下、向腹前、再向上画弧摆至脸前，拳心对脸，上臂与前臂成直角，右手经头部右侧向上、向前、再向身体右侧后摆动，拳心向后，右臂内旋充分后摆；眼看左拳。两拳有前拉后拽之意。配合自然呼吸。（图6-4-100）

（5）上体前俯至胸部靠近大腿，弓步姿势不变，左拳与脸的距离不变，右拳与身体的距离不变。同时配以呼气。（图6-4-101）

（6）上体后仰，左拳与脸的距离不变，右拳与身体的距离不变，眼看左拳，配以吸气。（图6-4-102）

图6-4-97　图6-4-98　　图6-4-99　图6-4-100　图6-4-101　图6-4-102

（7）上体伸直右转，再做右式，同动作（1）至（6），只是左右相反。

（8）重心移向左腿，右脚内扣，左脚收回，并步直立；两臂由侧平举下落至体侧，成直立式。

【要点】成弓步做上体前俯后仰，力注前臂。前俯时，意念拳握九牛尾，由身后向前倒拽；后仰时，意念拳握马缰，拉动八匹马，以体现内劲用意。

【作用】此式通过用意念引导牵拉动作的模仿，可增进两膀气力，防治肩、背、腰、腿酸痛。两眼观拳，注精凝神，可以改善眼部的血液循环。

6. 出爪亮翅

（1）两掌变拳，上提至胸两侧，拳心向上。配合吸气。（图6-4-103）

（2）提踵，同时两拳变掌缓缓向前推出，随前推掌心逐渐翻转向下，至终点时，坐腕、展指、掌心向前，两手高与肩平，同肩宽，两臂伸直；眼平视指端，眼神延伸极远。同时配合深长呼气。（图6-4-104）

（3）落踵，两臂外旋握拳收回至胸前，再下落于体侧，成直立式。

【要点】推掌亮翅时，脚趾拄地，力由下而上，并腿伸膝，两肋用力，力达指端，同时鼻息要调匀，咬牙怒目，内外相合。

【作用】此式主要运动四肢，可疏泄肝气，舒畅气机；能培养肾气，增强肺气，有利于气血运行，有增强全身筋骨和肌肉的作用，可灵活肩、肘、腕、指诸等节。

7. 九鬼拔马刀

（1）左脚向左横跨一步，两脚平行开立，与肩同宽；两手向腹前交叉，左手在前，由体前上举至头前上方，两臂伸直。配合吸气。（图6-4-105）

（2）两手由头上，向身体两侧下落至体侧。配合呼气。

（3）左手由体侧向前上举至头上，之后左臂屈肘，左手落至头后食指点按风池穴，右手背至腰后，掌背向内，附于命门穴。配合吸气。（图6-4-106）

（4）身体充分向右拧转，眼向后看。身体转正，之后再充分向左拧转，眼向后看（图6-4-107）。同时配合缓缓的深长呼吸。

（5）身体转正（图6-4-108），两臂成侧平举再下落至体侧，两手在腹前交叉，再做右式，同动作（1）至（5），只是左右相反。

图6-4-103　　图6-4-104　　图6-4-105　　　图6-4-106　　　图6-4-107　　　　图6-4-108

（6）身体转正，之后两臂成侧平举，再下落至体侧，左脚收回，成直立式。

【要点】上体左右拧转，保持中轴正直，两臂前举后收要充分。

【作用】此式主要锻炼腰、腹、胸、背等部位肌肉，并通过对脊柱诸关节的拧转，增强脊柱及肋骨各关节的活动范围，促进胸壁的柔软性及弹性，对防治老年性肺气肿有很好的辅助效果。头颈部的拧转运动，能加强颈部肌肉的伸缩能力，改善头部的血液循环，有助于缓解中枢神经系统的疲劳，对防治颈椎病、高血压和增强眼肌有一定辅助效果。全身极力拧转能改善静脉血的回流。

8. 三盘落地

（1）左脚向左横跨一步，两脚平行开立，相距约三脚宽；两臂由身体两侧向体前上举，两臂伸直，与肩同高同宽，掌心向上。配合吸气。（图6-4-109）

（2）两手掌心翻转向下，下落至两膝外侧，两手拇指朝里相对；同时屈膝下蹲，成马步。配合呼气。（图6-4-110）

（3）两腿缓缓伸直；同时两手掌心翻转向上托起至两肩前侧，两臂夹角约成90°。配合吸气。（图6-4-111）

（4）两腿屈膝深蹲；同时两手掌心翻转向下按至两大腿外侧，指尖指向左右两侧。配合呼气。（图6-4-112）

（5）两腿缓缓伸直；同时两手掌心翻转上托至两肩侧（两臂呈一字形）。配合吸气。（图6-4-113）

（6）两腿屈膝下蹲，成马步；同时两掌心翻转向下落至两膝外侧，两手拇指朝里相对。配合呼气。（图6-4-114）

图6-4-109　图6-4-110　图6-4-111　图6-4-112　图6-4-113　图6-4-114

【要点】两手向上，如托千斤；两手下落，如按水中浮球，意贯内力。

【作用】此式活动肩、膝等关节，配合深蹲练习，能增强腿部力量，对蹲起机能的维持有良好效果，促进大腿和腹腔静脉血的回流，特别是对盆腔的淤血消除有较好的作用。

9. 青龙探爪

（1）两腿缓缓伸直；同时两掌变拳收至腰前侧，拳面抵住章门穴，拳心向上，右拳变掌举至头上，掌心向左，右臂靠近头部。配合吸气。（图6-4-115）

（2）向左侧弯腰，右腰充分伸展，面部向前，右臂靠近头部，充分伸直，右手掌心向下。配合呼气。（图6-4-116）

（3）向左转体至面部向下，上体充分向左前俯，右手充分向左探伸，眼看右手。配合吸气。

（4）屈膝下蹲，两大腿与地面平行，同时身体逐渐转正，右臂随转体由身体左侧经两小腿前画弧至右腿外侧，掌心向上。配合呼气。（图6-4-117）

（5）两腿缓缓伸直，再做右式，同动作（1）至（4），只是左右相反。

（6）两腿缓缓伸直，同时两手收至腰间握拳；左脚收回，并步直立。（图6-4-118）

图6-4-115　图6-4-116　图6-4-117 图6-4-118

【要点】手臂充分侧伸，上体由侧屈转为向前，由吸气转为呼气协调配合，以气

带动，方能使动作连贯圆活。

【作用】此式对腰、腿软组织劳损，转腰不便，脊柱侧弯，腿及肩臂酸痛、麻木及屈伸不利有辅助治疗作用。通过侧弯腰及拧腰前探对肋间肌进行拉伸，胸廓相对增大，使肺通气量加大，肺泡张力增强，从而可对老年性肺气肿的治疗起到辅助作用。通过对章门穴的按压，可达到协调五脏气机、调理脾胃的作用。

10. 卧虎扑食

（1）向左转体 90°，左脚向左迈出一大步，成左弓步；两手由腰侧做向前扑伸动作，手高与肩平，同肩宽，掌心向前，坐腕，两手呈虎爪状。配合呼气。（图 6-4-119）

（2）上体前俯至胸部贴大腿，两手掌心向下贴地，继续呼气。之后，抬头眼看前方，瞪眼。配合吸气。（图 6-4-120）

（3）上体抬起，直立，身体重心充分向右腿移动，右腿屈膝，左腿蹬直；同时两手沿左腿两侧，经腰侧，提至胸前，两手呈虎爪状。同时配以深吸气。（图 6-4-121）

（4）右腿蹬地，身体重心前移，成左弓步；同时两手向前做扑伸动作，两臂伸直，两手呈虎爪状。配合深呼气，也可发声，以声催力。（图 6-4-122）

图 6-4-119　　　　图 6-4-120　　　　图 6-4-121　　　　图 6-4-122

（5）两臂外旋，掌心向上，握拳收至腰侧；身体重心移至左腿，右脚收至左脚内侧，再向右转体 180°，右脚向右迈出一大步，成右弓步，做右式时同动作（1）至（4），只是左右相反。

（6）两臂外旋，两手掌心翻转向上，两掌变拳，收至腰两侧。身体转正，左脚收至右脚内侧，两脚并拢，同时两手下落，两臂自然下垂于体侧，成直立式。

【要点】向前扑伸，注意发力顺序，起于根，顺于中，达于梢，腿腰臂三节贯通，力达虎爪。

【作用】此式神威并重，势不可挡，有强腰壮肾、健骨生髓之效。

11. 打躬势

（1）左脚向左横跨一步，两脚平行开立，屈膝下蹲，成马步；同时两臂由体侧上举至头上，两手掌心相对，之后两掌下落，屈肘抱于脑后，掌心紧按两耳，两肘向两侧打开与身体在一平面上。（图 6-4-123）

（2）上体前俯，胸贴近大腿，低头，两腿由屈变伸，充分伸直；两肘内合，两手以食指、中指、无名指交替在脑后轻弹数次，做"鸣天鼓"。配合自然呼吸。（图 6-4-124）

（3）身体直立，两腿屈蹲，成马步；两手抱于脑后。

【要点】上体正直时，两肘打开；上体前俯时，两肘用力夹抱后脑，咬牙，舌抵上腭，鼻息调匀。

图 6-4-123　　　图 6-4-124

【作用】此式躬身轻击头的后脑部，可促使血液充分流注于脑，改善脑部血液循环，有醒脑、明目、美颜的效果，并能缓解脊背紧张，使其柔韧有力。

12. 掉尾势

（1）接上式。两腿缓缓伸直，同时两手向头上撑起，掌心向上，指尖相对，两臂充分伸直，靠近头部。配合吸气。（图6-4-125）

（2）上体左转90°，再前俯，两膝伸直，两手靠近左脚外侧，两手掌心贴地，两手指尖相对。配合呼气，再抬头。（图6-4-126）

（3）上体直立，身体转正。配合吸气。上体右转90°，再前俯，两膝伸直，两手靠近右脚外侧，两手掌心贴地，两手指尖相对。配合呼气，再抬头。（图6-4-127）

图6-4-125　　　　　图6-4-126　　　　　图6-4-127

（4）上体直立，身体转正，两手仍在头上撑起，掌心向上，指尖相对，两臂充分伸直靠近头部。配合吸气。（图6-4-128）

（5）上体后仰，约与地面平行，同时两手由头上向肩两侧分开，掌心向上，指尖向两侧。继续吸气。（图6-4-129）

（6）上体前俯，两臂由体侧向前摆至两肩前，两手掌心向上，两臂充分伸直，抬头，眼向前看。之后身体前俯，两手内旋，掌心向下，指尖相对，下按至两脚内侧，两手贴地，胸部靠近大腿。配合呼气。（图6-4-130）

（7）上体直立，同时两臂前平举，两手掌心翻转向上，配合吸气。（图6-4-131）之后两手掌心翻转向下，俯掌下按收至身体两侧；左脚收至右脚内侧，两脚并拢，成直立式。配合呼气。

图6-4-128　　　　　图6-4-129　　　　　图6-4-130　　　图6-4-131

【要点】上体向左、向右、向前、向后四个方位俯仰运动，两膝必须伸直，充分伸展，拔长相关肌群和韧带，运动幅度因人而异，由小至大，循序渐进。

【作用】此式抻筋拔骨、转骨拧筋、扭转脊柱及全身各个关节，充分活动全身及最大限度地活动脊柱，对脊柱及脊柱周围的神经丛有良好的刺激作用。长期锻炼，有一定的抗衰老作用，故有"动诸关节，以求难老"之说。

模块七

武道俱乐部指导

》》本章导言

跆拳道是现代奥运会的正式比赛项目，是一项使用手脚进行格斗和对抗的运动。空手道是日本传统格斗术结合武术唐手而形成的。巴西柔术是一种专攻降伏，以擒技见长，综合格斗竞技与系统自卫于一身的武术。通过对武道的学习和训练不仅可以使人们掌握最基本的运动技术技能，还可以学习和了解武道礼仪，培养武道精神。

》》学习目标

1. 了解跆拳道基本姿势和步法。
2. 掌握空手道的基本技术。
3. 了解巴西柔术的技术方法。

跆拳道运动

项目一 跆拳道

一、跆拳道的基本技术

（一）标准实战姿势

1. 动作规格

图 7-1-1

两脚前后开立与肩同宽，前脚脚尖45° 斜向右前方，后脚脚跟抬起，膝关节微弯曲，重心在两脚之间。上身自然直立，45° 斜向右前方，两手握拳，拳心相对两臂弯曲置于胸前，头部直立向前，目视正前方。左脚在前称为左势，右脚在前称为右势。（图7-1-1）

2. 动作要领

身体自然，肌肉放松，膝关节松而不懈，富有弹性，心无杂念，以无意为有意。

3. 易犯错误

全身紧张，肌肉僵硬，重心偏前或偏后均不利于起动，膝关节不弯曲，缺乏弹性。

（二）跆拳道的拳法和步型

1. 跆拳道的拳法

拳是跆拳道主要的攻击和防守工具，拳法在竞技跆拳道中主要有正拳（直拳），在品势中则有正拳、里拳、铁锤拳、平拳、指节拳等。

（1）正拳：正拳在跆拳道中是最基本的拳式。顾名思义，就是用拳头的正面击打对方。在实战技击中，根据实际情况可变化为直拳、横拳、勾拳等拳法。其着力点是食指和中指之间。伸开手掌，四指并拢握紧，把拇指压在食指和中指的第二指节上。拳握紧，拳面平，直腕。（图7-1-2）

（2）里拳：先握正拳，然后使用食指和中指关节根部的突出部位为击打的着力点。一般用于勾拳。（图7-1-3）

（3）铁锤拳：先握正拳，然后使用拳轮（即小指侧及掌缘的肌肉部位）为击打的着力点，在实战技击时，一般从外向里或从上向下劈击较为有效。（图7-1-4）

（4）平拳：平拳主要使用中指的第二关节部位作为攻击的主要着力点。将食指与无名指作为攻击的辅助着力点。（图7-1-5）

（5）指节拳：指节拳主要使用正拳中凸出的中指或食指为攻击的着力点，分为中指拳（图7-1-6）和食指拳（图7-1-7）等。

图7-1-2　　　　图7-1-3　　图7-1-4　　图7-1-5　　　图7-1-6　　　　图7-1-7

2.跆拳道的步型

跆拳道的步型是指在跆拳道的练习和实战过程中，站立的位置、姿势和脚步形状。基本步型有多种，每一种站法都跟后面的步法动作有着直接的联系，是练习跆拳道必要的和最基本的姿势。练习者一定要按规格要求练习每一种步型。

（1）并步：两脚并拢，身体直立，两脚内侧贴紧并拢。（图7-1-8）

（2）开立步：亦称自然站立。两脚左右开立与肩同宽，两脚脚尖微外展，两臂自然下垂于体侧，两手轻握拳，身态自然。（图7-1-9）

（3）准备姿势：两脚分开与肩同宽，两脚脚尖微外展，两手握拳抱于腹前，拳面相对，拳心向内。（图7-1-10）

（4）马步：亦称骑马式站立。两脚左右开立大于肩宽，两脚平行，挺胸立腰，上体正直；屈膝下蹲，重心在两脚之间。（图7-1-11）

（5）侧马步：亦称半月立。由马步站法为基础，上体向侧（左或右）转，屈膝略内扣，身体重心偏重于前脚。（图7-1-12）

图7-1-8　　　图7-1-9　　　图7-1-10　　　图7-1-11　　　图7-1-12

（6）弓步：亦称前屈立步，两脚前后开立，相距约一步半；前腿屈膝，后腿伸直，后脚前后开立与前脚的延长线成30°；前腿膝关节和脚面垂直，重心偏于前脚。（图7-1-13）

（7）前行步：亦称高前屈立。两脚前后开立，姿态和平时向前走路时相似，步幅不大，重心偏于前脚。（图7-1-14）

（8）三七步：亦称后屈立。两脚前后相距一步，后脚脚尖外展90°，后膝弯曲，前膝微屈，脚尖朝前。（图7-1-15）

（9）虚步：亦称猫足立。身体姿势和三七步相似，只是前脚的脚尖点地，脚跟提起，两膝关节微内扣，重心落于后脚。（图7-1-16）

（10）独立步：亦称鹤立步。一腿直膝站立，脚尖外展90°；另一腿屈膝上提，脚贴于支撑腿内侧或膝窝处。（图7-1-17）

（11）交叉步：亦称交叉立。分两种形式，一种是一脚向另一脚的后面插步，脚掌着地，两腿膝关节交叉叫后叉步；一种是一脚向另一脚前面插步，脚掌着地，两腿膝关节做前交叉步。（图7-1-18）

图 7-1-13　图 7-1-14　图 7-1-15　图 7-1-16　图 7-1-17　图 7-1-18

（三）跆拳道的基本步法

跆拳道是一种以腿法为主的武技。实战中，步法的灵活运用对充分发挥腿的威力，取得实战的胜利具有极其重要的意义。脚法使用时多以后腿进攻为主。因此，跆拳道的步法具有鲜明的特点，即重心落在两脚之间或偏于前腿，而且身体姿势大都以侧向站立，以便保护身体和正中的要害部位，使后腿通过拧腰转髋发力，增加击打的力量和速度。

跆拳道的步法在实战中具有极其重要的意义。首先，步法是连接技术动作的关键环节。跆拳道实战中，不论是进攻、防守，还是防守反击动作，绝大多数是在运动中完成的，因此需要灵活、快速、敏捷、多变的步法连接技术，以保证后面技术动作的完成和发挥，否则就会处于被动挨打的境地。其次，通过灵活多变的步法移动，使对方的进攻或防守落空，同时自己抢占有利的攻击或防守位置，为反击创造条件。第三，灵活多变的步法可以保持身体姿势的平衡，因为身体只有在相对平衡的状态下，才能更有力、更有效地攻击对方，达到攻击目的。第四，灵活机智地运用多种步法，可以给对方心理造成压力，使对方产生无所适从的感觉，为战胜对方创造条件。

实战中常用的基本步法包括以下几种。

1. 前进步

由标准实战姿势开始，两脚成斜马步，两手握拳置于胸前。前进时后脚蹬地向前迈步，身体侧转成另一侧斜马步，可连续进行，这是前进步的一种——上步，注意拧腰转髋。前进时，后脚蹬地，前脚向前滑行称为前滑步；后蹬地，前脚向前跳跃称为前跃步。前滑步和前跃步都属于前进步，是主动进攻时采用的步法。也可用于假动作，配合手臂的动作进行，便于快速接近对方。（图 7-1-19）

2. 后退步

由标准实战姿势开始，前脚掌用力蹬地，后脚先退后一步，前脚随即后退，两脚以及身体仍保持原来姿势。若前脚掌蹬地后，后脚沿地向后滑行一步，前脚随即同样向后滑行一步，两脚以及身体仍保持原来姿势，称为后滑步。这种步法可以拉开与对手的距离，避开对方的进攻，准备做反击动作。（图 7-1-20）

3. 后撤步

由标准实战姿势开始，以后脚的前脚掌为轴，前脚抬起向后经后脚内侧向后撤一步，形成和原来相反的实战姿势。后撤步可根据实战需要左右变化，调整与对方的相对距离，准备进行攻击或反击。

4. 侧移步

由标准实战姿势开始，两脚前脚掌同时向左右侧蹬地，向左右侧移动，离开原来的位置。向左移称为左移步，向右移称为右移步。侧移步的作用是避开对方有力的攻击，移动到对方的侧面，准备进行反击。（图 7-1-21）

| 图 7-1-19 | 图 7-1-20 | 图 7-1-21 |

5. 跳换步

由标准实战姿势开始，两脚同时蹬地使身体腾空，空中两脚前后交换，同时转体。落地时身体姿势成另一侧的准备姿势。跳换步的腾空不宜高，略离地面即可。换步时要拧腰转髋，迅速敏捷。其目的是干扰对方的攻防思路，选择适宜自己进攻的方位和转换自己身体的得分部位使对方不能得分。同时争取反击的空间和时间，尽快转入进攻状态。

6. 弧形步

由标准实战姿势开始，前脚的前脚掌原地蹍地面，后脚同时向左（右）蹬地后右（左）跨移一脚，成为和原来准备姿势不同方向的准备姿势。向左跨称为左弧形步（或左环绕步），向右跨步称为右弧形步（或右环绕步）。

7. 前（后）垫步

由标准实战姿势开始，后（前）脚向前（后）脚并拢的同时，前（后）脚蹬地向前（后）迈（退）步，仍成原来的实战姿势。垫步动作的要点是后（前）脚向前（后）要迅速，不等后（前）脚落定，前（后）脚就要蹬地前（后）移动，前（后）脚移动的垫步动作要迅速、轻捷、连贯，要快速接近或远离对方。后面的连接动作，无论是进攻还是防守，都要连续迅速，可在垫步过程中做动作，不给对方任何机会。

8. 前冲步

由实战姿势开始，后脚向前迈进一步，身体姿势同时转正，随即前脚向前冲一步仍成实战姿势，可连续冲几步成实战姿势。

前冲步的动作要点是两腿动作要连贯快速，类似加速冲刺。步幅小、频率要快，灵活多变，是主动追击对方的有效步法。连续动作要轻捷快速，给对方造成慌乱，亦可采用向后退的类似方法避守。

二、跆拳道的腿法

跆拳道的基本腿法有九种：前踢、横踢、后踢、下劈、推踢、勾踢、双飞踢、后旋踢和侧摆踢。下面重点介绍前八种腿法。

（一）前　踢

1. 动作规格

以左势实战姿势开始，右脚向后蹬地，身体重心前移至左脚；右脚蹬地顺势屈膝提起，左脚以前脚掌为轴外旋90°；同时，右腿迅速以膝关节为轴伸膝、送髋、顶髋，把小腿快速向前踢出，力达脚尖或前脚掌。踢击目标后，右腿迅速放松弹回，落

回原地仍成左势实战姿势。（图7-1-22）

图7-1-22

2. 动作要领

膝关节上提时大小腿折叠，膝关节夹紧，小腿和踝关节放松，有弹性；踢击时顺势往前送髋；高踢时往上送髋。

进攻的部位主要有头部、胸部。

3. 易犯错误

直腿上撩，大小腿没有折叠，膝关节不夹紧；上体后仰过大，失去平衡；踢击目标时向前用力，与推踢动作混淆。

（二）横 踢

1. 动作规格

右脚蹬地，重心移到左脚，右脚屈膝上提，两拳置之于胸前；左脚前脚掌蹍地内旋，髋关节左转，左膝内扣；随即左脚掌继续内旋180°，右脚膝关节向前抬至水平状态；小腿快速向左前横踢出；击打目标后迅速放松收回小腿。右脚落回成实战姿势。（图7-1-23）

2. 动作要领

膝关节夹紧，向前提膝，尽量走直线；支撑脚外旋180°；髋关节往前顺，身体与大小腿成直线，注意击打的力点在正脚背；踝关节放松，击打的感觉是"鞭梢"。横踢攻击的主要部位有头部、腹部和肋部。

3. 易犯错误

膝关节不夹紧，大小腿折叠不够；外摆的弧形太大；上身太直、太往前，重心往下落；踝关节不放松，脚内侧击打（应为正脚背）。

图7-1-23

（三）后 踢

1. 动作规格

左脚脚掌为轴内旋约90°，上身旋转，重心移到右脚，屈膝收腿直线踢出，重

心前移落下。（图 7-1-24）

图 7-1-24

2. 动作要领

① 起腿后上身与小腿折叠成一团；② 动作用力延伸；③ 转身、提膝、出腿一次性完成，不能停顿；④ 击打目标在正前方稍偏右。

3. 易犯错误

① 上身、大小腿不折叠，直腿往上撩；② 转身、踢腿有停顿，不连贯；③ 击打成弧线，旋转发力；④ 肩、上身跟着旋转，容易被反击。

（四）下　劈

1. 动作规格

由实战姿势开始，左脚蹬地，重心移至右脚。同时，左腿以髋关节为轴屈膝上提，两手握拳置于胸前；随即充分送髋，上提膝关节至胸部，左小腿以膝关节为轴向上伸直，将左腿直举于体前，左脚过头。然后放松向下以左脚后跟（或脚掌）为力点劈击，一直到落地，成实战姿势。（图 7-1-25）

图 7-1-25

2. 动作要领

腿尽量往高、往头后举，要向上送髋；脚放松往前落，落地要有控制；起腿要快速、果断；踝关节要放松。劈腿的主要攻击部位有头部、颈部、脸部和锁骨。

3. 易犯错误

起腿不够高，不够充分；踝关节紧张，往下压太用力；重心控制不好，腿控制不好，落地太重；上身后仰太多，应随重心一起前移，保持直立。

（五）推　踢

1. 动作规格

实战姿势开始。右脚蹬地，重心前移，右脚以髋关节为轴提膝前蹬，用右脚脚掌向前蹬推，力点在脚掌，推力向正前方。（图 7-1-26）

图 7-1-26

2. 动作要领

提膝后尽量收紧膝关节；利用身体的重量使重心往前移；推的时候腿往前伸展、送髋；推的路线水平往前。

3. 易犯错误

收腿不紧，直腿起，容易被阻截；上身太直重心往下落，腿不能水平前推；上身过于后仰，重心不能前移，不利于衔接下一个技术。

（六）勾 踢

1. 动作规格

从左势实战姿势开始，右脚向后蹬地，身体重心前移至左脚，左脚支撑，右腿屈膝提起；左脚以前脚掌为轴，脚跟向内旋转约 180°；右腿膝关节内扣，右腿向左前方伸出，伸直后用脚掌向右侧用力屈膝鞭打，然后右腿顺势放松屈膝回收，落回原地成实战姿势。

2. 动作要领

起腿后右腿屈膝抬过水平，然后内扣；右脚要随转体尽量向左前伸展；右脚脚掌向右鞭打时要屈膝扣小腿；鞭打后顺势放松，进攻部位是头部、面部和胸部。

3. 易犯错误

提膝后直接向前方伸直右腿，没有做膝内扣动作，因而影响动作完成；鞭打后不放松，落地姿势改变。

（七）双飞踢

1. 动作规格

双方从闭势实战姿势开始，我方先用右横踢攻击对方左肋部，同时，左脚蹬地起跳，身体腾空右转，腾空高度在膝关节以上，但不宜过高；左脚起跳后在空中用左横踢迅速踢击对方胸部或腹部；左右脚交换，右脚落地支撑，左脚横踢目标后迅速前落，成左势实战姿势。（图 7-1-27）

图 7-1-27

2. 动作要领

右腿横踢目标的同时，左脚蹬地跳；左脚起跳后迅速随身体右转横踢目标；两腿在空中交换，右脚先落地；进攻部位是肋部、胸部和头部。

3. 易犯错误

右横踢和左脚起跳时机不对，或早或晚，应该先利用踢击沙袋练习右横踢同时左脚起跳的动作，熟练后再起左腿横踢；右横踢和左横踢之间间隔过长；可利用原地右横踢起跳左横踢空击练习，提高出腿和起跳的速度。

（八）后旋踢

1. 动作规格

实战姿势开始，两脚以脚掌为轴均内旋 180°，身体右转 90°，两拳置于胸前。上体右转，与两腿拧成一定角度。右脚蹬地将蹬地的力量与上体拧转的力量合

在一起，右腿向后上方以髋关节为轴直腿摆起，右腿继续向右后旋摆鞭打，同时上体向右转，带动右腿弧形摆至身体右侧，右腿屈膝回收；右脚落至右后成实战姿势。（图 7-1-28）

图 7-1-28

2. 动作要领

转身、旋转、踢腿连贯进行，一气呵成，中间没有停顿；击打点应在正前方，呈水平弧线；屈膝起腿的旋转速度要快；重心在原地，身体旋转 360°。后旋腿攻击的主要部位有前额、胸部。

3. 易犯错误

转身、踢腿中有停顿，二次发力；起腿太早，最高点不在正前方；上身往前、往侧、往下，动作不平衡。

三、跆拳道的防守

跆拳道的主要防守方法有三种：一是利用闪躲、贴近等方法，通过脚步的移动，使对方的进攻落空；二是利用手臂的格挡阻截对方的进攻；三是以攻对攻，用进攻的方法阻止对方的进攻。

（一）利用闪躲、贴近等方法进行防守

闪躲就是当对方进攻时通过脚步的移动，向左右两侧或向后闪躲，从而使对方的进攻落空。而贴近就是当对方进攻时快速上步与对方靠贴在一起，使对方由于距离过近而无法发挥进攻的威力。如当对方使用后腿下压技术进攻我方时，我方向左侧或右侧移动身体，避开对方的下压进攻；再如当对方前旋踢进攻时，我方可快速后撤一步或是立即上前一步贴近对方，使其不能用规则允许的踝关节以下的部位击打得分。

（二）利用格挡的方法进行防守

按照防守方向来划分，格挡的方法基本上有向上、向（左右）斜下、向（左右）斜上防守三种。一般来说，运动员采用格挡的方法是出于以下的原因：一是对方进攻速度较快，我方来不及使用闪躲、贴近等方法时，下意识地用格挡进行防守；二是已预测到对方使用的技术，使用针对性的格挡是为了迅速做出反击动作，使格挡成为转化攻防的连接技术，为比赛得分创造条件。

（1）向上格挡。（图 7-1-29）

（2）向（左右）斜下格挡。（图 7-1-30）

（3）向（左右）斜上格挡。（图 7-1-31）

图 7-1-29　　　　　　　图 7-1-30　　　　　　　图 7-1-31

（三）利用进攻动作进行防守

就是在对方进攻的同时，我方也使用进攻的动作，即以攻代守。这种防守的方法在当前跆拳道比赛中被广泛使用，原因在于当对方进攻时，身体重心发生了移动。对方必然有一个调整身体重心的阶段。我方抓住此阶段实施进攻动作，往往会使对方无法快速回撤身体而陷于被动或者失分。此时，我方的进攻动作属于后发制人的动作，与平常使用的进攻动作在移动方向或身体姿势上有一定的差别。

四、跆拳道的品势

跆拳道品势（又称"型"），是指练习者以技击为主要内容，通过攻守进退的动作编排，达到强身健体、培养意志的一种练习形式。它与中国武术中所说的套路相似，即将一定数量的动作编排起来，形成固定模式的套路。

通过品势的练习，可使身体各部位得到较为全面的训练，并能有效地增强体质。跆拳道的品势有许多种，基本品势有太极、高丽、金刚等。下面重点介绍太极一章。

准备姿势：站于 A 方向位置，如图 7-1-32（以下文中字母位置均参照该图），两脚与肩同宽，自然开立，两手握拳屈臂于腹前，拳心向内，眼睛平视前方。（图 7-1-33）

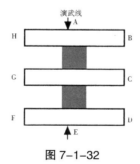 

图 7-1-32　　　　　　图 7-1-33

（1）左转身体，左脚转向 B 方向（简称"向 B"，以下同），成左前探步，左臂下截（防左下段），右拳回收腰侧。（图 7-1-34）

（2）右脚向 B 迈进一步成右前探步，右拳前冲拳（攻中段），左拳回收腰侧。（图 7-1-35）

（3）身体右转 180°，右脚向 H 迈进一步成右前探步，右臂下截（防右下段）。（图 7-1-36）

（4）左脚向 H 迈进一步成左前探步，左拳前冲拳（攻中段），右拳回收腰侧。（图 7-1-37）

图 7-1-34　　　图 7-1-35　　　图 7-1-36　　　图 7-1-37

（5）身体左转 90°，左脚向 E 迈进成左弓步，左拳屈肘下截（防左下段），右拳回收腰侧。（图 7-1-38）

（6）两脚不动，右拳前冲拳（攻中段），左拳回收腰侧。（图 7-1-39）

（7）左脚不动，右脚向 G 移步成右前探步，身体右转，左臂外格（防左中段），拳心向上，右拳回收腰侧。（图 7-1-40）

（8）左脚向 G 迈进一步成左前探步，右拳前冲拳（攻中段），左拳回收腰侧。（图 7-1-41）

（9）身体向 C 转 180°，左脚向 C 迈进一步成左前探步，右臂屈肘向里格挡，左拳前冲拳（防中段）。（图 7-1-42）

图 7-1-38　　图 7-1-39　　图 7-1-40　　图 7-1-41　　图 7-1-42

（10）右脚向 C 迈进成左弓步，左拳前冲拳（攻中段），右拳回收腰侧。（图 7-1-43）

（11）以左脚为轴，身体右转，左脚向 E 移步成右弓步，右臂屈肘上抬至左肩，然后向下截拳（防右下段），左拳回收腰侧。（图 7-1-44）

（12）两脚不动，左拳前冲拳（攻中段），右拳回收腰侧。（图 7-1-45）

（13）身体左转，左脚向 D 移步成左前探步，左臂屈肘上架（防左上段），置于额前，拳心朝外。（图 7-1-46）

图 7-1-43　　　图 7-1-44　　　图 7-1-45　　　图 7-1-46

（14）上提重心，左脚脚跟稍提，右脚前踢，两臂下截，置于体侧；右腿下落成右前探步，右拳前冲拳（攻中段），左拳回收腰侧（图 7-1-47）。

（15）以左脚为轴，身体右后转，右脚向 F 移步成右前探步，右臂屈肘上架（防右上段），置于额前，拳心朝外。（图 7-1-48）

（16）上提重心，右脚脚跟稍提，左脚前踢，两臂下截，置于体侧。左腿下落成左前探步，左拳前冲拳（攻中段），右拳回收腰侧（图7-1-49）。

（17）以右脚为轴，身体右转，左脚向A移步呈左弓步，左臂屈肘上抬至右肩，然后向下截拳（防左下段），右拳回收腰侧。（图7-1-50）

（18）右脚向A迈进一步成右弓步，右拳前冲拳（攻中段）并发声，左拳回收腰侧。（图7-1-51）

收势：以右脚为轴，身体左后转，左脚向后撤与右脚平行，两手握拳屈臂于腹前成准备姿势。（图7-1-52）

图7-1-47　　　　图7-1-48　　　　图7-1-49　　　　图7-1-50　　图7-1-51　图7-1-52

项目二　空手道

一、站立姿势（预备势）

以下以左脚在前的"左架"为例（也可采用右脚在前站立姿势）。两脚开立，略宽于肩；两手握拳，分别置于身体两侧，拳眼朝前；头正、肩平，微收腹，目视正前方。（图7-2-1）

左脚向斜前方上步，脚尖微内扣，两脚之间距离与肩同宽，前后脚跟成45°，两膝微屈，身体重心落在两脚之间；两臂上举在头部前上方交叉后，落下，两手握拳置于下颌下方，拳面斜朝前方，两拳护住下颌，两眼正视前方，两肘自然下垂护肋。（图7-2-2）

【动作要领】两腿不要站成前后一条直线，否则难以维持侧面平衡，后手、后腿的出击也不方便。两脚脚跟之间的横向距离一般是20～30厘米，以舒适、富有弹性为度。

图7-2-1　　　　　　　图7-2-2

二、手 技

（一）上段左冲拳

【动作要领】预备势站立。重心稍移到左腿，左前臂内旋，利用手臂旋转和肩部的力量左拳向前冲击，以拳面攻击对手头部（图7-2-3）。手臂伸直后迅速回弹成预备势。出拳时上体像被固定在直径与肩同的圆筒中，绕垂直轴右转，不要向前、向后、向左、向右倾斜。出拳不要有预兆，要轻快而有弹性。

图 7-2-3

（二）中段左冲拳

【动作要领】与上段左冲拳同，击打目标为对手心窝。（图7-2-4）

【特别说明】左冲拳也称前手拳，它常用于为后手拳的重击或腿击刺探对手，所以仅用肘的弹性出击，膝部不要弯曲，轻巧击打，有突发性。从击打对手头部突然转到击打对手心窝，要出乎对手意料地改变角度才能产生效果。若要打出击倒对手的前手拳，则需要屈膝，降低重心，还要加上蹬地、身体向右旋转的力量。

图 7-2-4

（三）上段右冲拳

【动作要领】预备势站立。以右拳引右臂前伸，右臂边伸边内旋，手臂快伸直时，右腿后蹬，拳像弹簧一样击出；右拳击出时，左拳护住左下颌（图7-2-5）。发动顺序为拳起、肘随、肩催。右拳冲出时，重心移至左腿，但膝关节要保持弹性，上体不要过度前倾，脸部仍正对前方。蹬腿时右脚后跟提起并外转，向左拧腰送右肩。

图 7-2-5

（四）中段右冲拳

【动作要领】同上段冲拳（图7-2-6）。与中段左冲拳一样，这是灵活应变之招，以出乎意料状态下出拳才有效。要击出有威力的右中段冲拳则须屈膝下降重心。

图 7-2-6

（五）上段左侧拳

【动作要领】预备势站立。左脚蹬地，左脚脚跟提起外转，左膝内扣，上体绕垂直轴向右旋转45°；同时左肘上抬与肩平，前臂与上臂成135°角，靠蹬腿转体力量，左拳拳心向下以拳面为力点向中线描圆弧击打；此时肩部亦绕垂直轴水平线移动。（图7-2-7）

【动作要领】左侧拳击出后，肘关节迅速下坠，回弹到预备姿势。

图 7-2-7

（六）中段左侧拳

动作方法与上段左侧拳略同，以击打对手的肋部为目的。

（七）上段右侧拳

【动作要领】预备势站立。右脚蹬地，脚跟提起外展，向左转腰；边转边提右肘，右拳拳心朝下，随向左转体描半圆弧向左横击；右拳横击时，左拳护左下颌，左肘护肋。（图 7-2-8）

图 7-2-8

【动作要领】右拳击打的路线与下颌同高，肘关节抬起与肩平，上臂与前臂夹角略大于 90°。

（八）中段右侧拳

【动作要领】动作路线与上段右侧拳雷同。向左转体时，右拳下落至与肘同高处，上臂与前臂的夹角成 90°，靠蹬腿转腰发力，以拳面击打对方肋部，拳心向下。（图 7-2-9）

图 7-2-9

【动作要领】若对手是右脚在前的预备势，则可击打对手心窝，但出中段右侧拳时，身体不必像拳击运动员沉得很低。

（九）上段左勾拳

【动作要领】预备势站立。身体向右微转，左肩向前送出，将护在左颌旁的左拳移到身体的正面；左脚蹬地，整个身体向上撑起，带左拳螺旋式地向上击打，拳心朝里；右拳护颌，右肘护肋。（图 7-2-10）

图 7-2-10

（十）中段左勾

【动作要领】左拳下落到左肋，利用这下落回缩之力，以拳面为力点，朝前描半圆弧线击打对手的心窝。（图 7-2-11）

图 7-2-11

191

（十一）上段右勾拳

【动作要领】预备势站立。右脚蹬地，身体左转，右肩亦向左、向前转 90°；右拳随转体描圆弧从下向上螺旋式击出，拳背朝前（图 7-2-12）。蹬地转体，以全身向上撑起的力量将拳击出，前臂与上臂夹角略大于 45°。出拳时，眼睛一定要盯着对手。

图 7-2-12

（十二）中段右勾拳

【动作要领】发力顺序同上段右勾拳，仅前臂放低，击打对方的腹肋。（图 7-2-13）

图 7-2-13

（十三）左右肘击打

【动作要领】预备势站立。身体右转，左肩向前、向右旋转，同时左拳急落于右胸前，左肘抬起与肩同高，随转体向右横击（图 7-2-14）。上一动作不停，右脚蹬地，右肩向前、向左旋转，右肘上抬与右肩平随转体向左横击。

以上十三种方法是格斗空手道最基本的手技，无论哪个动作，都要求富有弹性，一个动作击出后迅速回弹成基本姿势，为下一次出击做好准备，这点在练习中必须加以注意。作为一般练习，每次可原地练习上述手技左右各

图 7-2-14

15 ～ 20 次。冲拳的节奏一般初学时控制在 15 秒 20 次左右，每个动作要敏捷，动作与动作之间可以略有间歇。这与中国武术的"动迅静定"的要求是一致的。

三、足　技

（一）足技的基本方法

足技的频繁使用，是格斗空手道技术特点之一。空手道腿法中有站立式的前踢、横踢、旋踢和后踢，特别是上段旋踢是格斗空手道比赛中最常见、也最具威力的腿法之一。足技，大都是利用膝关节的弹性，向前、向侧或向后踢击，但必须使用转腰送髋带来的力量。使用足技需注意：① 支撑腿的膝关节屈伸度和膝盖朝向。② 支撑腿脚尖的朝向。③ 支撑与摆动腿之间的角度。

基本练习时，在弄清动作的正确路线之后，就必须注意实际应用时的变化。例

如，前踢腿，击打的距离有远近之分，攻击的部位有上、中、下之别，重心又有移与不移之差，出腿还有送髋与不送髋的讲究。所以，单个动作要探索各种可能性，进行反复的变换练习。

在足技中脚部各部位名称如图 7-2-15 所示。

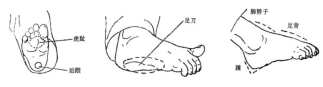

图 7-2-15

1. 正面前踢（右脚）

腰稍后收，用力向上提膝（图 7-2-16），利用膝关节的弹力，脚面绷平，以虎趾为力点，向腰的前上方弹出。

【要点】要边提膝边弹，腿伸出时要送。此法踢到对手肋部效果较好。如果膝不高提，仅用膝的弹性由下向上弹踢，容易被对手用提膝防住。注意腿踢出时两脚之间角度不要太大，以防对手撩裆腿反击。

正面左脚前踢的动作方法、要点与右脚正面弹踢同。

2. 正顶膝

【要点】以膝盖为力点，像要收到胸部一样用力上提，上提之腿脚面绷平，脚尖朝下。（图 7-2-17）

图 7-2-16   图 7-2-17

3. 横 踢

【要点】横踢时力点在脚后跟（足刀的动作与此类似，但力点在足刀）。右腿支撑以前脚掌为轴，脚跟内先提左膝（图 7-2-18）。同时，左腿利用伸膝的弹性和向右微转体的力量，以左脚脚跟为力点向左前上方踹出。踹出后支撑腿回转还，再落地。

4. 右旋踢

【要点】旋踢是格斗空手道中最常用、威力最大的足技，是横向进攻的腿法，攻击部位分为上段、中段、下段。预备势站立。右小腿与大腿夹紧，膝部向右侧提起，脚后跟与膝关节同高且与地面平行（图 7-2-19）。上一动作不停，支撑腿以前脚掌为轴，腿跟内扣，身体左转；右脚利用转身与膝关节弹性，以脚脖为力点，向前上方横踢，整个动作横向旋转半周。

5. 后 踢

【要点】右腿微提膝，小腿后侧与大腿后侧收紧，微右转并前俯，以脚后跟为力点，向右后上方踹出（图 7-2-20）。腿一伸直即回弹成出击前姿势。提膝时大腿内侧

不要侧抬，注意保护裆部。

图 7-2-18　　　　　　图 7-2-19　　　　　　图 7-2-20

（二）运用上段足技的要点

（1）上体与摆动腿要协调，特别是横踢，正确的姿势应是上体与踢出腿成一条直线。旋踢也同此，旋踢动作完成时上体应与伸直之腿在一条直线上，这样踢出的力量较大。初学者易犯错误为腿踢出时，上体从腹部起向前倾，或侧倾太大，这样，动作的准确性以及平衡的稳定性和支撑力会被破坏。身体侧倾以 45° 左右为宜。

（2）支撑脚的朝向：用上段腿法时，支撑腿基本上都有以前脚掌为轴、脚跟旋转的动作。脚跟旋转之后前脚掌与对手之间夹角的大小关系到能否正确地发力和维持平衡。一般是夹角越大，平衡性就越好。

（3）重心线：上段踢时一腿支撑，重心是以臀部为中点的。腿击出时臀部应当位于支撑脚的正上方，臀部向前或向后都会造成不稳。

（4）髋关节的伸展度：髋关节伸展性直接关系到高腿起得是否顺畅，因此，必须注重髋关节横向伸展的练习。

项目三　巴西柔术

一、巴西柔术概述

巴西柔术起初是一种扭斗的武术，它的技术和策略都基于对地面打斗的深入研究。巴西柔术源于日本柔术，柔术练习者，擅长将对手拖向地面，然后在地面上获得控制的姿势。一旦形成控制姿势，柔术练习者可以使用关节技、绞技或击打技等多种攻击手段，将对手制服。

柔术的特点在于充分利用杠杆原理，讲究力的使用，但不过分强调使用爆发的蛮力，每次用力都有明确的发力点、支点和着力点，可控性很强。使用者可以用很小的力气，将沉重的对手撬起，并产生巨大的力量。巴西柔术为武术界带来了革命，成为全世界武术界最受欢迎的武术之一。

随着巴西柔术在世界上的发展，我国也逐渐有越来越多的爱好者和专业体育运动员开始学习，同时也成立了众多的教学机构。

二、巴亚柔术基本技术

巴西柔术基本技术包括摔投技术、上位压制技术、背部控制技术、基于各种优势位置下的降服技术和处于不利位置时的逃脱技术。

处于下位的各种防守姿势，是巴西柔术区别于柔道、桑搏和摔跤等其他缠斗类武术的最大特征，所谓"防守姿势"就是自己倒地时用腿去控制住对方身体并开展反击的各种姿势。巴西柔术中的防守主要分为开放式防守和封闭式防守、半防守姿势三大种类。与防守姿势对应的是过腿技术，即摆脱对方下位防守姿势的控制取得优势位置，它们就像硬币的两面，构成了巴西柔术比赛中的攻防技术转换体系。

（一）地面关节技术

1. 裸 绞

【动作介绍】裸绞是窒息性制服技术。绕到对手背后，手臂从对手背后前伸穿过其颈部，屈肘压迫对手颈部主动脉，另一手做辅助固定，配合上身紧收，两手紧扣迫使对手头部供氧不足。（图7-3-1）

图7-3-1

【技术配合】扭倒对手，随后展开地面捶击，当对手身体不支转身成骑背式后，因不许击打后脑，打击技术受到限制，地面捶击效果不明显，此时适合对身下对手使用裸绞。

2. 断头台

【动作介绍】断头台是窒息性制服技术。用胳膊从对手的后脖颈绕过将其头部压成向下状态后从颈部绕出，在胸前固定迫使对手头部供氧不足而窒息。（图7-3-2）

图7-3-2

【技术配合】对试图潜抱的对手，调整重心维持平衡，同时控制对手前倾的头部，施展断头台反击。

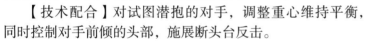

3. 三角绞

【动作介绍】两脚绕到了对手脑后，将两脚交叉收紧，同时将左脚踝放到右脚踝处，锁住对手头颈部位，好像加了一把锁，完成三角绞的布置，施力后可造成对手头部供氧不足。

【技术配合】三角绞一般是处于对手下位时，利用两腿技术控制上位对手，进而在逆境中完成三角绞绞杀对手。

4. 袖 车

【动作介绍】轴车是窒息性制服技术。袖车比赛中需要依赖道服的动作，一般由柔道运动员或者巴西柔术运动员穿衣参赛时使用。具体做法是左手从对手脑后绕过抓住右手的衣袖，右手穿过对手下颌抓住左手衣袖，两手绞住对手颈部施加压力。

【技术配合】扭倒对手后，调整位置，利用道服针对对手颈部施展袖车制服对手。

5. 肩 固

【动作介绍】肩固是窒息性制服技术。在对手侧面位置使用手臂和肩部紧箍住对手颈部，迫使对手窒息的地面技术。

【技术配合】扭倒对手之后，在地面压制状态控制对手移动，并使用肩部固定、制服对手。

6. 脚踝锁

【动作介绍】脚踝锁是针对足部关节的技术。双腿盘住对手单腿，脚跟抵住对手胸部、腹部，腋下夹住对手脚面，肘腕别住对手脚跟，两手相扣锁死对手脚踝，挺胸，扭转肘部，撕裂对手脚踝韧带。

【技术配合】倒地状态搂住对手单腿，拖倒对手，寻找机会施展脚踝锁制服对手

7. 十字固

【动作介绍】十字固最常见的针对手臂关节的技术之一。将单腿绕过对手肩部，别住颈部，另一腿配合控制住对手身体，两手控制住对手一条手臂，双腿夹住对手肩关节，顺势后仰、挺身、展腹，同时两手下扳对手手臂，给予肘关节压力，折断关节。

【技术配合】当处于下位时，面对对手下砸的拳头，抓住单臂，用腿控制对手手臂，施展十字固，逆转制服对手。

8. 木村锁

【动作介绍】木村锁针对手臂关节的技术。单手从对手手臂肘部位置下方穿过，另一手抓住对手同侧手腕，双手交叉紧扣，以对手肘部为支点，反向扭转下压，迫使对手投降。

【技术配合】在地面压制状态，调整位置，形成侧压状态，对对手单侧手臂施展木村锁，制服对手。

9. 锁　臂

【动作介绍】锁臂和木村锁的区别是对手手臂的方向，向上方的是锁臂，向下方的是木村锁。骑乘状态，右手抓对手右腕，将其压到地面上（注意，一定要自己右肘着地才算完成，否则可能会被反制）右手到位后左手从对手手臂下穿过，抓自己右腕，右手在地面向脚的方向略微平拉，左臂做杠杆状上撬，锁臂时用肩膀抵住对手的肘部下压，将力量作用在对手的手腕上。

【技术配合】在地面压制状态，以体重限制对手移动，同时控制对手单臂手使用锁臂技术。

（二）地面防守技术

（1）防守：地面防守状态的统称。

（2）封闭式防守：处于地战下位时，被对手身体重量压住，利用两腿环抱对手腰部控制对手移动，也可以利用两手缠抱住对手两臂限制其击打动作。

（3）移动式防守：在地面战中通过不断移动自己的身体来化解对手的打击或者关节技术。

（4）蝴蝶式防守：处于地战下位时，被对手身体重量压住，利用两腿环抱对手腰部控制对手移动，同时上肢和身体保持灵活机动的状态，及时控制对手和改变自己的位置寻求攻击机会的防守方式。

（5）橡胶式防守：处于地战下位时，被对手身体重量压住，在使用两手、两腿做防守的同时，针对对手的破绽进行地面攻击是一种攻防转换的地面应对方式。

（6）开放式防守：相对封闭式防守具有更多变化性，可根据对手的攻击方式灵活采用防守或者进攻的应对方式，是一种更为积极的防守方式。

（7）压制：即在地面中用身体压制对手，控制对手行动。
（图 7-3-3 ）

（8）侧压：使用横向压制对手的控制行为，双方身体成十字
状态的压制。

图 7-3-3

（9）逃脱：在被动状态下摆脱对手控制。

（10）翻转：处于下位被压制状态时，采用反击技术将位置扭转，翻至对手
上位。

（11）起桥：当处于下位时，利用腰腹力量将身体弹起，以破坏骑乘者的平衡，
从而摆脱劣势。

三、段位划分

（一）划分方法

巴西柔术的段位等级根据练习者年龄的不同，相应的腰带划分也会不同。以下是
段位及色带的常规划分方法。

（1）16 岁及以上的成年人腰带等级从低到高分为白带、蓝带、紫带、棕带、黑
带、红带。

（2）15 岁及以下的儿童腰带等级从低到高分为白带、黄带、橙带、绿带。

（3）不足 16 岁不能得到蓝带，晋升为黑带的最低年龄是 19 岁。

（4）只有黑带才有资格颁发蓝带、紫带、棕带。黑带以上要从更高段位者获得，
如黑带二段的腰带，颁发者至少要是黑带三段。但在一些柔术刚刚起步的国家，标准
可适当放宽，在获得某位黑带的允许之后，紫带也可颁发蓝带给学生，而棕带可以颁
发紫带和蓝带给学生。

（二）段位详解

1. 白　带

白带是初学者入门级的道带，主要掌握柔术基本姿势与基本动作。在双方实战
中，一般以掌握逃脱技术和防守技术为主，不要小看白带，这是一个很重要的阶段，
白带阶段打下坚实的基础对以后的技术突飞猛进有着非常大的联系。

2. 蓝　带

蓝带表示中级水平的道带，蓝带一般被认可已经掌握大量的柔术技术，包括防守
技与进攻技，蓝带具有了一定的竞技能力。

3. 紫　带

紫带表示中级水平中的高级水平（中高），持有紫带者被认可已经掌握了全面的
技术，并且已拥有几百小时的比赛经验。

4. 棕　带

棕带象征着已经具有高级水平，棕带表示练习者进入了精英级别，这个级别的练
习者主要是进行比赛经验的积累和对技术的精益求精。

5. 黑 带

和其他武术一样，黑带是最高段位共分为 9 个段位。黑带被认为已拥有 1000 小时的实战经验，技术已经进入了柔术专家级别，具有了教学资格。

6. 黑红带

黑红带相当于黑带的七八段，著名柔术大师罗伊斯·格雷西、里克森·格雷西都是黑红带的持有者。

7. 红 带

红带相当于黑带的九十段，红带持有者是对柔术发展有着特殊贡献的大师级人物。

模块八

民族民间传统体育俱乐部指导

》 本章导言

中华民族传统体育是中国民族文化的重要组成部分，其历史悠久，竞技性、观赏性、文化性浓郁鲜明，对文化传承方面起着重要的作用。许多优秀的民族民间传统体育项目，不仅具有很强的健身价值，还有很高的艺术价值和丰富的娱乐、教育功能，代表着中国的民族传统文化。

》 学习目标

1. 掌握花样跳绳、毽球的基本技术。
2. 掌握舞龙舞狮的基本技术。
3. 掌握高脚竞速、板鞋的基本技术。
4. 掌握陀螺、珍珠球的基本技术。

项目一 花样跳绳

一、单人单绳

（一）直 摇

在基本摇绳姿势的基础上，两手持手柄向前、向后摇动，当绳体接触到地面时，两脚并拢跳跃过绳，绳子绕过身体一周，一摇一跳的动作即为直摇。（图 8-1-1）

1. 动作要领

手臂保持基本摇绳的姿势，控制手臂摇绳节奏。

两脚并拢向上跳，落地向下只需前脚掌着地。

绳子打地就向上跳一次。

2. 学习提示

（1）固定手型：摇空绳，两手各握一根短绳，并脚向上跳。

图 8-1-1

（2）徒手跳：站在原地徒手模仿整个动作过程。

（3）单个动作练习：每次只跳一个动作就停下来，再重新开始。

（4）连续动作练习：初学者可以连续跳，1～2 个八拍为一组，间歇练习。

3. 重点和难点

把握并脚跳过绳的时机和节奏。

4. 易犯错误及纠正方法

易犯错误：摇绳节奏无法与跳动的节奏相匹配。

纠正方法：徒手摇绳练习，在摇动过程中膝盖随着节奏弹动；原地直腿跳动练习。

5. 动作价值

直摇动作是跳绳练习的基础，大量的练习能够培养学生良好的绳感。

（二）单脚交换跳

在基本摇绳姿势的基础上，绳子过脚的同时，先抬起一只脚跳过，放下抬起另一只脚跳过绳子，两脚交替落地的动作为单脚跳。（图 8-1-2）

1. 动作要领

（1）手臂保持基本摇绳的姿势，控制手臂摇绳节奏。

（2）抬脚时脚尖下压并且脚尖与地面的距离不得超过 10 厘米，着地时用前脚掌着地。

图 8-1-2

（3）单脚跳时，绳子过脚再抬脚交替跳，以右脚落地算一个为例，50 个为一组，间歇练习。

2. **学习提示**

（1）固定手型：摇空绳，两手各握一根短绳，并脚向上跳。

（2）徒手跳：站在原地徒手模仿整个动作过程。

（3）单个动作练习：每次只跳一个动作就停下来，时间为 2 秒，再重新开始。

（4）连续动作练习：初学者可以连续跳，1 ～ 2 个八拍为一组，间歇练习。

3. **重点和难点**

把握单脚跳交替过绳的时机和节奏。

4. **易犯错误及纠正方法**

易犯错误：单脚跳交替与过绳时机把握不准，控制不住绳子的节奏，左右脚交替不协调。

纠正方法：单脚跳时绳子先过脚再抬脚。

5. **动作价值**

培养学生良好的动作感觉，为以后的速度练习打下基础。

（三）开合跳

在基本摇绳姿势的基础上，两手持绳向前摇，当绳子过脚置于空中时，两脚分开与肩同宽，当绳子打地快过脚时，两脚并拢跳过绳，一拍一动，完成开合跳。（图 8-1-3）

1. **动作要领**

（1）手臂保持基本摇绳的姿势，控制手臂摇绳节奏。

（2）脚步打开时两脚分开，与肩同宽。

（3）脚步成开合时，由绳子先过脚再打开，由开到合，先合两脚再过绳。

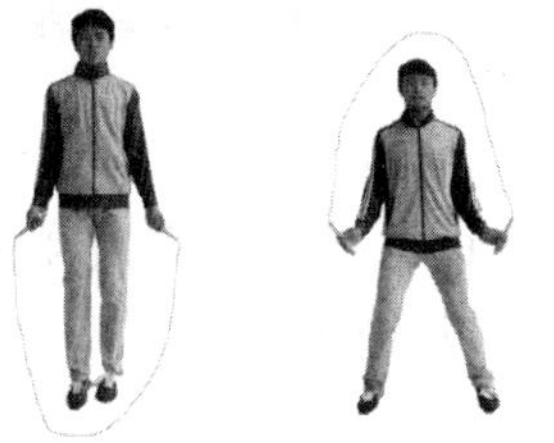

图 8-1-3

2. **学习提示**

（1）徒手跳：站在原地徒手模仿整个动作过程。

（2）单个动作练习：每次只跳一个动作就停下来，再重新开始。

（3）连续动作练习：初学者可以连续跳，1 ～ 2 个八拍为一组，间歇练习。

3. **重点和难点**

把握开与合过绳的时机和节奏。

4. **易犯错误及纠正方法**

易犯错误：脚开与合过绳的时机把握不准；控制不住绳子的节奏，把握不住开与合的时间差。

纠正方法：由开到合时绳子先过脚；由开到合时两脚再过绳。

5. **动作价值**

培养学生时间判断能力和手脚协调能力。

（四）弓步跳

在基本摇绳姿势的基础上，两手持绳向前摇，当绳子过脚置于空中时，两脚分开成前后弓步，当绳子打地快过脚时，两脚并拢跳过绳，一拍一动，完成弓步跳。（图 8-1-4）

图 8-1-4

1. 动作要领

（1）手臂保持基本摇绳的姿势，控制手臂摇绳节奏。

（2）脚步打开时前一只脚落地，膝盖弯曲角度在30°～60°，后面的脚必须伸直并且脚跟不能着地；两脚的间距在20厘米左右。

（3）脚步成弓步时，由绳子先过脚再打开，由弓步到合，先合两脚再过绳。

2. 学习提示

（1）徒手跳：站在原地徒手模仿整个动作过程。

（2）单个动作练习：每次只跳一个动作就停下来，再重新开始。

（3）连续动作练习：初学者可以连续跳，1～2个八拍为一组，间歇练习。

3. 重点和难点

把握弓步跳过绳的时机和节奏。

4. 易犯错误及纠正方法

易犯错误：弓步跳与过绳的时机把握不准；控制不住绳子的节奏，把握不住弓与合的时间差。

纠正方法：由弓到合时，绳子先过脚再做弓步；由弓到合时两脚再过绳。

5. 动作价值

培养学生时间判断能力和手脚协调能力。

（五）并脚左右跳

在基本摇绳姿势的基础上，绳子过脚置于空中时，两脚并拢向左右两边跳。一拍一动，左右两边各跳4次的动作称为并脚左右跳。（图8-1-5）

图8-1-5

1. 动作要领

（1）手臂保持基本摇绳的姿势，控制脚步节奏。

（2）脚步左右跳时间间隔不宜过长，保持与肩同宽最好，左右跳时一直保持并脚。

（3）左右并脚跳时绳子先过脚再落地。

2. 学习提示

（1）先做徒手动作练习，再分手摇绳，脚部左右跳。

（2）做左右跳时，两手手腕注意放松，自然柔和摇绳，手与脚的节奏注意做到一摇一跳，一左一右。

（3）做左右跳时，踝关节与膝关节注意放松，控制好节奏与时机，做到前脚掌着地，富有弹性；注意身体直立姿态，眼视前方，面带微笑。

3. 重点和难点

把握并脚左右跳过绳的时机和节奏

4. 易犯错误及纠正方法

易犯错误：并脚与过绳的时机把握不准；控制不住绳子的节奏，把握不住并与合的时间差。

纠正方法：由并到合时绳子先过脚再做并步；由并到合时两脚再过绳。

（六）左右钟摆跳

两手持绳向前摇，当绳子过脚置于空中时，一脚向同一侧摆动，另外一脚直立跳跃过绳。反之为另外一脚动作，一拍一动，左右边各 4 次，完成左右钟摆跳。（图 8-1-6）

图 8-1-6

1. 动作要领

（1）手臂保持基本摇绳的姿势，控制手臂摇绳节奏。

（2）脚步打开时一只脚落地并跳过绳子，另一只脚置于空中，另外一脚直立跳跃过绳，反之为另外一脚动作，一拍一动。

（3）脚步成钟摆时，由绳子先过脚再打开。

2. 学习提示

（1）先做徒手动作练习，再分手摇绳，脚部左右钟摆跳，再接着手脚一起配合。

（2）做左右钟摆跳时，两手手腕注意放松，自然柔和摇绳，手与脚的节奏注意做到一摇一跳，一左一右。

（3）做左右跳时，下肢部位踝关节与膝关节注意绷直摆动，控制好节奏与时机，做到前脚掌着地，富有弹性。注意身体直立姿态，眼视前方，面带微笑。

3. 重点和难点

把握左右跳过绳的时机和节奏。

4. 易犯错误及纠正方法

易犯错误：脚步与过绳的时机把握不准；控制不住绳子的节奏，把握不住左右钟摆的时间差。

纠正方法：做钟摆跳时绳子先过脚，再做钟摆跳。

（七）前后打绳

两手持绳身体直立，当身体侧向一方时手腕发力，随身体摆动侧向摇绳，绳子向前打地，当身体转向另外一侧时手腕发力，绳子随身体摆动向后打地。反之为另外一侧动作，一拍一动，完成前后打绳动作。（图 8-1-7）

图 8-1-7

1. 动作要领

（1）手控制绳子的摆动方向由前向后或由后向前。

（2）绳随身体转动而摆动。

2. 学习提示

（1）徒手跳：原地徒手模仿整个动作过程。

（2）单个动作练习：每次只打前或者后就停下来，再重新开始。

（3）连续动作练习：把前后连接起来，两手手腕放松，自然柔和摇绳，控制节奏。

3. 重点和难点

把握由后打前的时机和节奏。

4. 易犯错误及纠正方法

易犯错误：绳挑不过身体，控制不住绳子的节奏，后打时绳缠脚上。

纠正方法：手腕发力挑绳子；绳子打地的同时身体转动。

5. 动作价值

培养学生的时间判断能力和手脚协调能力。

（八）前后打绳左右并步

两手持绳，身体直立，当身体侧向一方时手腕发力，绳子随身体摆动前侧向摇绳，绳子向前打地，同时出左脚，与肩同宽。当身体转向另外一侧时手腕发力，绳子随身体摆动向后打地，同时出右脚并左脚。完成此动作，反之为另外一侧动作；一拍一动，完成前后打绳动作。（图8-1-8）

图8-1-8

1. 动作要领

（1）手控制绳子的摆动方向由前向后或由后向前。

（2）绳随身体转动而摆动。

2. 学习提示

（1）徒手跳：原地徒手模仿整个动作过程。

（2）单个动作练习：每次只打前或者后就停下来，再重新开始。

（3）连续动作练习：把前后连接起来，两手手腕放松，自然柔和摇绳，控制节奏。

3. 重点和难点

把握由后打前时并脚的时机和节奏。

4. 易犯错误及纠正方法

易犯错误：绳挑不过身体，控制不住绳子的节奏，后打时绳缠脚上。

纠正方法：手腕发力挑绳子；绳子打地的同时身体转动。

5. 动作价值

培养学生的时间判断能力和手脚协调能力。

（九）前后打绳交叉步

两手持绳身体直立，当身体侧向一方时手腕发力，随身体摆动侧向摇绳，绳子向前打地，同时右脚向左跨一步与左脚成交叉。当身体转向另外一侧时手腕发力，绳子随身体摆动向后打地，左脚向左跨，与肩同宽。完成此动作，反之为另外一侧动作；一拍一动，完成前后打绳动作。（图8-1-9）

图8-1-9

1. 动作要领

（1）手控制绳子的摆动方向由前向后或由后向前。

（2）绳随身体转动而摆动。

2. 学习提示

（1）徒手跳：原地徒手模仿整个动作过程。

（2）单个动作练习：每次只打前或者后就停下来，再重新开始。

（3）连续动作练习：把前后连接起来，两手手腕放松，自然柔和摇绳，控制节奏。

3. 重点和难点

把握由后打前的时机和节奏。

4. 易犯错误及纠正方法

易犯错误：绳挑不过身体，控制不住绳子节奏，后打时绳缠脚上。

纠正方法：手腕发力挑绳子；绳子打地的同时身体转动。

5. 动作价值

培养学生的时间判断能力和手脚协调能力。

二、双人单绳

双人单绳是指两位跳绳者利用一根绳子，在侧打绳的摇动中，跳绳者在绳中或绳外完成各个转体、跳跃、力量等动作。以此展现个人良好的身体素质和高超的绳技。

（一）带人跳双摇

带人者持绳，两人可面对面站立，也可同向站立，协调配合，绳子同时过两人身体即为完成一次动作。跳绳者可位于带人者体前或体后，可延伸出跳绳者原地转身等花样。（图 8-1-10）

图 8-1-10

1. 动作要领

两人节奏一致，相互配合。

2. 学习提示

（1）徒手跳：带人者与跳绳者原地徒手有节奏地跳跃，建立良好的节奏感。

（2）带绳练习：初学者开始采用两弹一跳，即带人者与跳绳者并脚跳跃两次，绳子过脚一次；熟练掌握以后，采用一弹一跳，即并脚跳绳一次，绳子过脚一次。

3. 重点与难点

跳绳者开始进绳的时机和两人节奏一致的跳跃。

4. 易犯错误及纠正方法

易犯错误：进绳时机不对，带人者摇绳过快，跳绳者跳跃的时机不对。

纠正方法：绳向下打地就往里面进，两人同时起跳，放慢摇绳速度。

5. 动作价值

培养学生团结协作精神和默契感。

（二）双人和谐跳

两名跳绳者各握绳子一端，并排站立，右边的人右手握绳，左边的人左手握绳。将绳子置于两人身后，两人同时摇绳，同时过绳。

1. 动作要领

两人摇绳节奏一致，相互配合，起跳一致。

2. 学习提示

先原地并排各握一根短绳有节奏地练习；之后两名跳绳者各握绳子一端，慢速练习同摇跳。可从两弹一跳并脚跳开始练习，过渡至一弹一跳并脚跳，熟练后，可以加快摇绳速度。

3. 重点与难点

两人同时起跳的节奏以及是否同时摇绳。

4. 易犯错误及纠正方法

易犯错误：起跳时上体前倾，导致动作不美观；摇绳节奏不一致。

纠正方法：两人身体直立，原地徒手有节奏地跳跃；多进行摇绳练习，摇绳与起跳一致。

5. 动作价值

培养学生建立良好的节奏感与默契配合的能力。

（三）一人内转 360°

两名跳绳者各握绳子一端，并排站立，右侧跳绳者进绳跳一次，然后原地向内（左）转体一周，回到进绳之前的位置跳跃过绳；接着左侧的同伴重复此动作，两人轮流进行练习。（图 8-1-11）

1. 动作要领

转身者在向下"送绳"给同伴跳时开始转身，转到 180° 时手臂上举，回到原位后摇绳给自己跳，转体时保持摇绳节奏不变。

图 8-1-11

2. 学习提示

（1）单人练习：两人分别握一根短绳，做内转 360° 练习。

（2）对转身动作熟练后，再练习依次跳，目的是建立良好的节奏感，之后可尝试进行内转 360° 的练习。

3. 重点与难点

"送绳"与起跳节奏掌握以及转身时节奏的变化。

4. 易犯错误与纠正方法

易犯错误：转身时摇绳节奏过快，导致跳绳者失误；转完之后手没有上举。

纠正方法：转身速度慢一点，手臂同身体一同转动。

5. 动作价值

培养学生身体协调性与相互配合的能力。

（四）两人内转 360°

两名跳绳者各握绳子一端，并排站立，两人把绳子由后向前摇动，同时两人向内转体一周，回到初始位置，转身时绳子在中间打空。（图 8-1-12）

1. 动作要领

两个人动作要同步，特别是转身和摇绳动作；转体后两手随绳子转动的惯性打开成初始位置；转体与摇绳节奏一致，不要因为转体而忘记摇绳。

图 8-1-12

2. 学习提示

两人先做徒手转身练习，要求转身的节奏一致，之后各握绳子一端慢速练习。

3. 重点与难点

转身与摇绳同步进行，转回之前手要上举。

4. 易犯错误与纠正方法

易犯错误：同伴转体过快，导致摇绳速度加快，节奏不一致。

纠正方法：多进行徒手转体练习。

5. 动作价值

培养学生团结协作的能力。

（五）直　摇

两人双手持绳并排站立，假设左边的人为A，右边的人为B，首先A、B将内侧手（A的右手与B的左手）持的手柄相互交换，听到指令后两人同时用同侧手（A、B同时出左手或者右手）将置于最后面的绳子向上摇起。绳子到达最高点时，再将另外一只同侧手的绳子向上摇起。并且两人依次跳过各自一方的绳子。（图8-1-13）

图 8-1-13

1. 动作要领

（1）两前臂在体侧依次做圆周运动，并且贴近身体。

（2）在摇绳的过程中两手手臂的夹角是180°。

（3）两人在跳的过程中同侧手的动作要一致。

2. 学习提示

（1）徒手轮臂练习：原地徒手模仿整个动作过程。

（2）摇绳练习：两手各握一根短绳，由后向前依次轮动绳子，要求绳子打地的节奏相同。

（3）跳空绳练习：掌握摇绳的节奏后，试着绳子打地一次就跳动一次，速度尽量慢。

（4）踩绳练习：找到摇绳和跳绳的感觉后先试着将摇起的绳子左右依次踩住。

3. 重点和难点

重点在于能否掌握好摇绳和跳绳的节奏，难点在于如何在跳的过程中运用手腕发力。

4. 易犯错误及纠正方法

易犯错误：容易将绳子摇成同步。

纠正方法：多进行摇绳的练习，在摇绳的过程中体会绳子打地的节奏是否一致。

5. 动作价值

培养学生的时间判断能力和活动手腕的能力。

（六）交　叉

在车轮直摇的基础上，当绳子摇过头顶后，两人同时将左手（右手）手柄向右（左）在体前做交叉贴于腹部，绳子过脚后再同时将右手（左手）手柄向左（右）在体前交叉贴于左手（右手）前臂上，绳子过脚后，先将左手（右手）手柄翻腕向下跳过

向左（右）打开，再将右手（左手）手柄翻腕向下跳过向右（左）打开，还原成直摇。（图8-1-14）

1. 动作要领
（1）两前臂在体前做交叉时要贴近身体。
（2）交叉时要充分活动手腕。
（3）在做的过程中始终保持好节奏。
（4）跳的时候要连续跳两次。

图8-1-14

2. 学习提示
（1）徒手交叉轮臂练习：原地徒手模仿整个动作过程。
（2）摇绳练习：两手各握一根短绳，在体前做交叉摇绳练习，要求绳子打地的节奏相同。
（3）跳空绳练习：掌握摇绳的节奏后，试着绳子打地一次就跳动一次，速度尽量慢。
（4）踩绳练习：找到摇绳和跳绳的感觉后先试着将摇起的绳子左右依次踩住。

3. 重点和难点
重点在于学生能否掌握好摇绳和跳绳的节奏，难点在于如何在跳的过程中运用手腕发力。

4. 易犯错误及纠正方法
易犯错误：在做交叉动作时能否找到摇绳的感觉。
纠正方法：多进行摇绳和固定交叉摇绳的练习。

5. 动作价值
培养学生时间判断能力和活动手腕的能力。

三、长 绳

（一）进出绳

两名摇绳者相对而立，用同一个方向的手持绳子，拉开适当的距离后由内向下、向外、向上摇绳，跳绳者可面对绳子也可以斜对着摇绳，当绳子摇到最高点时，跳绳者向前小碎步调整时机，当长绳即将打底时起跳，长绳摇过即完成一次动作。跳绳者落在正中央，跳绳者以相同的节奏在长绳里完成相应的动作，动作完成后绳子再次摇起，在绳打地前，跳绳者往前跳出并小碎步离开即完成出绳。（图8-1-15）

图8-1-15

1. 动作要领

跳绳的节奏和摇绳的节奏要一致，进出绳是跳进和跳出。

2. 学习提示

（1）徒手跳：正常地摇动长绳，跳绳者原地徒手有节奏地跳跃，建立良好的节奏感。

（2）跳荡绳练习：摇绳者将绳子相对自己左右荡起，跳绳者进绳后，以相应的节奏起跳，让绳子在自己脚下荡过；主要练习跳绳的节奏和起跳的时机。

3. 重点与难点

重点：进出绳的时机。

难点：动作熟练和进出自如。

4. 易犯错误及纠正方法

易犯错误：进绳时机不对，跳绳者碎步进绳后再起跳；出绳时最后一跳落地后再跑出去。

纠正方法：当绳子正常的摇起时，跳绳者跳进绳中完成动作后再跳出。

5. 动作价值

培养学生掌握正确的进出绳方法，为以后进出绳的难度动作打下基础。

（二）绳中绳

跳绳者手持绳子正对摇绳方向做好准备，两名摇绳者相对而立，用同一个方向的手持绳子，拉开适当的距离后由内向下、向外、向上摇绳，当绳子正常摇起后，绳子打底再次起摇时，跳绳者跟着起动短绳，节奏、方向和长绳一致。绳子摇到最高时，跳绳者往前走调整时机，绳子往下摇时，看准时机起跳，让长短绳同时过脚即完成一次绳中绳。（图8-1-16）

图 8-1-16

1. 动作要领

短绳的节奏要和长绳一致。

2. 学习提示

初学者的节奏应适当放慢，当绳往上摇时，带绳者两手举高可降低摇绳速度。

3. 重点与难点

重点：带绳者起动绳子的时机，短绳的节奏和长绳的节奏要一致。

难点：动作熟练，运用自如。

4. 易犯错误及纠正方法

易犯错误：短绳起动时的节奏偏快或者偏慢。

纠正方法：绳中绳分开练习，跳绳者可以在准备的位置上尝试跟长绳的节奏跳短绳，熟悉之后再组合绳中绳。

5.动作价值

培养学生的节奏感，为下一步绳中绳多摇花样打下基础；具有一定的观赏价值。

（三）绳　网

三组或三组以上的绳子一一对应，然后绳子和人相互交错，每条绳子相交于中点，绳子统一向外起摇。待绳子稳定后，跳绳者找准时机跳进绳中完成相应的动作后停绳，然后抓取长绳交结处向上举高。与此同时，摇绳者迅速移动到跳绳者的四周，下蹲把绳子拉直即形成了绳网。（图8-1-17）

1.动作要领

起动摇绳和摇绳的节奏要一致。

2.学习提示

（1）绳网的绳应稍长大概在6～9米。

（2）长绳要相互交错于一点。

图8-1-17

3.重点与难点

重点：起动摇绳和摇绳的节奏要一致。

难点：能熟练起动摇绳和控制摇绳。

4.易犯错误及纠正方法

易犯错误：摇绳的节奏混乱。

纠正方法：增加摇绳次数，增强摇绳的节奏感。

5.动作价值

培养学生团结协作精神和默契感；具有一定的观赏价值。

（四）交互绳

1.正摇绳

两名摇绳者相对站立，左右手各持一条绳（绳长相等），两人依次向内交替摇绳。(图8-1-18)

（1）动作要领：两名摇绳者相对站立，距离小于绳长，两臂胸前屈肘，两手分别持绳柄的两端，手心相对，手柄上翘大约45°，以肘关节为轴心，前臂带动手腕，依次交替向内摇绳，绳子弧度饱满，一上一下节奏相同。

图8-1-18

（2）学习提示：①徒手模拟摇绳，再做两人单手摇一绳的练习。②匀速、定数摇绳练习。

（3）重点和难点：匀速摇绳。

2.转身交叉摇绳

一人正常摇绳，另一人做转身交叉，转身者向右转身。

（1）动作要领：转身者在左手绳子接触地面向上摇，左手由左向右，经前到右，右手不变，同时身体向右转，完成转身交叉摇绳。

（2）学习提示：徒手模拟摇绳转身，另一人配合转身者完成转身摇绳。

（3）重点和难点：把握转身时机。

项目二　毽　球

一、毽球基本技术

毽球运动

毽球技术是运动员在参加毽球比赛中所采用的合理动作。为了适应比赛中不断变化的复杂情况，运动员必须熟练掌握毽球的各种技术。毽球基本技术动作包括六大类，即准备姿势、步法、起球技术、发球技术、进攻技术和防守技术。

（一）准备姿势

准备姿势是运动员在场上接球前身体的一种等待状态。保持良好的姿势，是使身体能随时在瞬间由静变动，由被动的状态变主动状态的关键。准备姿势一般分为以下两种。

1. 左右开位站姿

这种站姿使运动员能从静止状态快速转向左右移动的状态，尤其用在比赛的防守过程中。

2. 前后开位站姿

这种站姿使运动员能从静止状态快速转向前后的移动状态，较多应用在比赛过程中的接发球和防守当中。注意后脚脚跟离地，身体重心要向前移，随时保持静中带动的状态。

（二）步　法

步法是移动的灵魂，没有纯熟的步法技巧，在比赛中就不能变被动为主动。步法移动一般有八种，分别为前上步、后撤步、滑步、交叉步、并步、跨步、转体上步和跑动步。只有熟悉各种步法的移动运用，在比赛中才能更具主动性和灵活性。

（三）起球技术

起球的基本技术动作主要可分为脚内侧起球、脚外侧起球、脚背起球和触球。

1. 脚内侧起球

起球前，两脚前后自然分立，两腿微屈；击球脚在后，两臂放松垂于体侧，目视来球。起球时，身体重心前移到支撑脚上，击球脚大腿带动小腿由后向前上方摆动。在向上摆腿的过程中，髋关节外张，膝关节弯曲外展，踝关节内翻击球。击球瞬间，足弓击球面应端平，用脚内侧足弓中部击球，击球点一般在支撑腿膝关节高度和体前40厘米处。起球的全过程中，动作柔和，协调用力适当，大腿、小腿应顺力方向完成送球的动作。脚内侧起球，多用于第二次传球或调整处理球，特点是击球稳、准，便于控制球。（图8-2-1）

211

2. 脚外侧起球

两脚自然分立，成准备姿势，目视来球。当来球在自己身体的侧面时，重心移到支撑脚上，击球腿的髋、膝内扣，屈踝，屈膝，踝关节外翻，触球脚外侧端平。击球是利用小腿内翻快速上抬的动作完成，触球部位一般在脚外侧的中部和后部，击球点的高度一般不超过膝关节。当来球较高并快速向体侧后方飞行时，击球腿快速从下向后摆，踝关节自然勾起、外翻，脚趾向外，使脚的外侧基本成平面，上体成前俯姿势。击球时，大腿后摆，小腿屈膝，用迅速向上摆动的动作向身体前上方击球，触球部位在脚外侧的中部或中后部。（图 8-2-2）

3. 脚背起球

击球前做好准备姿势，目视前方。正面来球时，先移动调整体位，前脚为支撑脚，后脚从后向前摆起，脚背与地面基本水平，利用适度的伸膝和踝关节背屈协调用力地做勾踢动作，把球向上踢起。击球部位应在脚的脚趾关节处，击球点应在离地面 10～15 厘米的高度。起球的方向、弧度和落点可以通过脚背的变化、踝关节背屈勾踢的幅度来调整。（图 8-2-3）

4. 触 球

在身体膝关节以上部位的踢球称为触球，触球可分为大腿触球、腹部触球、胸部触球、肩触球和头触球等。（图 8-2-4）

图 8-2-1　　　图 8-2-2　　　图 8-2-3　　　图 8-2-4

（四）发球技术

发球技术可分为脚内侧发球、脚正背发球、脚外侧发球三种。

1. 脚内侧发球

持球抛脚前，抬大腿带小腿加转髋，用内足弓部位向前上方送髋推踢。其发球特点是既稳又准，破坏性强。（图 8-2-5）

2. 脚正背发球

持球抛脚前，伸腿，绷脚面，抖动加力击出球。注意绷脚尖，用正脚背向前上方发力挑踢。其发球特点是平、快、准。（图 8-2-6）

3. 脚外侧发球

注意稍侧身站位，抬腿，踝内转，绷脚尖，用脚外侧发力扫踢。其发球特点是既快又狠，攻击力强。（图 8-2-7）

图 8-2-5　　　　图 8-2-6　　　　图 8-2-7

（五）进攻技术

1. 脚踏攻球技术（正面脚掌）

进攻队员面对网站立，两膝微屈做好攻球准备姿势，当二传传球至攻球点时，进攻队员支撑脚迅速上步，也可两三步助跑，然后击球腿大腿带动小腿迅速上摆至最高点，支撑腿伸直、提踵式跳起提高击球点，两臂放松上摆，提高身体重心并保持平衡。击球时，击球腿、髋、膝、踝依次发力鞭打式下压，用脚掌前1/3处击球。击球点一般保持在攻手头前上方离身体50厘米的高度，远网球宜展腹直腿发力踏球，近网球可屈膝，小腿主动发力踏球，还可以利用身体转动和脚腕的变化改变攻球路线和落点。

2. 倒勾攻球技术

（1）正倒勾球。

背向网两脚平行站立，右腿蹬地起跳，左脚屈膝上摆到空中最高点时，左腿迅速下摆，同时右腿屈膝，大腿带动小腿用力上摆，当球下落到头的右侧斜前方时，小腿用力摆出，击球脚腕抖屈以脚趾或脚趾跟位击球。击球后，应注意控制击球腿的腾空摆动幅度，避免触网，两腿依次缓冲落地，保持身体平稳。其攻球特点是线路多，灵活多变，是进攻的主要手段。

（2）正倒勾脚掌吊球。

攻球前，进攻队员背网站立，做好攻球准备姿势并密切观察传球情况。当二传传来的球离身体较近，落点在头前上方时，迅速调整好位置，采用原地或调整一步起跳做脚背倒勾佯攻，当身体腾空时突然变脚背倒勾攻球为脚掌触击将球吊入对方场区。击球时，击球腿微屈上摆，逐步伸直，勾脚尖屈踝使脚掌在头前呈水平状，脚掌触球并用腿向后摆的托送动作将球吊入对方场区的空当。完成攻球动作后，摆动腿和击球腿依次缓冲下落，保持身体平衡。

（3）外摆脚背倒勾攻球。

进攻队员稍向右侧背对球网站立，两腿微屈做好攻球准备姿势，密切观察二传传球信号。当传球至击球点时，采用一步或两步助跑，起跳时膝踝关节充分蹬直，摆动腿和摆动臂协调用力。身体腾空后，摆动腿下落，击球腿迅速外摆，膝关节猛力伸踢，屈踝用脚背勾踢动作攻球过网。击球部位在脚背外侧的脚趾根处，击球点应在攻手头上方右侧约50厘米的落点处。击球后，应注意控制击球腿的腾空摆动幅度，避免触网，两腿依次缓冲落地，保持身体平稳。

（六）防守技术

毽球的防守技术有拦网、踢防、触防和跑防四种。

1. 拦　网

拦网是防守的第一道防线，是得分、得权的重要手段，是破坏对方进攻并组织反击的重要手段，有效的拦网能使本方化被动为主动，削弱对方的进攻威力，给对方造成心理压力，在比赛中占有重要地位。

拦网时，面向球网，距网20～25厘米，两脚平行开立，与肩同宽，两膝微屈，重心下降，自然收腹，上体稍前倾，两臂自然下垂，置于体侧，目视来球。起跳后，提腰收腹挺胸击球。击球后自然下落，缓冲落地。为及时对准对方击球点，应采用并

213

步、交叉步等技术移动取位，准备起跳拦网。

2.踢　防

毽球的踢防技术有内踢、外踢和挑踢三种。

（1）内踢。

当球的落点在身体前面时，快速移动，膝关节外张，小腿由内向上摆动，用脚内侧完成踢球动作。

（2）外踢。

当球落于体侧时，在腰部和髋关节的带动下，利用小腿的外摆和脚外侧击球，完成踢球动作。

（3）挑踢。

当球落于较低位置时，将脚插入球底下，在踢球时的瞬间，依靠髋、膝、踝三个关节的带动，抖动上挑脚尖，同时绷直膝关节，完成踢球动作。

3.触　防

触防是根据对方攻球的情况，在单人拦网的同时，另外两名防守队员判断击球路线，用膝关节以上的身体部位挡球。

4.跑　防

跑防就是对方的攻球将落于较大的空当区域，而球速又不是太快的情况下，快速跑动接近球，使用恰当的防守技术起球。

二、毽球基本战术

（一）进攻战术

1."一二"阵型

"一二"阵型配备就是在3名上场队员中，有1名主攻手，2名二传手。运用此阵型时，主攻手一般不参与接发球，两个二传手交替接发球和做二传。这种战术的进攻特点是分工明确、稳而不乱，适用于有高大主攻手善打中一二和两次进攻等高举高打打法的队伍。（图8-2-8）

2."二一"阵型

"二一"阵型就是上场的3名队员中，有1名主攻手、1名副攻手和1名二传手的配备组合。这种阵型配备，适用于有倒勾球、脚踏球攻击力较强的攻手和1名传球水平较高的二传手的队伍。（图8-2-9）

3."三三"阵型

"三三"阵型就是上场的3名队员，都既是攻球手又是二传手。"三三"阵型中，场中队员接球站位一般成倒三角形，任何一个队员接到球后随时都可以组织两人以上同时参与进攻的战术打法。这种阵型可以打出掩护交叉战术，还可以打出快攻、背溜、双快、掩护等较复杂多变的战术。（图8-2-10）

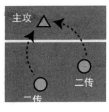

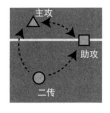

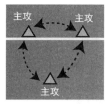

图 8-2-8　　　　　　　　图 8-2-9　　　　　　　　图 8-2-10

（二）防守战术

拦网战术是防守中的重要战术，是破坏对方进攻并组织反击的重要手段，在比赛中占有重要地位。拦网战术应根据对方进攻的不同特点决定本方的防守阵型。拦网一般分为单人拦网和双人拦网两种形式。

1. 单人拦网

单人拦网又称为"一拦二防"战术，就是 3 名防守队员中，1 名防守队员在网前拦网，另 2 名防守队员在其身后分区防守。这种战术在对方进攻威力不太大，变化不太多时采用，在拦快球时也常常被迫运用。单人拦网时，拦网队员一定要判断准确，把握好起跳时机，用身体堵防攻球点，拦住对方攻手主要的、威胁最大的进攻路线。其余的两名防守队员可在其身后平行落位防守或一前一后防守。这种封线分防的特点是，有两道防线，网上拦网封线路，网下中场防落点，拦防结合，利于反击。（图 8-2-11）

2. 双人拦网

双人拦网又称"二拦一防"或简称为"二一"防守战术，就是场上 3 名防守队员中，有 2 名防守队员在网前拦网，另 1 名防守队员在场区中后区防守。当对方进攻力量强大，有多条进攻线路时可采用双人拦网。这样不论对方在任何位置进攻，本方均有两人起跳拦网，防守队员应站在拦网队员身后中间位置，可靠前，也可靠后加强保护与防守。这种"封线补防"的特点是网上强行拦网封堵线路，网下保护补空缺，拦防互补，上下配合，变被动为主动。（图 8-2-12）

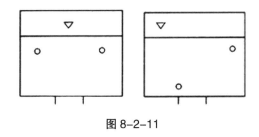

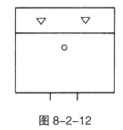

图 8-2-11　　　　　　　　　　　图 8-2-12

3. 全防守战术

这是一般球队较少采用的一种战术，就是在对方进攻威胁性不大，己方基本技术较熟练，防守能力较强，队员脚上基本功比较过硬时，采用的一种防守战术。

项目三　舞龙、舞狮

一、舞　龙

现代舞龙运动区别于其他体育项目的明显特点是舞龙是由龙珠、龙头、龙身、龙尾共 10 个人借助龙珠和龙体器材，在音乐的烘托下共同完成一个动作，是集体性项目，其中任何一个人出现错误将影响动作完成的质量。现代舞龙运动要求 10 位队员在音乐的伴奏中，团结一致、齐心协力，相互配合。珠引龙走，龙跟珠行，节节相随，快慢有序，组成龙的各种形态。自龙珠至龙尾 10 名队员依次称为：0、1、2、3……9 号队员，在比赛过程中，要求队员佩戴相应的号码簿。现代舞龙的动作主要可分为五类：8 字舞龙类动作、游龙动作、穿腾动作、滚翻动作、组图造型动作。每类动作规格又可以分 A、B、C 三个难度级别。如 8 字舞龙类动作中，"原地 8 字舞龙"是 A 级难度动作，"行进快速 8 字舞龙"是 B 级难度动作，"双杆 8 字舞龙"则属于 C 级难度动作。

（一）8 字舞龙类动作

8 字舞龙类动作是指运动员将龙体在人体左右两侧交替做 8 字形环绕的舞龙动作，可快可慢，可原地可行进，也可利用人体组成多种姿态，多种方法做 8 字形舞动。8 字舞龙类动作种类很多，难度也很大，并且在舞龙动作中占很重要的地位，贯穿于舞龙表演的全过程。故"8"字舞龙类动作是舞龙学习中的重点和难点。龙体运动轨迹要圆顺，人体造型姿态要优美，快舞龙要突出速度、力量；每个动作左右舞龙各不少于 4 次。

1. 原地 8 字舞龙

【动作说明】全体队员大八字步呈一直排站立，龙体在队员两侧做 8 字环绕舞龙不少于 4 次。

2. 跪步舞龙

【动作说明】全体队员大八字步呈一直排站立，龙体在队员两侧做 8 字环绕舞龙 1 次后，同时降低重心，单膝着地成跪步，龙体不停地在队员两侧做 8 字环绕舞龙不少于 4 次。

3. 8 字舞龙磨转

【动作说明】全体队员呈一直排站立，龙头面对龙体做 8 字舞龙。以第 5 节为中心，顺（逆）时针磨转一周，同时完成 6～8 次 8 字舞龙动作。

【要求】龙形圆顺，轴转流畅连贯。

4. 靠背舞龙

【动作说明】全体大八字步呈一直排站立，3、5、7、9 号队员向后转身，分别与 2、4、6、8 号队员背对背呈人字形斜靠状，龙体在队员两侧快速做 8 字舞龙 6 次以上。

【要求】转换时无停顿现象。

（二）游龙类动作

游龙类动作是指运动员较大幅度地奔跑游走，通过龙体快慢有致、高低、左右地起伏行进，展现婉转回旋、左右盘翻、屈伸绵延等龙的动态特征。

【要求】龙体循着圆、曲、弧线的规律运动，运动员协调地随龙体起伏行进。

1. 单侧起伏小圆场

【动作说明】龙珠引龙体逆时针方向走小圆场，同时龙体在队员右侧快速大幅度上下起伏。

【要求】队员互相靠近，身体重心随龙形变化而变化，龙体上下起伏流畅，不可前后牵扯，也不可出现塌肚现象。

2. 快速矮步跑圆场越障碍

【动作说明】龙珠引龙体逆时针方向快速矮步跑小圆场，同时龙体做小幅度起伏；龙珠右侧平端，珠杆做反方向运动，龙头带领各节跳过龙珠障碍。

【要求】队员越过龙珠时身体重心恰好在最高位置，龙体也要在最高位置。越过龙珠时不要碰踩龙珠，队员越过龙珠后要继续匀速前进，不要有停顿动作。

3. 快速跑斜圆场

【动作说明】龙头起伏一次后正向跑斜圆场。动作的掌握可以分两步进行。

龙体呈圆：龙头要内扣咬住龙尾，为保持龙形饱满，各节要尽量将龙杆向外撑开。

呈一斜圆：要达到此目的，首先要把握好一个最低点和最高点，在最低点，每把都要放到最低，同时身体重心也要降到最低；在最高点，每把都要将龙杆上举，两手持龙杆举至最高点，同时脚尖踮起，身体重心升至最高点；其次，要做到在最高点和最低点之间的转化要匀速均衡，每把龙杆在两点之间的转化是始终处在上升和下降的运动过程中的，决不可出现"拖龙"现象。

4. S形游龙

【动作说明】龙珠引龙体快速呈S形行进，改变3个以上方向。

【要求】龙体圆顺，避免出现龙体塌肚现象。

（三）穿腾类动作

穿腾类动作是指龙体运动路线呈纵横交叉形式，龙珠、龙头、龙节依次在龙身下穿过，称为穿越；龙珠、龙头、龙节依次在龙身上越过，称为腾越。穿越和腾越时，龙形保持饱满，速度均匀，运动轨迹流畅，穿腾动作轻松利索，不碰踩龙体、不拖地、不停顿。

1. 穿龙尾

【动作说明】龙珠引龙体逆时针方向跑圆场呈圆后，带领龙体穿越第8节龙身行进。

【要求】在穿越的过程中，9号队员要向内向龙头靠拢，不可向外打开。

2. 穿龙尾跳龙头

【动作说明】正向起伏小圆场，龙头在最低点内扣，起伏一次后穿龙尾（有个小

停顿），同时全体队员向内靠拢依次穿龙尾、龙头。在穿过龙尾后换把转向，矮步端龙，3、5、7、9 四节依次跳过龙珠和龙头。

【要求】跳过龙头和龙珠的时候，不要碰踩龙杆。

3. 龙穿身

【动作说明】在龙头到达第 6 节之前，第 6 节引龙体左右跑动，保持龙形活跃，在龙头穿越之后，第 6 节顺龙势下滑龙杆，7、8、9 节换把，矮步依次从第 6 节前穿过。

【要求】在龙头穿越的过程中，龙体要保持活动，不要出现"死龙"现象。

4. 龙脱衣

【动作说明】快 8 字舞龙中突然静止，组成曲线造型，而后，双数队员向右，单数队员向左呈两排站立，龙珠的带领下，龙头从两排龙身下依次穿过结成疙瘩。当 8、9 号队员正好穿过时，由龙珠引龙体原路折回穿过龙身，自然解开龙身疙瘩。

【要求】穿越过程中前后队员要排成一条直线，龙头要把握好折回时机。

5. 快腾进

【动作说明】龙珠左转弯穿越第 4 节，龙身 6、7、8、9 号队员分别腾越第 1、2、3、4 节龙身，反复三次以上。

【要求】龙体一环扣一环，始终保持一个半环。

6. 慢腾进

【动作说明】龙头穿过第 5 节后端直线行进接慢腾进。龙珠引龙体矮步端龙行进，龙珠左转弯举珠腾越第 4 节龙身，龙头腾越第五节龙身随珠而行，第 2、3、4 号队员分别交叉越过第 6、7、8 节龙身。龙珠右转弯引龙体反复重复以上腾越动作。

【要求】速度要慢，龙形要饱满。

（四）翻滚类动作

翻滚类动作是指龙体呈立圆或斜圆状运动，展现龙的腾越、缠绞的动势。龙体做立圆或斜圆状连续运动，当龙身运动到舞龙者脚下时，舞龙者迅速向上腾起依次跳过龙身，称为跳龙动作；龙体同时或依次做 360° 翻转，运动员利用滚翻、手翻方法越过龙身，称为翻滚动作。滚翻动作必须在不影响龙体速度、幅度、美感的前提下完成，难度较大，技术要求也高，龙体运动轨迹要流畅，龙形要圆顺，运用翻滚技巧动作要准确规范。

1. 快速逆向跳龙行进

【动作说明】龙头带领龙节在龙珠的引导下，举龙快速行进中逆时针方向连续舞两次立圆行进。各龙节迅速依次跳跃龙身随龙头行进。

【要求】队员在跳龙时要举龙杆至最高点。

2. 大立圆螺旋行进

【动作说明】龙头在内侧，身体重心随龙体起伏，顺时针方向舞大立圆 3 次，使龙体连续螺旋翻转行进。

【要求】龙形旋转立圆一致，队员腾越龙身轻松利索无碰踩龙体，不拖地。

3. 360° 斜圆盘跳龙

【动作说明】全体队员呈一直排站立，做 8 字舞龙 2 次后，龙头面对龙节逆时针方向舞斜圆；当龙身舞到脚下时，各节队员迅速从龙身上依次跳过。如此反复 3 次以上，使龙体连续斜盘翻转。

【要求】队员在跳跃龙身时一定要依次完成，不要碰踩龙体，不要同时跳跃，越过龙体后要将龙杆向后一节队员脚下扫送。

4. 360° 螺旋跳龙

【动作说明】龙头面对龙节顺时针方向舞立圆；当龙身舞到脚下时，各节队员迅速从龙身上依次跳过，如此反复 4 次以上，使龙体连续螺旋翻转。

【要求】龙形要饱满，不拖地，螺旋要圆顺。队员跳跃时不可碰踩龙体。

5. 快速螺旋磨转

【动作说明】龙头面对龙节顺时针方向舞立圆；当龙身舞到脚下时，各节队员迅速从龙身上依次跳过，如此反复 6 次以上，同时以 5 号队员为轴心，龙体逆时针方向，呈磨盘状边舞边转一周。

【要求】龙形要饱满，不拖地，螺旋要圆顺。队员跳跃时不可碰踩龙体。磨转时前后队员仍要保持直线站立。

6. 大横 "8" 字花慢行进

【动作说明】龙珠引龙体左右上下起伏缓慢行进，整个龙体组成明显的大横 8 字花图案重复 4 次以上，做到慢而不断，柔中有刚。

【要求】首尾相连呈一完整 8 字形，横 8 字两边圆大小一致。在移动过程中要始终保持 8 字图案不变。

7. 龙头高翘造型

【动作说明】跳过龙尾后龙头矮步单侧起伏向龙尾靠拢，然后龙头起身内扣，原地拧把外转龙头转动一周盘龙。第 2、3、4 节高擎龙迅速靠拢龙头，组成一龙盘。第 4 节两腿前后开立微屈，第 5、6 节全蹲与第 4 节所成的一条直线和由第 7、8、9 节所形成的一条直线成 30° ～ 40° 角。同时，第 7、8、9 三节俯身屈腿做波浪形运动。

【要求】龙头高翘，首尾相望。人体要尽可能地隐藏于龙体之后。

传统舞龙与
竞技舞龙

二、舞　狮

现代舞狮运动是利用人体多种姿态和狮头、狮尾双人配合，在行进动态和静态造型变化中将力度、幅度、速度、耐力等揉于舞狮技巧中，完成各种高难度动作，或动或静，组成优美形象的狮雕塑，表现狮子的勇猛彪悍、顽皮活泼等习性。舞狮动作按其难易程度分为 A 级难度动作、B 级难度动作、C 级难度动作。

A 级难度动作是指舞狮动作中的基础动作和技术较为简单的技巧动作；B 级难度动作是指在 A 级动作上有所发展，有所提高，具有一定难度的技巧动作；C 级难度动作是指必须具有较高的专项身体素质和专项技能才能完成的高难度动作的舞狮技巧动作、组合动作，具有较高的锻炼价值和审美价值。

下面介绍舞狮（南狮）竞赛套路练习。

（一）手型和手法

1. 狮头握法及动作

狮头握法包括狮棒握法和狮舌握法，是握狮棒动作与握狮舌动作的协调与配合。

（1）狮棒握法及动作。右手手掌摊开，手心朝里，虎口朝上，大拇指同其余四指卷握横木中间。狮子的神态除通过身法、步法的表达之外，主要依靠眼型的变化。狮子眼睛的睁与闭，以及眨眼所表现的眼法，都是通过主握横木的右手，用手指拉动连接狮子眼睑的绳子杠杆装置得以实现的。（图8-3-1）

（2）狮舌握法及动作。

单手正握法：以右手为主握（即狮棒握法），左手前臂托横木，五指张开，掌心向下，以大拇指托狮舌，其余四指在狮舌上方，手背朝上，握狮舌中间或一侧部位。（图8-3-2）

单手反握法：以右手为主握，左手握法与单手正握法相反，即左手五指张开，手心朝上，大拇指与其余四指分握狮舌上下面。

双手正握法：两手从横木下穿过，以前臂托住两侧横木，握法与单手正握法相同，握于狮舌两侧头角处。

双手反握法：双手反握法与单手反握法相反（即两手心向上），握的部位相同，以肩为主要着力点托住狮头。

（3）开口与合口。

狮子口的开合主要通过狮舌的上下摆动来完成。开口式多用在舞中架和下架狮时。可根据狮子神态来确定张开口的大小、角度及狮舌动的程度。合口式一般用于舞高架狮时或狮神态的洗、擦、提动作。

2. 狮尾握法及动作

腰带的抓握是狮尾握法及动作完成的前提和基础。狮尾握法主要包括单手握和双手握两种，其相应的狮尾动作有摆尾和掀被。

（1）单手握及动作：狮尾用一只手（通常为右手）抓握狮头同侧胯处的腰带。单手握通常是在狮头不起跳的时候使用，另一只手可结合抖臂做摆尾的动作。（图8-3-3）

图8-3-1 图8-3-2 图8-3-3

（2）双手握及动作：狮尾用两手分别抓握狮尾同侧胯处的腰带。双手握既可在狮头起跳，如在做上单腿、上双腿、高举等有腾起动作的时候使用，也可以用于狮头不起头的状态，如配合膝关节的屈伸，两手肘关节做外展掀狮被动作来体现狮子气息的变化。

（3）抓握腰带：狮尾两手虎口朝前上方，拇指与其他四指从狮头两侧胯处抓握腰带。狮尾可以利用除拇指以外的其他四指从上往下把狮头的狮裤一部分卷到手心，以增强抓握时的舒适性和稳定性。

（二）步型和步法

步型是指舞狮运动中两腿根据不同的狮子形态，按一定要求下肢所展示出的一种静止姿势，即脚呈现的式样或类型；步法指舞狮运动中，脚步移动的方式方法，展示脚步移动的方向、幅度大小、速度快慢等时空过程。

按照两腿与两脚的空间不同，可将步型分为：左右开步式、前后错步式、交叉式、并立式与独立式五种。

1. 左右开步式

（1）两移步：从基本步站立姿势开始，上体不动，左右脚交替移约一脚掌。

（2）大四平步：两脚左右开立宽于肩，两腿弯曲，两大腿成水平，上体正直，收腹挺胸。

（3）铲步（仆步）：右腿大小腿弯曲，全蹲，重心在右腿，左腿向右侧前伸，大小腿成一条直线，脚掌往里扣；左铲步与右铲步动作相同，只是方向相反。

（4）跃步：从基本步站立姿势开始，下蹲用力蹬地，向左右上方跃起，落地后还原。

2. 前后错步式

（1）行礼步：从基本步站立姿势开始，以左为例，两脚用力蹬地向上跃起，在中线落地，重心在右腿，成左虚步；右虚步与左虚步动作相同，只是方向相反。

（2）弓步：右腿大小腿弯曲，大腿成水平，上体正对前方，呈前弓后箭形。

（3）跪步：从基本步站立姿势开始：左腿大小腿弯曲成90°角，右大腿弯曲小于90°，右膝关节和右脚指向地，上体稍前倾，重心在右脚；左跪步与右跪步动作相同，只是方向相反。

（4）虚步：左腿弯曲，重心在左腿，右腿大小腿微屈，脚尖前点，左虚步与右虚步动作相同，只是方向相反。左腿在前称左虚步，右脚在前称右虚步。

（5）小跑步：从基本步站立姿势开始，一脚脚跟提起，一脚前脚掌着地，左右脚交替小跑前移。

（6）跳步（小跳步）：两腿用力蹬地，向前方跳起，腾空的同时稍向左转，两脚落地成侧向马步。

3. 交叉式

（1）麒麟步：腿弯曲，重心在两腿。左麒麟步与右麒麟步动作相同，只是方向相反。

（2）插步：从基本步站立姿势开始，重心移至左脚，右脚提起经左腿后向左腿的左后方插步，左右腿成交叉；左插步与右插步动作相同，只是方向相反。

4. 并立式

开合步：从基本步站立姿势开始，两脚蹬地，两腿向左右分开宽于肩，两脚蹬地两腿并拢完成动作的过程，上体保持基本姿势。

5. 独立式

（1）吊步：在左虚步的基础上，提起左腿，支撑腿微屈，左大腿在体前呈水平，膝关节放松，小腿自然下垂，脚尖绷直；左吊步与右吊步动作相同，只是方向相反。

（2）探步：从左虚步开始，左腿提起，左大腿呈水平，以右膝关节为轴，小腿前伸，脚尖前点；左探步与右探步动作相同，只是方向相反。

（3）独立步：左腿提起，大腿呈水平，大小腿弯曲小于90°角，脚尖绷直，上体稍前倾；左独立步与右独立步动作相同，只是方向相反。

（三）身形与身法

身形即体形，身法是身形的各种展示方法。狮子的外部形态展示和神态表现是通过扮演狮子的运动员的身形及身法来实现的。身形身法构成了舞狮动作中的基础动作和简单的技巧动作。

1.腾 起

【动作说明】狮头下蹲用力蹬桩面，向上跃起，狮尾在狮头跃起的同时把狮头举起，然后落下还原。

【动作要点】狮头垂直向上跃起，狮尾顺势伸直手臂并夹紧。

2.高 举

【动作说明】狮头下蹲用力蹬桩面，向上跃起，狮尾在狮头跃起的同时把狮头举起，狮头在狮尾头顶保持提膝收腹、身体微后仰的稳定姿态数秒或更长时间。

【动作要点】当狮尾将狮头举起时，狮尾两手手腕手臂内旋用力夹紧，来增强动作的稳定性和持久性。狮头用力蹬地，垂直起跳，空中身体后仰并收腿，滞于空中，不要挺肚子，头不要后仰。

3.坐 头

【动作说明】狮头下蹲用力蹬桩面，向上跃起，狮尾在狮头跃起的同时把狮头举起，并轻放于头上，狮头右膝高抬，大小腿弯曲，脚尖绷直；右膝下垂，大小腿弯曲，脚尖绷直。

【动作要点】狮尾要点同高举，狮头坐于狮尾头上，左脚提起，右脚紧贴狮尾胸部，躯干自然挺直。

4.单桩坐头

【动作说明】单桩坐头方法同坐头，只是狮头狮尾各占一根桩柱。

【动作要点】动作要点同坐头。

5.钳 腰

【动作说明】狮头下蹲用力蹬桩面，向上跃起，狮尾在狮头跃起的同时，狮尾两手把狮头后移至体前，狮尾成半蹲，狮头大腿紧夹狮尾腰部，左右脚相扣。（图8-3-4）

【动作要点】当狮头向上跃起时，狮尾迅速半蹲，将狮头拉至体前；狮头两脚扣于狮尾后腰，迅速夹紧，收腹抬头。

6.上单腿

【动作说明】狮头下蹲用力蹬桩面，向上跃起，狮尾在狮头跃起的同时，狮尾右脚移至狮头狮头右脚桩面，成弓步，狮头下落，右脚（脚尖外展）站于狮尾右大腿上，左大腿成水平，小腿自然下垂。（图8-3-5）

【动作要点】狮头下落时，小腿可稍微

图8-3-4　　　　图8-3-5

弯曲，可缓冲下落时的力量，同时左脚提起，放松脚踝。狮尾两手用力夹紧狮头腰部，用力托住狮头，使其缓慢下落。

7. 上双腿

【动作说明】狮头下蹲用力蹬桩面，向上跃起，狮尾在狮头跃起的同时，两手把狮头稍后移，狮头下落，两脚（两脚脚尖内扣）站在狮尾的左右大腿上。（图 8-3-6）

【动作要点】狮头垂直起跳，站腿瞬间，两腿微屈，站稳后，两腿再伸直；狮尾夹紧狮头腰部，用托劲使其缓慢下落，下蹲屈膝缓冲狮头落脚力量。

图 8-3-6

项目四　高脚竞速

一、高脚竞速技术学与练

高脚竞速的主要基本技术包括：握"马"、上"马"、行走技术、跑动技术、接力技术等。

（一）握"马"（握杆）

两脚开立，将两"马"（杆）平行立于体前，两"马"（杆）间距离约同肩宽（40～50 厘米），两手虎口向上，四指并拢，两手握紧"马"（杆）上部，手部高度低于肩部约 10 厘米。

（二）上"马"（踏镫）

在两手分别握好"马"后，两脚依次踩上踏镫，此时两臂紧张，将握杆部位靠近身体，手脚配合提杆抬腿，左右交替迈步，以行走或移动的方式来维持身体平衡。

练习方法：背靠墙壁或栏杆，两手握"马"，两脚依次踩上踏镫，体验用前脚掌而不是脚弓踏踏镫，站稳后将高脚杆的下端逐渐向后移动，使身体重心移至高脚杆上，体验左右、前后移动重心。

（三）行走技术

两手紧握高脚杆上端，高脚杆不能产生旋转或晃动，在基本能够保持平衡的情况下，一侧迈步时，身体重心先向对侧移动，迈步一侧手向上提"马"（杆）；同时，同侧脚提膝，支撑重心的一侧脚保持身体的平稳，待迈步脚落地时，身体重心向落地一侧腿移动，另一侧开始迈步，依次交替进行。

练习方法：

（1）小步幅行走，即步幅控制在 0.5 米左右进行小步幅行走练习。

（2）大步幅行走，即步幅提高至一般行走步幅的 1.5 倍进行大步幅行走练习。

（3）高抬腿行走，即将大腿抬至水平位高度的行走练习，重点体会抬腿提杆和膝部、大腿从高脚撑杆内侧上抬的技术。

（4）后退行走或左右横向行走，提高维持平衡能力。

（5）垫步行走，即左右脚交替在前的垫步行走。

（四）跑动技术

跑动技术包括起跑、加速跑、途中跑、终点冲刺跑四个组成部分。

1. 起 跑

起跑由"各就位""预备"和鸣枪三个部分组成，加速跑一般在起跑后 20～30 米进行。

（1）"各就位"。听到"各就位"的口令后，两高脚杆立于起跑线后（杆底部不得触及或超过起跑线），两手握杆上部，两臂处于自然伸直状态，身体直立，两眼平视前方。（图 8-4-1）

（2）"预备"。听到"预备"口令后，将一只脚踏上踏镫，踩稳后身体重心前移，踩在踏镫上的腿压紧，杆前倾，重心前移到踏上踏镫一侧的腿上，立于地面的腿屈膝，脚跟稍离地，前脚掌用力撑地。两臂稍屈，两手紧握高脚杆。眼看前下方，集中注意力听枪声。（图 8-4-2）

（3）鸣枪。听到枪声后，蹬地脚同侧的手迅速将高脚杆向前提拉一步，蹬地脚同时跟进踏上踏镫，先踩在踏镫上的腿随之向前迈出第二步。（图 8-4-3）

图 8-4-1　　　图 8-4-2　　　图 8-4-3

2. 加速跑

起跑后的加速跑距离一般在 20～30 米，其任务是在较短时间内尽快获得较高速度，迅速转入途中跑。起跑后，向前迈出的第一步不宜过大，步幅由小到大，频率逐渐加快，加速时两腿交替用力后蹬和前摆，两臂上提脚杆，杆着地点的横向距离基本与肩同宽。当加速到较高速度时即转入途中跑。

3. 途中跑

途中跑是高脚竞速全程跑中距离最长、速度最快的一段，其任务是发挥加速跑获得的速度并保持高速度跑。（图 8-4-4）

途中跑技术包括两腿动作、提摆臂动作、头和身体姿势。由于跑动时抬腿动作和同侧臂的提摆是一致的，所以要注意摆腿和前臂

图 8-4-4

上提的协调配合。摆动腿尽量高抬，同侧臂的前臂尽量上提高脚杆，而支撑腿后蹬时以强有力的动作蹬伸髋、膝和踝关节。此外，要注意两手抓紧高脚杆，以防止杆的旋转，从而保持身体稳定。上体适当前倾，不要弓背，不要低头，眼睛平视。要用力后蹬，尽量减小高脚杆与地面的夹角，缩短腾空时间，减小身体的上下起伏。同侧臂配合后蹬，控制好高脚杆，前臂尽量下压。

由于高脚竞速运动的强度较大，后程的耐力是保持高速度跑完全程的不可忽视的重要素质。保持跑动时的步频和增大步幅或增加步频保持步幅，都能提高跑速，但应正确理解步幅与步频之间的关系，避免后程因力量和耐力不足，而失去对杆的控制。

弯道跑：弯道跑时由于身体在杆上，重心较高，跑动中离心力较大，所以要控制好杆与身体向内倾斜的角度。为了克服离心力的影响，在进入弯道跑时身体应逐渐向左倾斜，右臂摆幅加大，并稍向内摆，左臂加大向外提杆动作；右腿前摆时，膝部稍内转，左腿前摆时，膝部稍外转。在跑完弯道即将进入直道时，身体逐渐恢复到正常跑的姿势。

4. 终点冲刺跑

终点跑要动员全身力量，以最快的速度冲向终点，争取有利名次。要注意撞线时，控制好身体位置以防跌倒。运动员应基本保持途中跑姿势，到达终点后向前减速缓冲跑 10 米左右再跳下高脚，以保证安全。

（五）接力技术

接力跑能否获胜，不仅取决于接力队员的跑速，在很大程度上还取决于他们对接力时机的掌握和运用。根据竞赛规则，队员必须在规定的 10 米接力区内完成接力，一个队共用一副马杆，因此，交接用时越少越好。当前一个队员的马杆踏入接力区后，应当迅速减速跳下高脚，尽快将高脚撑杆交给下一个队员，接力队员接到高脚撑杆后，必须在接力区内踏上高脚，并运用起跑和加速跑技术迅速向前跑进。

为充分发挥每个接力队员的优势，应根据队员的实力和对方运动员的情况安排接力顺序。一般情况下，会把实力强、冲刺能力好的队员放在最后，有时也会把实力强的队员放在第 1 名，从一开始就超过对方，形成心理上的优势。此外，在 4×100 米接力中，第 1 名和第 3 名队员还应善于跑弯道。

练习方法：

（1）反复体验，速度由慢到快。

（2）针对性地提高运动员进入接力区后快速下马的能力，以提高交接速度。

二、高脚竞速基本战术

高脚竞速正式比赛中开设的项目只有五项，距离在 100～200 米，由于技术难度和强度大，比赛中要注意处理好体力分配，特别是有些运动员比赛场次较多，如何争取在各场次比赛中获得好名次，合理分配体力就显得尤为重要。

通常在 100 米比赛中要力争在每一赛次中取得好名次，通常在小组取得比赛的好名次后应养精蓄锐，为下一赛次做准备，以便在决赛时能够有足够的体力跑出自己的最好成绩。200 米比赛中，首先要确保在预赛中出线，进入决赛后再全力以赴跑出最好成绩。在具体比赛中应合理地分配自己前、后100米的体力。前100米要用接近本人最好成绩跑。在跑过弯道进直道时，要顺惯性"自然跑进"2～3步，然后全力跑到终点。

在接力比赛中，要将起跑速度快、爆发力强的队员安排在第一棒，最后一棒要安排冲刺速度好的队员，弯道则要安排个子相对小、弯道技术好的队员。

项目五 板鞋竞速

板鞋竞速的主要基本技术包括：预备姿势、行走技术和跑动技术。

一、板鞋竞速技术学与练

（一）预备姿势

两脚前后开立，与肩同宽，两眼平视前方，两手扶在同伴的肩上或腰部，做好踏步准备。

（二）行走技术

1. 原地踏步—向前走—快速跑

当同伴都做好准备以后，为达到步调整齐一致，由一人或一起喊口令"一、二、一"或"左、右、左"并原地踏步，声音和步调要一致。熟练后，两手不攀扶其他人，自然摆臂向前走，再慢慢过渡到自然跑、快速跑。

2. 弯道走

弯道走必须改变身体姿势及摆臂和后蹬的方向。跑进时身体应向左倾斜，右肩高于左肩；右臂摆动幅度大且稍向外，左臂摆动幅度小且靠近体侧；右脚前抬时内扣，后蹬时用前脚掌的内侧扣紧板鞋；左脚稍向外，脚外侧用力；右脚步幅稍大于左脚；转弯后身体逐渐过渡到正常姿势，快速向前跑。

（三）跑动技术

完整的跑动依顺序可分为起跑、起跑后的加速跑、途中跑、终点跑四个部分。

1. 起 跑

板鞋竞速的起跑分"各就位""鸣枪"两个环节。

当发令员发出"各就位"口令时，运动员将板鞋置于跑道起跑线后，运动员共同套好板鞋，两脚前后开立，与肩同宽，身体稍前倾，重心稍降低并稍前移，注意力集中，两眼平视前方。

当听到发令枪响后，后脚迅速向前上方提膝前迈，向前跑出。（图8-5-1）

图8-5-1

2. 起跑后的加速跑

起跑后的加速跑是指向前迈出的板鞋着地，到进入途中跑之前的这一段距离，其任务是在较短时间内尽快发挥较高速度，迅速转入途中跑。

起跑后向前迈出的第一步不宜过大，重心迅速前移，两臂积极摆动，保持身体协调、平衡，步长逐渐加大，步频逐渐加快。

3. 途中跑

途中跑是板鞋竞速全程跑中距离最长、速度最快的一段，其任务是发挥并保持高速度跑。

途中跑是一个不断重复的周期性动作，途中跑技术包括两腿动作、摆臂动作、头和身体姿势。因为板鞋竞速是三人同穿一对板鞋共同完成动作，所以要求三人的腿部动作和摆臂动作要协调一致。摆动腿应尽量高抬，支撑腿要用力后蹬，两臂积极摆动，配合腿部动作，尽量缩短腾空时间，减小身体的上下起伏，保持身体稳定，上体适当前倾，眼睛向前平视。

图 8-5-2

板鞋竞技运动的强度较大，后程的耐力是保持高速度跑完全程的重要因素；保持稳定的步频和步长，避免后程因体力不足，而失去对鞋的控制，也非常重要。

弯道跑时，身体应向内倾斜，以获得合适的向心力从而保持人体的稳定和跑动的速度。（图 8-5-2）

4. 终点跑

终点跑的任务是尽力保持途中跑的高速度，跑过终点，争取有利名次。由于体力关系，要注意撞线时控制好身体位置以防跌倒。应基本保持途中跑姿势，到达终点后应在降低速度的情况下停下来，以保证安全。（图 8-5-3）

图 8-5-3

练习方法：

注意循序渐进，由易到难，先练原地踏步走，然后练行进间走、慢跑、快速跑、弯道跑、起跑和起跑后的加速跑，最后练全程跑。

（1）三人穿板鞋原地踏步练习，体会动作的协调性。

（2）三人穿板鞋配合踏步向前走练习，体会步法的一致性。

（3）三人穿板鞋慢跑并逐步过渡到快速跑，体会途中跑的动作。

（4）三人穿板鞋进行弯道跑，体会如何克服离心力，获得合适的向心力以保持人体的稳定和跑动速度。

（5）三人穿板鞋练习起跑和起跑后的加速跑，体会快而稳的起跑动作和掌握较快地获得较高速度的方法。

（6）三人穿板鞋练习终点跑和全程跑，掌握保持较快速度进行终点冲刺的方法。

二、板鞋竞速基本战术

练为战，只重视技术训练而忽视技术在战术上的应用，难以在重大比赛中取胜。随着现代竞技运动水平的日益接近，其战术意义就显得格外重要。在世界大赛，甚至全国性比赛中，短距离跑前 8 名的成绩非常接近，几乎同时到达终点，若不用高速摄像的电子计时，就很难判断名次。

目前，板鞋竞速在正式比赛中开设的项目还不是很多，战术也不如中长距离的比赛那么明显，但是由于板鞋竞速运动强度大，比赛同样也有力量分配问题，加上比赛赛次较多，因此，合理分配力量，对获得好名次、好成绩十分重要。

通常60米比赛在战术上主要是力争在每一赛次中取得好名次，一旦在小组赛中取得了较好的比赛名次就应养精蓄锐，为下一场比赛做好准备，在决赛时全力以赴，跑出自己的最好成绩。在具体比赛中，当运动员水平比较接近时，应采取充分发挥自己的特长克对手之短的战术，去取得决赛的胜利。

100米比赛的战术主要是在预赛中要确保取得好名次，进入决赛后即全力跑出好成绩。在具体比赛中应合理地分配自己的前、后段的体力。前段要用接近本人最好成绩跑，后段要顺惯性尽全力跑到终点。

在接力比赛中，弯道跑技术和交接棒技术非常重要，要安排弯道跑技术较好的队跑弯道。

项目六　陀　螺

一、陀螺技术学与练

陀螺技术可分为防守技术（放陀技术）和进攻技术（打陀技术）两大部分，其中各自又包含有不同类型的技术。

（一）防守（放陀）技术

1. 放陀技术动作方法（以右手持陀为例）

放陀技术主要分为：中间式放陀技术、四边式放陀技术和移动式放陀技术三种。

（1）中间式放陀技术。

中间式放陀技术是指将陀螺有效地旋放在死陀点周围的方法，这个地带面积比较大，容易掌握、控制。对进攻来说，攻击面较广，可直接、间接命中，命中率会高一些；但对防守者来说，由于旋放区中间的面积较大，旋放陀螺的力量也大，转速也会增大，这就可以增大阻碍进攻者的得高分率。

放陀前，两脚前后开立（左前右后），约与肩同宽，两膝微屈，重心在后脚上。右手五指自然张开，手腕后翻，持陀身中部（锥尖朝下），以手指最前面的关节和拇指的压力将陀控制住，上臂低于肩关节，前臂与上臂的夹角约成90°，肘关节稍外翻。左手持鞭杆需从右肘下方穿过，将陀螺引至身体右侧位置，上体稍前倾或接近直立（但不能后仰），两肩放松，目视旋放区。旋放时，上体稍向右侧扭转，后脚蹬地重心前移，同时，向左侧前方转体并将两臂前伸，右手不做任何屈腕和拔指动作，全身力量通过手臂和手指作用于陀螺将陀抛出。陀螺在向前飞行过程中，由于受到鞭绳的拉动，产生顺时针方向的旋转，当陀螺飞到旋放区上方距地面20厘米左右，左脚用力蹬地向右转体，左手持鞭杆向右后水平方向用力回拉，使陀螺的旋转获得更大的动力，同时将前飞的陀螺受回拉平稳地落于旋放区内。

228

（2）四边式放陀技术。

四边式放陀技术是指为了加大攻击者的攻击难度而采用将陀螺旋放在旋放区的四个边角（旋放区的近端、远端、左侧、右侧的四个边缘点）的方法。这些地带是离攻击区最近、最远或是旋放区最边的地带，对于攻击者来说除了直接命中以外，间接命中成功的概率较小，不易命中。

【要点】放近端陀时，放陀队员站在进攻线前的左侧前上方（约靠近守方预备区一侧）；放远端陀时，放陀队员站在进攻线前右侧上方（约靠近记录台一侧，与放近端陀的位置呈对角状）；放右侧陀时，放陀队员站在进攻线前左侧上方（约靠近攻方预备区一侧）；反之，为放左侧陀（与放远端陀的位置呈对角状）。缠绕鞭绳尽量缠在靠近陀身中间的位置，拉绳时略沿旋放垫边缘向内拉，抛陀必须使陀螺垂直落地，并可根据个人特点决定抛陀距离和高度。

（3）移动式放陀技术。

移动式放陀技术是指陀螺在旋放区内不是固定在某一地点旋转，而是在旋放区有规律地移动旋转，从而形成"相对"有规律的稳定状态。这种旋放技术可以极大地增加进攻者的进攻难度、影响进攻者的瞄准点和降低命中率。

【要点】一是选择锥尖较短、较平的陀螺；二是缠绕鞭绳尽量缠得高一些（靠近陀身上部）的位置；三是朝斜下方抛陀，锥尖不要垂直着垫，朝斜上方拉绳。

练习方法：① 先做无旋放区范围的旋放练习；② 做固定旋放点的旋放练习；③ 中间式旋放技术的练习；④ 四边式旋放技术的练习；⑤ 移动式旋放技术的练习。

2. 放陀技术分析（以右手持陀为例）

防守（放螺）技术结构包括缠线、持陀方法、准备姿势、抛陀、抽线等。

（1）缠绳技术。

缠绳技术是指运动员在比赛中，将有效的鞭绳合理地缠绕在陀螺上的动作方法，是运用攻防技术的基础。比赛中，无论是攻方还是守方都必须事先缠好陀螺。鞭绳一般是采用棉线、丝线、麻绳或草绳等，长度不少于 2 米，最长不限，一般是根据运动员的身体素质和技术特点等因素来决定。

左手持陀身中部，锥尖朝左手虎口处，用左手拇指在陀身与锥体连接处压住鞭绳尾尖部，右手持鞭绳由内向外顺时针方向（若持陀是陀螺顶部朝左手虎口处，则是由内向外逆时针方向缠绳）缠绕于陀身中部，并用鞭绳压其尾端，不使其松脱。缠绕时鞭绳要缠绕得紧密，拇指压实并始终拉紧鞭绳，防止鞭绳松脱。（图 8-6-1）

（2）持陀动作方法。

持陀时右手五指自然分开握住陀身，将陀身卡于拇指与食指间的虎口位置，拇指和食指握于陀身上端，其余各手指指尖要紧贴在陀身上，手心空出。鞭绳与鞭杆相连接处的鞭绳，由食指和中指间下沿引出，左手持鞭杆且放出陀线 20 厘米左右（放出陀线长度依个人习惯而定）。（图 8-6-2）

（3）准备姿势。

左肩侧对旋放区，两脚前后开立，稍宽于肩。左脚与旋放区中心点的距离以个人习惯或以鞭绳长度减去（1.25 ± 0.25）米为宜。两膝微屈，重心落在两脚之间（或稍偏后脚），两肩放松，目视旋放区中心。放陀前以腰为轴转动上体，右手持陀向右侧后方引臂，左手持鞭随摆，重心随之移至右脚上，右膝稍屈，维持身体平衡，使抛陀有较长的工作距离。（图 8-6-3）

（4）抛陀技术。

抛陀是放陀技术的主要环节，动作是否正确，用力是否适中直接影到陀螺的旋转力量和落点的准确性。在引臂瞄准或预摆结束后，利用右腿蹬地向左转体的力量，使身体重心前移，同时转体带动两臂向左前方前伸挥摆，全身力量通过手臂和手指作用于陀螺将陀抛出，注意控制陀螺出手方向和路线，使陀螺锥尖朝下向旋放区飞出。（图8-6-4）

（5）拉绳技术。

右手将陀螺抛出后，左手持鞭杆顺势前摆。陀螺在向前飞行过程中，由于受到鞭绳的拉动，产生顺时针方向的旋转，当陀螺飞到旋放区上方距地面20厘米左右，左脚用力蹬地向右转体，左手持鞭杆向右后水平方向用力回拉，使陀螺的旋转获得更大的动力，同时将前飞的陀螺受回拉而平稳地落于旋放区内。左手动作相反。拉陀后持鞭迅速退出比赛场区。

放陀（旋放）后的身体姿势：陀螺必须在旋放区内旋转才有效，因此旋放后的身体姿势尤为重要，否则易造成死陀或将陀螺旋出旋放区。在抽线完毕后，身体可向后撤或顺时针方向旋转，保持好抽线后动作，从而保证陀螺在旋放区的稳定旋转。（图8-6-5）

图8-6-1　图8-6-2　　图8-6-3　　　图8-6-4　　　　图8-6-5

（二）进攻（打陀）技术

1.打陀技术动作方法（以右手攻击为例）

进攻的目的是准确地击打防守陀螺，使之立即停转或出界而自己的陀螺又能在比赛场区内旋转，获得最高分。因此，击打准确性显得非常重要，因为只有击中后才能得分。根据陀螺运动的技术特点和运用规律，将打陀的技术动作方法分为固定距离打陀技术、助跑式打陀技术和"钓鱼式"打陀技术三种。

（1）固定距离打陀技术。

固定距离打陀：即守方不管将陀螺放到旋放区的什么位置，攻方始终都是采取固定距离5.80米（女）或6.80米（男）来攻击。以女子进攻为例：如守方把陀螺放在旋放区的圆心，攻方则由进攻线向后退0.8米来进攻；若守方把陀螺放到旋放区最远端，攻方则站在进攻线进攻；若守方把陀螺放到旋放区最近端，攻方则站在进攻线向后退1.6米处来进攻。

左脚站在攻击线后，右脚向后开立稍宽于肩，右腿屈膝，上体向右侧后仰，左肩侧向守方陀螺，重心偏向右脚，右手持陀向右侧后上方引臂，左臂屈肘于右胸前持鞭杆，目视守方陀螺。出陀时，右腿蹬地发力，顺势上体、腰、髋转动、送肘、向旋放区方向挥臂，手腕前屈并用手指拨陀。陀离手时，左手自然抽线，右手手臂随陀自然甩出似鞭打动作。陀离手后，右臂顺势向左斜下摆动，腿屈膝维持身体平衡，防止踩越攻击线。

（2）助跑式打陀技术。

助跑是为最后用力发挥较大的力量和速度创造有利的条件，为进攻达到得高分的预期效果，合理地运用个人技术，并以其稳定、攻击力大和命中率高等特点，进行大力攻击的一种进攻方法。

可先走后跑，以3～5步为宜，沿直线逐渐加速，臂、腿协调配合，步子放松自然，身体面向前方，目视目标，手臂自然摆动，当左脚迈出第一步的同时攻陀臂即做向后引陀动作，上臂与腰成90°角，上臂与前臂约成90°角，肘关节内收，左手随右手移动，持陀手高于肩。到最后一步时，左腿向攻击方向迅速迈出一大步，使两腿快于两手，左脚脚尖、髋部、头与攻击方向成一条直线，形成转肩不转髋，以胸带肩，以肩带臂，进行挥臂甩腕的攻击动作。同时，迅速降低身体重心，交换两腿，改变重心移动的方向，以维持身体的平衡。

（3）"钓鱼式"打陀技术。

在出现陀螺旋转效果差、死陀或战术需要等情况时，只要命中就能拿到较高的得分时而采用类似"钓鱼"甩勾方式的打陀技术。

两脚左右（或前后）开立稍宽于肩站在攻击线后，两腿微屈膝，右手持陀左手持鞭杆于腹前，在瞄准或预摆结束后，利用两臂向前伸挥摆的力量，带动身体重心前移，用手腕由后向前翻转和手指类似"钓鱼"甩勾的方式将陀抛出，并准确击打守方陀螺（或将守方陀螺击出旋放垫），从而比守方陀螺旋转更长的时间，获得较高分的预期结果。（图8-6-6）

图8-6-6

练习方法：①原地徒手做进攻挥臂练习；②近距离打固定陀练习；③近距离打旋转的陀螺练习；④在不同的距离进攻练习；⑤助跑式打固定陀练习；⑥"钓鱼式"打固定陀练习；⑦近距离助跑式、"钓鱼式"打旋转的陀螺练习。

2. 打陀技术分析（以右手持陀为例）

打陀技术与放陀技术在缠绳、持陀、持鞭的方法上是一致的。打陀要掷的距离更远，准确性要求更高，因此在准备姿势、助跑、出手角度、最后用力及随前动作的技术环节上与放陀技术有明显不同。

（1）准备姿势。

进攻时，左脚在前站在进攻线后，右脚向右后开立与肩宽，右腿膝关节稍弯曲，上体向右侧后倾，左肩侧向守方陀螺，重心移向右脚，右手持陀向右侧后上方引臂，左臂屈肘持鞭于右胸前，目视守方陀螺。（图8-6-7）

图8-6-7

（2）助跑。

助跑主要有交叉步助跑和垫步助跑两种。一般分为预跑和攻陀两个阶段。预跑段的任务是获得最后用力前的预先速度，为最后用力发挥较大的力量和速度创造有利的条件。预跑的距离应根据个人特点和习惯而定。（图8-6-8）

图8-6-8

交叉步助跑：左脚先上前一步，第二步右脚向前迈，且步法小而快，身体向右侧转，使引陀臂与肩及攻陀方向成一条直线。第三步左脚向攻击方向迅速迈出一大步并超越器械，同时，持陀手向攻击方向甩出，左手用力抽鞭绳使陀顺时针方向旋转（左右手同时进行，鞭绳由左下方向后抽出）。

垫步助跑：前脚先向前迈出一步，后脚再快速靠近前脚后部，前脚随即再向前迈出。

跑的速度并不是完整技术的组成部分，也不是越快越好，既要有节奏又要与最后用力紧密衔接。应用时，应保持好身体平衡，使陀螺和进攻者成为一体，摆好头的位置，目视目标。陀出手时，因惯性作用，身体易失去平衡而踩线，应降低身体重心，交换两腿，以维持身体的平衡。

（3）出手角度。

攻陀出手角度是指陀螺离手时与地面的高度，或者是与旋放区死陀点的角度。这一角度是否合适，对命中率有重要影响，攻陀出手角度可分高、中、低三种姿势。

陀螺抛出后在空中的运动轨迹是一个向下的斜抛物线，它不仅受重力的作用，而且还受鞭绳的拉回力的作用。如果出手的角度大、速度快，抽回力量小，陀螺落点就远，反之则近。一般出手角度以水平向下 5° ～ 10° 为宜。另外，出手早晚也影响准确性。以右手为例，如果出手过早，陀螺就会偏右，过晚则偏左；当瞄准时偏向目标的另一侧时，应给出偏离量；当攻陀无力和旋转强度太小时，除掷陀的力量不够和上述原因外，还应考虑缠线不紧或增加鞭绳的长度。（图8-6-9）

图8-6-9

（4）最后用力、拉绳及随前动作。

最后用力是打陀的关键部分，最后的鞭打与发力及随前动作的连接，是连接助跑引陀的最后攻击性的动作。将力度运用得好，将会提高打陀的准确性和有效性。

用力时，利用右腿蹬地身体向左转髋的协调力量，使髋轴与肩轴交叉，腰背肌肉扭紧，上体以左侧为轴向右转动，重心向左脚移动，形成以胸带肩、以肩带动右臂向前快速挥摆甩腕的攻击动作，上体带动右臂至肘关节伸直时从右侧将陀螺甩出（陀螺锥尖向下）。

拉绳是陀螺旋转动量的来源，拉绳技术是为使陀螺获得尽可能大的旋转强度，并适当调节陀螺飞行弧线，控制陀螺落点的方法。右手将陀螺掷出手后，左手持鞭顺势左前摆，随即向右后方用力拉动鞭绳，使陀螺在快速飞行的同时在鞭绳的带动下沿着纵轴按顺时针方向旋转，当缠绕的鞭绳全部拉完后，陀螺即沿鞭绳拉力结束时的即时速度、方向、角度飞向守方陀螺。因最后力量集中到手腕、手指及拉绳上，攻陀出手后，全身要随陀跟送。持陀臂自然前伸，而不要在陀出手后，马上改变持陀臂动作，以免影响陀的飞行和攻击的准确性。陀出手时，应注意缓解前冲的力量来保持身体平衡，防止踩攻击线而犯规。（图8-6-10）

图8-6-10

二、陀螺基本战术

陀螺战术是队员在比赛中根据竞赛规则、运动规律及比赛双方的具体情况和临场发展变化，采取有目的、有预见性的行动，是正确分配力量，充分发挥本方优势和特长，限制对方优势和特长，争取比赛胜利的艺术。它可分为进攻战术和防守战术。

（一）进攻战术

1. "全力攻"战术

"全力攻"是指大力攻打守方陀螺的一种进攻方法。为使进攻达到得高分的预期效果，合理地运用个人技术稳定、攻击力量大和命中率高的特点，以陀螺作为直接攻击点，并根据目标确定攻击力量和落点，进行强有力的攻击。

2. "巧攻"战术

"巧攻"战术也称为"钓鱼式"打法，对出现旋转效果差或死陀等情况，只要命中就能拿到较高的得分时，追求以命中为主，如轻攻、吊攻等方法。但是，这种打陀方法由于攻击力量小，通常情况下只能将守方陀螺击出旋放垫，很难击出界外或击停转。

3. "二一"式战术

根据本队的实际情况，将技术、心理素质、临场经验较好的两名队员安排在第一攻、第二攻上，或者安排在第一攻、第三攻上。一般来讲，对方在防守过程中，都会安排较好的队员担当第一防守任务，因此，安排要以避免弱对强在第一轮出现，有利于鼓舞士气。

4. "一二"式战术

本队只有一名队员技术较突出时，在轮次安排上，这名队员一般安排在第一攻击或者第二攻击上，这时可能会出现强对强、弱对弱，或者是强对弱、弱对强，无论怎

样，这是为了争取一个好的开局，对下面的比赛有促进的作用。

（二）防守战术

1. "四边式"战术

"四边式"战术是指在旋放过程中为了加大攻击者的攻击难度，尽可能地将陀螺旋放在旋放区的四个边角。这些地带是距攻击区最近、最远的地带，对于攻击者来说，除了直接命中以外，间接命中的概率较小，不易命中。采用这种战术，不仅需要队员具有较高的技术水平，还需要根据场地条件和比分情况等战术因素合理地应用。

2.战术配备

防守战术的配备方式要根据规则和对方的配备情况来安排，一般是为了鼓舞士气、拉开彼此间的比分差距或者结合进攻的特点争取在开局或比分接近时，阻碍对手得高分等情况来配备；同时，要根据对手在轮次上好、中、差的安排情况，应有相应的对阵配备。

（三）心理战术

在攻方命中率较高的情况下，防守队员在比赛过程中要有意放"死"陀，以改变进攻者的节奏，从而造成进攻（打陀）失误的一种方法。

项目七　珍珠球

一、珍珠球技术的学与练

珍珠球比赛在水区的运动类似于篮球和手球，其要求运动员跑、跳、运、传、射等。因持网人的位置不固定，可以移动，要求水区的队员和得分区的队员要密切配合；从投球方法多样化的角度来看，其防守要求比较严格；从某种角度上讲，珍珠球比赛比篮球、手球的比赛更加变化多端和激烈，比赛中队员对技、战术的运用更全面、更合理。从比赛过程看，水区队员不仅要具有良好的个人技术和配合意识，还要与抄网手、持拍队员有默契的配合。

（一）珍珠球的技术分类

珍珠球的技术分为水区技术、得分区技术、封锁区技术。珍珠球技术主要包括进攻技术和防守技术两大部分，其中移动技术在各类技术体系中都广泛运用。（图 8-7-1）

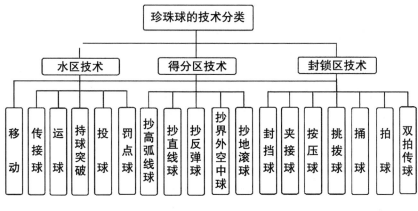

图 8-7-1

（二）水区基本技术

因水区技术中的移动技术、传球技术、接球技术、运球技术和持球突破技术等动作要领和技术方法与篮球相同，故不再赘述。

1. 投球技术（以右手投篮为例）

投球是进攻队员为将球投向抄网而采用的各种专门动作的总称，分为单手投球和双手投球两大类。

因珍珠球体积小，抄网队员的活动范围大，使得水区队员的投球点多面广，方式多样，从而创造了更多的得分机会。由于有两名持拍队员防守一名持网队员，水区队员投球的弧度、速度、节奏和球的落点以及抄网队员抄球的时机、角度和抄球点等将直接关系到比赛的胜负。

对于水区队员而言，要重点掌握高抛球技术（如单手肩上投高抛球、勾手投高抛球），其高度在 5 米左右，落点在端线外 1 米处为宜。水区队员要熟练运用快平球（向抄网队员手和肩前方的位置投球）和反弹球技术（反弹球的高度在抄网队员的腰腹部），并运用时间差和空间差将球投入网中。

根据投球的出手动作可分为：双手胸前投球、单手肩上投球、勾手投球。根据球飞行的路线可分为：高弧线球、直线球、反弹球。投球时球的旋转：一般在中、远距离投篮时，球应向正后方向规律性旋转，以保持球的稳定性和有利于提高飞行弧度。

（1）原地单手肩上投球。右脚在前左脚在后开立，膝关节微屈，重心在两脚之间，上体稍前倾，两手将球移到右肩前上方，五指自然张开，手指扣住球，掌心空出，于腕后屈扣球，左手扶球，肘关节下垂，脚掌蹬地，接着右手托球向前上方伸展，手腕前屈，食指、中指拨球，使球向后旋转投出。

（2）原地肩上平快投（直线）球。两脚左前右后站立，略宽于肩，身体侧对抄网人，膝关节微屈，重心在右脚上，右手持球置于体侧。投球时，右手迅速将球引至肩上，肘部高于肩，上臂和前臂的夹角大于 90°，右脚用力蹬地，重心前移至左脚，随即转髋带动上体向左转动，右臂以肩带肘、上臂带动前臂向前挥摆，利用前臂和手腕的力量和腰腹协调用力，通过食指、中指、无名指的力量将球向前投出。

（3）行进间肩上高抛投（高弧线）球。当球接近身体时，左脚蹬地，右脚向前跨出一大步，身体在腾空时接球。右脚落地后，左脚向前跨一小步并用力蹬地向上起跳，同时抬腿举球于肩上，当身体接近最高点时，右腿自然下落，右臂向前上方伸直，手腕前屈，通过指端将球投出。落地时，屈膝缓冲，保持身体平衡。

（4）勾手投球。在移动或运球中快速起跳，身体侧对投球方向，当身体腾空并接近最高点时，用远离防守人一侧的手将球高弧线投出。

（5）投反弹球。投反弹球是指投球队员借助球在地面的反弹，避开持拍队员的防守，把球送到得分区，使抄网队员顺利抄到球的投球方法。其优点是不易受持拍队员的干扰，分值高（2分）；其缺点是击地点不易掌握，对力量的要求较高。

（6）投地滚球。投地滚球是投球队员避开持拍队员的防守，将球向前沿地面滚动投出，把球送到得分区，使抄网队员顺利抄到球的投球方法。

【练习方法】①先做原地徒手模仿练习，然后两人一组，互相投球练习。②在离地4～5米的空中挂标志物进行投球练习，使球越过标志物。③距离抄网手10～15米处进行高抛投球练习，注意运用手腕的力量。④分成2～3组。一人抄球，其他人先原地依次投各种不定的球，然后从中线开始运球依次投各种不定（包括反弹球）的球。⑤单手持球距离封锁区4～5米处投不同方向的反弹球练习，练习时要控制身体平衡，利用手腕控制力度。⑥移动中进行各种角度、不同方向、不同弧线的投球练习。

2. 罚点球技术

罚球队员一脚踏在罚球点上，在球出手前，踏在罚球点上的脚必须有部分脚掌保持与罚球点的接触。罚球队员与持网队员之间要保持默契，利用单手肩上投球和高弧线投球，并结合直线球、反弹球等进行投球。

【练习方法】①一路纵队，每人持一球，依次站在罚球点上做罚点球练习。②增加难度，按照比赛规则，在有持拍队员防守的情况下进行罚点球练习。

（三）得分区抄网技术

抄网技术是通过跑、跳、移动以及与进攻队员默契配合，将球抄入网内并得分的技术。根据球的飞行路线可分为抄（接）高弧线球、直线球、边界外空中球、反弹球和地滚球等。抄网手要与队友有很好的沟通、默契的配合以及与水区队员建立目光和信号联系等。抄网技术的掌握和进攻队员的配合会直接影响比赛的结果。抄网技术的关键是手对网的控制能力，脚步移动的熟练程度以及手与脚的协调配合。

1. 抄高弧线球技术

（1）抄垂直高抛球。采用侧身站立，两脚蹬地，垂直跳起，以肩关节为轴，手紧握网柄，同时伸出抄网，使抄网面与来球成直角，抄网到达最高点时屈手腕，将球抄入网内，落地时腰腹控制平衡，两脚缓冲着地在得分区内。（图8-7-2）

（2）抄后仰高抛球。原地或跑动中起跳，起跳时尽量垂直向上，持网向后伸出，头和身体向一侧稍倾，通过腰腹部控制平衡，当球抄入网内时，要顺势将网口翻转朝上抄住球得分。抄到球后，两脚缓冲着地落在得分区内。（图8-7-3）

2. 抄直线球技术

判断球的飞行方向和速度，及时移动，利用（如急停急起，变向返跑等）假动作摆脱持拍防守队员的防守，形成移动错位和时差错位，同时给出网位。抄网时，手持网柄远端，网口朝着来球方向，以肘关节或肩关节为轴，伸前臂，屈手腕，手紧握网柄，网口对准投球，当球入网时，手腕顺势有一个轻扣动作，主动将球抄入网内。（图8-7-4）

图8-7-2　　　　　　图8-7-3　　　　　　　　　图8-7-4

3. 抄边界外空中球技术

当传来一个快要出界的球时，向同侧移动，两脚蹬地，向界外侧跨步跳起，空中给出网位，伸出手臂，持网手手腕控制抄网面与来球成垂直角度，海底捞月似地将球抄回来；如果来球过猛，以近似鱼跃的动作冲出去抄住球。（图8-7-5）

4. 抄反弹球技术

应与水区队员建立目光和信号联系，利用快速的移动积极摆脱持拍防守队员的防守，使网面朝下，对准反弹起的球迅速抄起。反弹起的球较高时，采用侧身站立，使抄网面与来球成直角，并抄球的低点；反之，低弧度球或球的落点在得分区时，采用扣球技术抄球的高点。（图8-7-6）

5. 抄地滚球技术

当传来一个从地面快速滚动过来的球时，降低重心，俯身向下伸出手臂，持网手手腕控制抄网面与来球成垂直角度，网口稍向下，对准来球，当球入网时，手腕顺势有一个向上轻挑的动作，主动将球抄入网内。（图8-7-7）

图8-7-5　　　　　　图8-7-6　　　　　　图8-7-7

【练习方法】

原地正手、反手抄球练习：两人一组，　　人高抛投球，另一人反复练习抄球。

原地、移动中单脚、双脚起跳抄高抛球练习：同上。

原地、移动中抄快直线球练习：两人一组，一人投快直线球，另一人反复练习抄球。

移动中抄反弹球练习：两人一组，一人投反弹球，另一人反复练习抄球。

抄落点在得分区内的高弧线球练习：学生排一路纵队，依次投球给抄网手。

抄落点在得分区后的（后仰跳抄网技术）高弧线球练习：同上。

抄边线界外空中球（侧身抄网技术）练习：同上。

抄网与持拍队员进行综合练习：持拍队员站在防守区消极防守，学生排一路纵队，依次进行投球。

（四）封锁区技术

1. 持拍防守技术

持拍防守是持拍防守队员在封锁区内，合理运用脚步移动和手臂（含器械）动作，利用封挡、夹接、按压、挑拨、捅球和拍球等技术阻挠对手的进攻意图和行动，拦截和破坏对方投、射向抄网的并以抢断球为目的的一项专门防守技术。

持拍队员的防守配合是在掌握个人防守技术的基础上，分析判断抄网手的真假动作，观察持球队员与抄网手的状态，通过分工协同合作共同完成对抄网手的防守。封锁区两名持拍队员防守时应侧身站位，分别站在抄网手的两侧，将抄网队员置于两名持拍队员之间，多采用滑步、交叉步和侧身跑技术，以最大的防守面控制抄网手的移动范围，当一名持拍队员防高点时，另一名持拍队员防低点，在规则允许的范围内影响、干扰抄网队员的视线；当一名持拍队员防前点时，另一名持拍队员防后点以及防止持网队员反跑、抄球。

双手持拍和单手（点球时用）持拍技术：双手（或单手）持拍的远端，拍面朝向来球方向，两膝微屈，判断球的飞行方向和速度，及时移动，根据来球的情况，运用挡、夹、挑、捅、拍等技术封锁来球。

（1）封挡球。当来球弧度较平、球速较快时，采用封挡球。举起球拍对向来球，当球触拍的一刹那，手腕前屈，球拍用力下压，将球挡落在水区内。所挡的球尽量传给水区内的本方队员，以组织快攻。（图8-7-8）

（2）夹接球。

夹接球主要用于防高抛球或来球弧度较平、球速较慢的球。准确判断落点，两手持拍伸出，两臂伸直，两拍呈前宽后窄。接触球的瞬间，两拍迅速夹拢将球夹住。（图8-7-9）

图8-7-8　　　　　　　　　　图8-7-9

（3）按压球。当来球无法抄住，也不能挑拨时，球拍面朝下方按压球。（图8-7-10）

（4）挑拨球。当投来反弹球时，应采用挑球。挑球时，用球拍对准来球，拍头朝向斜下方，将球挑起，在球触拍的一刹那，顺势将球挑给水区内的本方队员；当投来地滚球时，应采用拨球。拨球时，用球拍对准来球，拍头朝下，将球拨出封锁区，在球触拍的一刹那，顺势将球拨给水区内的本方队员。（图8-7-11）

（5）捅球。

当来球弧度高、速度快时，采用捅球。迅速起跳，身体后仰，用球拍上沿对准来球，采用单拍上捅的方式顺势改变球的路线，将球捅出界外，破坏对方抄网。（图8-7-12）

图 8-7-10　　　　　　　图 8-7-11　　　　　　　图 8-7-12

（6）拍球。当投来的球无法截获时，采用拍球。拍球时，用球拍面对准来球，顺势向前用力挥摆将球拍给水区内的本方队员。（图 8-7-13）

（7）单手或双手先挡后夹球。

单手或双手先挡后夹球主要运用于防守直线快球。单手或双手握拍伸出挡球，接触球的瞬间稍回缩缓冲，同时下拉，将球随拍下落，落地后两拍将球夹稳。（图 8-7-14）

图 8-7-13　　　　　　　　　图 8-7-14

【练习方法】

（1）持拍练习：持单拍拍球、缓冲来球、捅球、接抛球练习。

（2）夹、击、拍、挡、捅、打球练习。

原地持拍夹、击、拍、打、捅不同方向和力量的来球。

移动中持拍夹、击、拍、打、捅不同方向和力量的来球。

两人一组，一人投各种球，另一人持拍做各种挡球练习。

与抄网手一起，结合其他移动技术进行夹、击、拍、打、捅不同方向和力量的来球练习。

双拍抛球传球练习：持拍队员反复练习夹球，并抛传给同伴。

单拍击球传球练习：持拍队员先将球往地下拍，然后用球拍将反弹起来的球拍击并传给同伴。

持拍队员间的配合练习：当一名持拍队员防前点时，另一队员防后点以及防持网队员反跑抄球。

水区队员与持拍队员的配合练习。

2. 双拍传球技术

封锁区持拍队员的防守因其位置的特殊性和受规则的制约，在比赛中，持拍队员应掌握在原地或移动中用拍进行封挡、夹接、按压、挑拨等动作以便完成传接球来发动进攻。

当投来速度不快的球时，两手举起球拍，一球拍对准来球，另一球拍迅速从球后方拍球，同时向下拉至腹前或体侧，用球拍将球夹住。两手持拍由后向前（或由低向

高）挥摆将球抛传给水区的同队队员，从而组织本方的快攻。（图 8-7-15）

图 8-7-15

二、珍珠球基本战术

（一）进攻战术配合

1. 进攻战术基础配合

（1）中路投抄配合。⑤传球给⑥，假动作摆脱防守队员接⑥的回传球跨步起跳做投射动作，同时，抄网手选择假摆脱，中路起跳抄时差快球；或假起跳，双向摆脱抄中路错位球；也可假摆脱，侧身后跨跳抄高抛球。（图 8-7-16）

（2）边线界外腾空射抄配合。⑤传球给⑥后横向移动摆脱反跑接⑥的回传球，接球后向界外起跳做界外投射动作，同时抄网手⊗同侧移动向界外跳起抄球。（图 8-7-17）

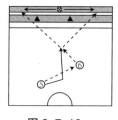
图 8-7-16

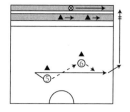
图 8-7-17

2. 进攻阵型

根据训练、比赛的经验，进攻战术可分为以下三种基本进攻阵型。

（1）"2-2"进攻阵型。两个后卫，两个前锋。⑤、⑥应头脑清楚、战术意识强、具有巧妙传球、突破以及中、近距离投球的能力。⑦、⑧应是准确的中、远距离投球者，并且掩护能力强和善于抢球。如果⑤控球，⑥或⑦与他进行传切、掩护配合；⑧与⑦或⑧与⑥之间进行无球掩护，接⑤的传球投球。（图 8-7-18）

（2）1-2-1进攻阵型。一个后卫，两个中锋，一个前锋。⑦应具有头脑清楚、战术意识强、具有巧妙传球、突破、远距离投球的能力。⑤、⑧应是准确的中距离投球者、切入投球、掩护与策应能力和冲抢球能力强的队员。⑥具有近距离进攻、接球转身投球和抢球能力。如果⑦控球，⑤或⑥可以与他进行传切、掩护配合；⑤或⑧与⑥、⑤与⑧之间进行无球掩护，使其中一位摆脱防守接⑦的传球后投球。（图 8-7-19）

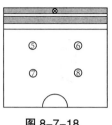
图 8-7-18

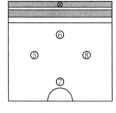
图 8-7-19

（3）1-1-2进攻阵型。一个后卫，一个中锋，两个前锋。⑧应具有头脑清楚、战术意识强、具有巧妙传球、突破、准确远距离投球的能力。⑦应是准确的中距离投球者、善于掩护以及策应能力和冲抢球能力强的队员。⑤、⑥应具有近距离进攻、接球转身投球和抢球能力。如果⑧控球，⑦与他进行掩护配合；⑥或⑦为⑤进行无球掩护，使⑤摆脱防守接⑧的传球投球；或者⑦接球为⑤、⑥、⑧做策应和助攻。（图 8-7-20）

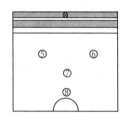
图 8-7-20

无论是采用哪种进攻战术、哪种投球方式，必须与持网者默契配合。一般持网队员在得分区中线活动。如果⑥有投球机会时，⊗（持网者）先向右侧做假动作奔跑，突然改变方向，朝有利于⑥投球的左侧位置跑去，抄球入网得分。不论哪位进攻队员投球，抄网者要与他进行沟通，想方设法摆脱封锁区的防守，抄球入网得分。

3. 快攻战术

（1）长传快攻。长传快攻只有发动和结束两个阶段。其特点是配合简单，速度快，参加的人数少和成功率高。由于传接球距离较长，传球的准确性比较难控制。

【配合方法】⑤得球后，⑥迅速快下，⑤根据情况将球传给⑥进行投射。（图 8-7-21）

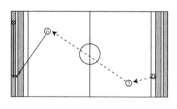
图 8-7-21

（2）发球快攻。

【配合方法】当比赛开始时，在中圈的⑤迅速将球传给⑥，⑥同时将球投射出去。（图 8-7-22）

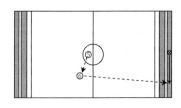

图 8-7-22

（3）短传结合运球快攻。短传结合运球快攻的特点是其进攻容易发动，结构清楚，配合机动灵活，不易防守。由于队员传接球距离太近，速度快，对配合的技巧性要求较高。

【配合方法】⑧获得球后，⑦迅速插上接⑧的传球后，向进攻方向运球，同时，⑤和⑥快下，⑦根据情况将球传给⑤或⑥进行投射。（图 8-7-23）

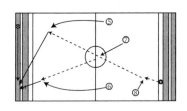

图 8-7-23

（4）反跑（交叉跑）传球快攻。

【配合方法】当⑤得球后，⑥和⑦交叉反跑后向进攻方向切入，同时⑤将球迅速传给⑥和⑦进行投射。（图 8-7-24）

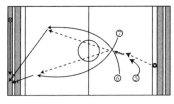

图 8-7-24

4. 投球者与抄网者之间的配合

珍珠球与篮球最大的区别在于"篮筐"是移动的，因此，进攻战术的成功在于投球者与抄网者之间的配合。投球时，要注意抄网者所处的位置，根据封锁区持拍队员的防守，选择适当的投球方法；或者与抄网手默契配合，利用变向跑、假动作等甩开防守，抄球入网。

5. 抄网手个人战术

抄网手个人战术主要包括多球多点的抄网、假摆脱跳起抄时差快球；假跳起、真摆脱错位抄快球、假摆脱后跨跳接高抛球以及同侧移动、反向错位移动抄球或跳抄球和边线外腾空接应抄球等。

（二）防守战术配合

1. 防守战术基础配合

（1）水区队员防守配合。水区队员的夹击配合、挤过配合、换防配合和补防配合等防守技术和方法与篮球的防守技术和方法相同，故不再赘述。

（2）封锁区防守配合。持拍队员的防守配合是在掌握个人防守技术的基础上，通过分工合作共同完成对抄网手的防守。封锁区两名持拍队员分别站在抄网手两侧，将抄网队员置于两名持拍队员之间，以最大的防守面控制抄网手的移动范围，形成协调一致、分工明确的防守。个人战术主要包括多点移动挡球、多点移动夹球、多点移动夹挡球等。

2. 水区防守

因珍珠球的"篮筐"是移动的，可利用各种各样的投球方法，如高球、低球、远距离投球、近距离投球、正面投球、侧面投球以及击地投球等。这就要求防守的范围和区域要大，一般采用全场盯人的防守战术。根据对手的情况，也可选择半场的人盯人或全场紧逼、全场松动的盯人，也可交替进行。同时要加强补防和协防的能力。水区队员的防守技术和方法与篮球的防守技术及方法相同，故不再赘述。

模块九

体操俱乐部指导

》本章导言

"体操"一词来源于希腊语"Gymnastike",意为"赤膊",这是因为在古希腊时代人们经常赤膊锻炼。从广义上讲,体操运动概指为身体的操练。从狭义上讲,体操运动是通过徒手、持轻器械或专门器械以及在器械上正确完成各种类型的难度动作的练习,并体现出一定的艺术性,借以实现体育目的的一种手段。现代竞技体操始于18世纪的欧洲,有德国体操和瑞典体操两大流派。

》学习目标

1. 掌握快乐体操的练习方法。
2. 了解康复体操的作用。
3. 掌握体操技巧项目的基本技术。

项目一　快乐体操

一、快乐体操概述

快乐体操是指参与者在高兴满意的心情中，徒手或借助轻器械进行各种身体操练的体操活动。

（一）快乐体操的特点

快乐体操与其他体操项目相比更加符合青少年的生理和心理特点，具有快乐为魂、有趣为本、安全为前提、有效为目的的特点。

1. 游戏性

快乐体操的内容常常以游戏的形式出现。游戏是快乐体操的主要内容，并按照一定的规则要求，具有一定情节，参与者在情节中产生竞争，在竞争中产生协同，在协同中产生表现，在表现中产生想象，在想象中产生兴趣，在兴趣中产生创新。

2. 传承性

快乐体操的传承性体现于对传统体操持摒弃和弘扬并举的态度。在老一代体操工作者的经验和成就的指导下，面对当今时代的发展，与时俱进地对学校体操教学进行改造、更新和完善。

3. 创新性

快乐体操的创新性主要体现于在原有体操的基础上加以童趣，便可获得意想不到的教学效果。

（二）快乐体操的内容

1. 奇妙的队列队形

把快乐体操的队列队形从传统乏味的教学中解脱出来，将奇妙的魔方游戏运用其中，通过原地和行进间的队列动作，以及圆形行进、队形变换、散开和靠拢等奇妙的变换，让参与者在愉快的情绪中锻炼身体和形成正确的身体姿态，培养组织纪律性和迅速、准确、协调一致的团队合作精神。

2. 变化的徒手体操

快乐体操将传统徒手体操的单一频率变化为多频率、节奏变化的徒手练习，通过举、震、屈、伸、转动和绕环等一系列徒手动作，在不同的音乐节奏中，通过单人或多人的配合，形成简单、有趣并不断变化的身体练习。让参与者在好奇和快乐的练习中提高四肢和躯干的协调性和灵活性，使神经系统功能得以提高。

3. 变幻的持轻器械体操

快乐体操在原有轻器械体操的基础上加以丰富和拓展，融入了我国传统民族特色和地域特色的内容。例如，体操棍与竹竿舞的结合，器械动作与地域文化、艺术内容相结合等，在徒手体操的基础上通过不同的器械动作变化和演示，使参与者在"玩"中找到乐趣，产生兴趣，对促进学生身体正常发育，发展灵活素质、速度素质、弹跳素质以及耐力素质等身体素质有着积极的作用。

4. 有趣的素质体操游戏

将体操的身体素质练习游戏化是快乐体操创新性的体现，这里指的游戏不同于生活中的一般游戏，它突出体操项目特点，通过游戏的手段进行调节，实现身体素质发展。

（三）快乐体操学习内容

快乐体操的动作教学是根据不同的动作内容，教师传授、学生学习完成动作的方法，包括身体在运动时的用力大小、时机、节奏、身体各部位的配合等。快乐体操的动作分为基础动作、基本动作、单个动作、组合动作、成套动作、徒手动作、持器械动作等，每一种动作均在形态、机能和身体素质三类的基础上，通过千变万化的形式得以表现，以达到增强体质、陶冶情操的目的。

（四）快乐体操教学组织形式

快乐体操教学组织形式的特点体现在充分给予学生想象的机会。快乐体操组织形式和动作教学组织形式都是实现教育目的的重要途径，但由于其教学在内容、组织形式、活动方式等又不同于动作教学，快乐体操组织形式有以下两种。

1. 引导式

引导式快乐体操通常是以教师或学校有组织地引导学生进行快乐体操教学为基本形式，在此形式上根据学生或学校的具体情况，以灵活多变的方式，在教学任务、教学内容、教学方法、练习数量和时间等方面提出要求，引导学生进行有效的快乐体操教学。

2. 灵活式

灵活式快乐体操教学根据学校的实际情况和学生的身心发展状况确定。由于快乐体操内容丰富多彩，教学的组织形式可根据实际需要自行决定，活动规模可大可小（年级、班级、小组或自由组合），活动时间可长可短，活动内容的选择可深可浅、可多可少、灵活掌握，没有固定模式，生动活泼，灵活多样。

（五）快乐体操教学方法

快乐体操教学方法多种多样，不同内容、类型、节奏、风格和运动强度都会产生不同的教学方法，但是从快乐体操角度可以归纳为以下几种常用方法。

1. 捕捉法

捕捉法是一种鼓励学生在快乐体操学习的过程中善于观察的方法。一方面，当学生养成观察事物的习惯后，他们就会成为学习体操动作的有心人，这样，他们在练习体操动作的时候，就会积极主动地对自己的动作进行巧妙地"约取"和自然地"薄发"。另一方面，以体操课内学习为知识点，以课外锻炼为巩固拓展知识面是一种较为可取的方法。单纯依赖于教师容易把学生禁锢在象牙塔里，不利于学生身心全面发展。最好的教学方法是由课内向课外延伸，捕捉与之相关的信息，利用课外时间进行巩固拓展。

2. 重组法

重组法是指学生将教师传授的快乐体操动作，按照自己的兴趣爱好，有选择地进行积极性练习，并在反复练习过程中将各种喜爱的动作进行重组，形成符合学生个性特征的动作组合。

3. 演示法

演示法是指学生在有组织或无组织的情况下，将已经掌握的动作在课外、校外以表演的方式进行展示，以得到家长、老师、学生间的认同、肯定和赞赏的方法。

二、队列队形练习方法及拓展

（一）踏　步

口令：停止用"踏步—走！"，行进间用"踏步！"。

方法：两脚在原地上下起落（抬起时，脚尖自然下垂，离地面约 15 厘米；落下时，前脚掌先着地），上体保持正直，两臂按照齐步或者跑步摆臂的要领摆动。

技术要点：踏步要整齐，行进停下要一致。

拓展内容有以下几点。

1. 动作踏步

在踏步的同时做手部动作。例如，两手握拳胸前平曲踏步，两手击掌踏步，四拍击掌两拍侧上举两拍放回胸前踏步。

2. 依次踏步

队员不同时踏步，按照规定的节拍进行踏步。如从一边开始踏步，一个八拍结束后下一个单元开始，直到全部完成；依次踏步规定好踏几个八拍就停下，这样就有依次开始依次结束的效果。

3. 声音踏步

在踏步的同时全体队员喊"一二一！"，或者用其他有节奏的话语进行。

（二）齐步走

口令：指挥口令是"齐步—走！"，调节口令是"121！"或者"左右左！""1"落在左脚上，"2"落在右脚上。喊完"121！"要停一拍才能接上下一个"121！"。指挥口令用来指挥队伍开始行动，调节口令用来整齐队伍行动的步伐。

方法：左脚向正前方迈出约 75 厘米，按照先脚后跟后前脚掌的顺序着地，同时身体重心前移，右脚照此法动作；上体正直，微向前倾；手指轻轻握拢，拇指贴于食指第二节；两臂前后自然摆动，向前摆臂时，肘部弯曲，前臂自然向里合，掌心向内稍向下，拇指根部对正衣扣线，并高于春秋常服最下方衣扣约 5 厘米，离身体约 30 厘米；向后摆臂时，手臂自然伸直，手腕前侧距裤缝线约 30 厘米。行进速度每分钟 116 ～ 122 步。

技术要点：两腿自然交替行进，两臂摆动自然。

拓展内容：动作齐步走。改变手臂的动作进行齐步走练习。例如，手挽手齐步走，每排队员左右手挽手（或腹前背后握手）进行齐步走练习；每路纵队右手放在前面队员肩上摆动（或肩上左右挥动）左手练习。

（三）一列横队变二列横队及还原

口令："成二列横队—走！""成一列横队—走！"。

方法：首先横队"一、二"报数，练习中报"一"的队员不动，报"二"的队员退到右边报"一"的队员后面。退有两种方法：① 两拍法，报"二"的队员右脚向后右侧方退一步，左脚并右脚；② 三拍法，报"二"的队员左脚后退一步，右脚侧跨一步，左脚并右脚。如果想用三拍法完成，就得在口令前面加"三拍法"，再喊出"成二列横队—走！"。还原的时候仅仅需要喊"成一列横队—走！"，用多少拍变成二列横队，还原时就用多少拍。三拍还原时是侧跨左脚，右脚进，左脚并右脚。（图9-1-1、图9-1-2）

图 9-1-1　　　　　　　　　图 9-1-2

技术要点：报数要准确，动作要统一。

拓展内容有以下几点。

1. 呼节拍击掌练习

在练习时全部队员喊"一、二"或者"一、二、三"同时变队；喊"侧，并腿""后，侧，并腿"进行并腿练习；击掌练习，击掌可以用不同的节奏；但节奏不变，无论是怎样的节奏只能是两拍或三拍。

2. 同时动作练习

移动队员在变队同时不移动的队员也做两拍或三拍的动作，如踏步两次或右脚开始踏步三次。

3. "一"数队员动作练习

根据节拍在移动队员移动的时候，"一"数队员做两拍或三拍的动作。如蹲下一（二）拍起立一拍；两臂侧上举一（二）拍，两臂放下一拍；一拍两臂胸前平屈，一拍上举，一拍放下，等等。

4. 排头到排尾练习

让排头跑步到排尾进行练习。调动排头后全部队员的报数都产生了变化，之前报"一"的队员现在报"二"，报"二"的变成报"一"。这样就能保证每个队员都能进行不同角色的练习。

（四）一路纵队变二路纵队及其还原

口令："成二路纵队—走！""成一路纵队—走！"。

方法：首先纵队"一、二"报数，在练习中报"一"的队员不动，报"二"的队

稍　息

立　正

解　散

集　合

员右前斜进到报"一"的队员右边。斜进有两种方法：① 两拍法，报"二"的队员右脚向前右侧方进一步，左脚并右脚；② 三拍法，报"二"的队员右脚横跨一步，左脚向前进一步，右脚并左脚。如果想用三拍法完成就须在口令前面加"三拍法"，再喊出"成二路纵队一走！"。还原的时候仅仅需要喊"成一路纵队一走！"，用多少拍变成二路纵队，还原就用多少拍。三拍还原时退右脚，侧跨左脚，右脚并左脚。（图 9-1-3、图 9-1-4）

图 9-1-3　　　　　　　　　　　　　　　图 9-1-4

技术要点：报数要准确，动作要统一。

拓展内容：练习方法与一列变二列相同。

三、有趣的素质体操

（一）协调灵活

游戏名称：靠背站立。

游戏目的：提高学生的协调灵活和团队协作能力。

游戏准备：平坦空旷的场地一块。

游戏方法：将学生分为几个人数相等的小组，先由二人背对背，肘部相勾，坐在地上，当教师发出"开始"的口令后，二人迅速地站立起来，接着三人做、四人做、五人做……看哪个小组勾肘站起的人数最多、用时最少为优胜。

游戏规则：

（1）在进行游戏前，学生必须是肘部相勾，坐在地上，不能以蹲姿开始。

（2）必须在所有人都站立起来后才能判定成功。

（3）游戏人数由少到多，逐渐淘汰，最后以人数最多、用时最少的组获胜。

教学建议：

（1）场地尽量选在室内。

（2）游戏时每组人数相等。

（二）柔　韧

游戏名称：踢腿比高。

游戏目的：发展学生腿部柔韧素质。

游戏准备：平坦空旷的场地一块，气球一个。

游戏方法：游戏开始时，将气球固定在一个高度，学生依次用单脚去踢气球，若踢到，则进入下一轮，没有踢到的人则被淘汰。每做完一轮，都要调整气球的高度，直至决出踢得最高的人。

游戏规则：

（1）踢腿时，支撑腿不能离地。

（2）在同一个高度时，每个人有两次机会。

偷　菜

单轨列车

（3）踢腿的脚不限，左右脚均可。

教学建议：

（1）此游戏可将男女生分开进行。

（2）游戏进行前教师应带领学生做好相应的准备活动。

（三）平　衡

脚拉绳子

游戏名称：平衡角力。

游戏目的：加强身体控制能力，提高平衡性。

游戏准备：一根体操棍、一块平坦空旷的场地。

游戏方法：两名学生各握体操棍的一端；两脚站立，利用体操棍使用推、让等一切可行的方法使对方失去平衡，脚步移动的一方则为失败。

游戏规则：

（1）身体与棍不得有接触。

（2）脚先移动的一方则判定为失败。

教学建议：游戏前需要做好相应的热身活动。

（四）速　度

游戏名称：长江—黄河。

游戏目的：发展奔跑和躲闪能力；培养机智、果断和诚实的品质。

游戏方法：

（1）在场地中央画两条平行的横线为中线（两线相距1米左右）。中线两边10～15米分别画两条与中线平行的横线，为安全线。把学生分成人数相等的两队，背对背站在中线后，一队为"长江"，一队为"黄河"。游戏开始，教师喊"长江"，"长江"队迅速向安全线奔跑，"黄河"队立即转身追赶"长江"队，凡是在安全线前拍到对方的身体就得1分。例如，教师喊"黄河"，"黄河"队跑向安全线，"长江"队追赶。进行几次后，以得分多的队为胜。

（2）两队面对面成横队站在安全线后，按教师的口令以整齐的步伐向中线行进。当两队相距2～3米时，教师突然喊"长江"，则"长江"队立即转身跑过安全线，"黄河"队立即追赶。在安全线内拍到对方就得1分。如此进行几次，以得分多的队为胜。

游戏规则：

（1）被追的队不得满场乱跑。

（2）追的队不得推人、拉人。

网鱼

（五）力　量

游戏名称：打靶比赛

游戏目的：发展上肢力量，提高投准能力；培养团结、进取和竞争意识，发展距离知觉、体位和方位知觉、力度知觉和调节注意焦点的能力。

游戏方法：在场地上画两条相距1米的平行线，前面一条为投掷线，后面一条为预备线。在投掷线前 10 ～ 12 米处画一个投掷靶，每环相距 20 厘米，并标明各环的得分数。将学生分成人数相等的四队，各队成一路纵队站在预备线后，排头各持一个沙包站在投掷线后。每队选队长一名，负责统计成绩。

教师发令后，各队排头依次投掷，队长按落点记录成绩。听到"拾包"口令后立即跑步拾包并交给本队第二人，自己站到排尾。依次进行，最后以成绩高的队名次列前。

游戏规则：

（1）按规定方法投掷，投掷时不得踏越投掷线。

（2）以沙包落地点（沙包停止不动）计算成绩。若落点在两环中间，按高分计算。

快快跳起来

（六）耐　力

游戏名称：夺球大战。

游戏目的：发展全身力量和力量耐力、上肢的爆发力，培养勇敢、顽强的意志品质。

游戏方法：在场地上画两条相距 8 ～ 10 米的平行线，中间画 5 ～ 10 个直径 2 米的圆圈，每个圈内放 1 个球。将学生分成人数相等的两队，成横队面对面站在两条边线后。游戏开始时，每个圆圈内两队各站1人，两人将球抱好。

教师发令后，双方尽力把球夺到手中，或把对方拉出圈外。先夺到球或把对方拉出圈的得 1 分。然后换另外两人参加比赛，最后以积分多的队为胜。

游戏规则：

（1）发令后方可开始夺球。

（2）不能放开球拉人、推人，或有意松开手、顺势绊倒对方。

拔河

四、欢快的轻器械体操

（一）绳操的基市动作

1. 摆　动

两手或一手持绳，以肩为轴在不同部位向不同方向做钟摆式运动。

摆动时，可以两手持绳左右摆动，或者一手持绳左右摆动。

2. 绕或绕环

双手或单手持绳，以肩、肘、腕为轴，使绳在不同部位向不同方向做圆周运动。以肩为轴是大绕环，以肘为轴是中绕环，以腕为轴是小绕环。

3. 绕 8 字

双手或单手持绳，以肩、肘、腕为轴，使绳在两个不同部位、不同平面上连续做两个对称的绕环构成 8 字。做绕 8 字动作时可用两手持绳在体侧绕 8 字，也可以两手持绳在体前或体后绕 8 字。

4. 小跳过绳

两手握绳的两端，两臂在体侧自然弯曲，手臂稍外张，用手腕转动摇绳。小跳过绳有前摇绳、后摇绳、交臂摇绳，还有两手握绳的两端相并，于体两侧向前（后）轮流摇成 8 字形的空摇绳等。

5. 缠 绳

双手或单手持绳绕环，绕环动作停止，绳缠绕在靠近握点的身体某部位，然后向相反方向绕动，使绳进入绕环状态。常见动作有两手持绳绕环缠臂，两手持绳缠腰。

绳操编排案例

（二）圈操的基本动作

1. 摆 动

双手或单手持圈，手臂以肩为轴在不同面上向不同方向所做的幅度小于 360° 的钟摆式弧形运动。摆动时可以两手持圈左右摆动，或者一手持圈左右摆动。

2. 绕或绕环

双手或单手持圈，以肩、肘、腕为轴，使圈在不同部位向不同方向做 360° 或大于 360° 的圆周绕动动作。以肩为轴是大绕环，以肘为轴是中绕环，以腕为轴是小绕环。

3. 绕 8 字

双手或单手持圈，以肩、肘、腕为轴，使圈在两个不同部位连续做两个对称的绕环，构成 8 字。做绕 8 字动作时可用两手持圈体侧绕 8 字，两手持圈体前后绕 8 字。

4. 穿过圈

穿过圈是指身体某部位的全部或部分穿入或穿出圈。可以两手持圈两侧，通过手臂的上、下屈伸或圈的水平翻转，头部从圈面中穿进至腰部，接着再向上举圈或翻转圈，身体从圈中穿出。

5. 跳过圈

跳进跳出动作一般为一手持圈上缘摆动，同时两脚依次跳进圈内，当回摆时再依次跳出圈外。

圈操编排案例

（三）球操的基本动作

1. 高举 V 字

身体成立正姿势站立，两手持花球斜上 45° 上举，微微向前，拳心向下。

2. 下举 V 字

身体成立正姿势站立，两手持花球斜下 45° 下举，微微向前，拳心向下。

3. T 形

身体成立正姿势站立，两手持花球向体侧举起 90°，拳心向下。

4. 屈臂前平举

身体成立正姿势站立，在 T 形的基础上两臂向体前弯曲，两肘与身体 保持 90° 角，拳心向下。

5. 两臂上举

身体成立正姿势站立，两臂伸直向上举夹耳侧微微向前，与身体呈一条直线，拳心相对。

6. 两臂下举

身体成立正姿势站立，两臂伸直向下于体前，两臂之间的距离与身体平行，拳心相对。

7. 两拳撑腰

身体成立正姿势站立，两拳位于腰两侧，两肘关节微微向前，拳心向后。

8. 左　K

身体成立正姿势站立，左手持花球斜上 45°上举，右手持花球斜下 45°下举于体前斜穿过身体，拳心相对。

（四）棍操的基本动作

1. 持棍立正、稍息、行进

（1）持棍立正，身体保持正直，右手拇指和食指握棍一端，其余三指贴住棍身，臂下垂，使棍垂直靠于右肩前。

（2）持棍稍息，左脚侧出一步，同时右手压棍，使棍的上端落下并轻放于左脚脚尖前触地。

（3）持棍行进的右手持棍方法同持棍立正，在行进时，右臂不动，左臂自然摆动。

2. 持棍举的动作

（1）持棍前举的方法有握棍两端（或同肩宽），臂前举；两手握棍一端，臂前举；两手握棍一端，臂前举，棍向上；两手握棍两端（或同肩宽），屈臂，棍在胸前举；两手握棍两端（或同肩宽）一手在上、另一手在下，臂前举，棍垂直等。

（2）侧举，方法有一手握棍一端使其靠肩，另一臂伸直握棍，臂侧举；一手握棍的一端，臂侧举（或棍向上）等。

（3）上举的方法有握棍两端（或同肩宽），臂上举；两手握棍一端，臂上举；一手握棍一端，臂侧上举，棍呈水平状；一手握棍一端使其靠臂（髋），另一臂伸直并手握棍上举等。

（4）后举握棍两端（或同肩宽），臂后举；一手握棍的一端，臂后举；握棍两端（或同肩宽），屈臂向头后举；一手握棍一端靠肩，另一臂伸直握棍后举等。

（5）下举方法有握棍两端（或同肩宽），臂下举，棍在体前或体后等。

（6）中间方向的动作方法有握棍两端（或同肩宽）；臂前上（下）举，两手握棍一端，臂前上（下）举、侧上（下）举；握棍两端（或同肩宽），臂前举，一手在上、棍倾斜；握棍两端，一臂上举，另一臂侧举，棍倾斜；一手握棍一端使其靠肩，另一臂伸直握棍，侧上（下）举、后下举等。

3. 持棍绕和绕环的动作

（1）小绕和小绕环，以手腕为轴向各方向做绕或绕环动作。如单（双）手握棍一端，臂前（上）举，棍在手外向前（后）绕或绕环；一手握棍一端，臂侧举，棍在手前（后）向上（下）绕或绕环；一手握棍一端，臂上举，棍在手前（后）向左（右）绕或绕环等。

（2）中绕和中绕环，以肘关节为轴向各方向做绕或绕环动作，如一手握棍一端（或中间），臂在前举、上举或侧举中，以肘为轴做各种绕或绕环。

（3）大绕和大绕环，以肩关节为轴向各方向做绕或绕环动作，如握棍两端（或同肩宽），以肩为轴直臂向左或向右做绕或绕环等。

项目二　康复体操

一、康复体操概述

　　康复体操是指使病伤者为达到预防、缓解和康复等目的而专门编排的徒手或借助器械而进行的肢体运动和功能锻炼的体操。康复体操的特点是选择性强。康复体操对损伤、手术后、瘫痪患者运动器官的功能恢复具有良好的作用，也可用于某些内科疾病（如内脏下垂、高血压、呼吸系统疾病等）的防治。

二、颈椎病康复体操

　　医疗体操是积极预防和缓解颈椎病的有效方法，下面介绍两套实用医疗体操。

（一）徒手医疗体操

1. 伸颈拔背
　　两足分开同肩宽站立，两手叉腰。两肩下垂，同时做引颈向上伸的动作，保持此姿势 3 ～ 5 秒，然后放松，还原至预备姿势。如此连续做 8 ～ 10 次。

2. 与颈争力
　　两足分开同肩宽站立，两手十指交叉置于头后。头颈用力向后仰，同时两手用力向前拉，保持此姿势 3 ～ 5 秒钟，然后放松，还原至预备姿势。如此做 6 ～ 8 次。

3. 头颈侧屈
　　两足分开同肩宽站立，两手叉腰。先向右侧屈颈 8 ～ 10 次，再向左侧屈颈 8 ～ 10 次。侧屈头颈时不能耸肩，尽可能使耳触及肩部，向健侧屈头颈可多做几次，动作宜缓慢柔和。

4. 回头望月
　　头向左转，眼望左后上方；然后头向右转，眼望右后上方。左右各做 8 ～ 10 次，动作宜协调、柔和、缓慢。

5. 头颈绕环
　　头颈向顺时针方向绕环 4 ～ 6 次；然后头颈向逆时针方向绕环 4 ～ 6 次。动作要柔和、缓慢，活动幅度逐渐增大。
　　医疗体操每天做两三次。

（二）哑铃医疗体操

1. 头部旋转（准备活动）
　　两腿分立同肩宽站立，两手持哑铃下垂。头颈部沿顺时针方向旋转一周，再向逆时针方向旋转一周，重复 6 ～ 8 次。

2. 屈肘扩胸
　　两腿分立同肩宽站立，两手持哑铃自然下垂，然后两臂平肩屈肘，同时向后扩胸，反复 12～16 次。

3. 斜方出击

两腿分立同肩宽站立，两手持哑铃屈肘置于胸两侧，上体稍向左移，右手向左前斜方出击，左右交替，各反复 6～8 次。

4. 侧方出击

两腿分立同肩宽站立，两手持哑铃屈肘置于胸两侧，左手持哑铃向右侧方出击，左右交替，各反复 6～8 次。

5. 上方出击

两腿分开同肩宽站立，两手持哑铃屈肘置于胸两侧，右手持哑铃向上方出击，左右交替，各反复 6～8 次。

6. 伸臂外展

两腿分立同肩宽站立，两手持哑铃自然下垂，右上臂伸直由前向上举，左右交替重复 6～8 次。

7. 耸肩后旋

两腿分立同肩宽站立，两手持哑铃自然下垂，两臂伸直向下，两肩用力向上耸起，两肩向后旋并放下，反复进行 12～16 次。

8. 两肩后张扩胸后伸

两腿分立同肩宽站立，两手持哑铃自然下垂，两肩伸直外旋，两肩后张，同时扩胸，反复 12～16 次。

9. 直臂前后摆动

两腿前后分立，两手持哑铃自然下垂，两臂伸直同时前后交替摆动，重复 6～8 次，两腿互换站定位置，同时摆动 6～8 次。

10. 头侧屈转

两腿分立同肩宽站立，两手持哑铃自然下垂，头颈部向左屈曲，达最大范围，再向右侧旋转到最大范围，左右交替，反复 6～8 次。

11. 头前屈后仰

两腿分立同肩宽站立，两手持哑铃自然下垂，头颈部前屈，尽可能达最大范围；头颈部向后仰达最大范围，重复 6～8 次。

以上动作要轻柔，旋转动作因人而异，每天可做一两次。

三、腰椎间盘突出康复体操

医疗体操是积极有效地缓解腰椎间盘突出症的实用方法，下面介绍其中的三套动作。

（一）第一套

预备姿势：患者仰卧于床上，腰部垫一个小枕。

1. 屈踝运动

四肢放松，两脚踝关节做尽力屈伸运动，重复 20～30 次。

2. 交替屈伸腿

左腿用力屈曲，膝关节贴近胸部，随后用力踢腿伸直。左右腿交替，重复 10～15 次。

3. 举臂挺腰

两臂用力后举，同时用力挺腰，尽量使腰部抬离床面，重复 10 次。

4. 交替直抬腿

两腿重复做直腿抬高动作，重复 15 次。

5. "五点"式挺腰

屈两膝，两手握拳，屈两肘置于体侧，头顶、两肘、两足同时用力尽量抬高腰部，使腰部在最高处停留 3 秒复原，重复 10 次。

6. "三点"式挺腰

两手握拳，屈两肘置于体侧，头部、两肘同时发力抬起腰部，重复 10 次。

7. 屈膝屈髋

屈两膝用力贴近胸部，两手抱住两膝停留 2 分钟。

8. 抱膝滚腰

以腰为接触面，做前后轻轻的晃动，重复 15 次。

（二）第二套

预备姿势：俯卧两臂及两腿自然伸直，放松。

1. 单腿后上抬高

左腿伸直后用力向后上抬，随后还原成预备姿势，左右腿交替，重复 20 次。

2. 俯卧撑运动

两肘屈曲，两手置于胸前按床，两腿自然伸直，两肘伸直撑起上身，重复 10 次。

3. 飞燕式运动

两臂伸直于体侧，两臂、两腿伸直同时用力向后上抬起，同时挺胸抬头，重复 5～10 次。

4. 屈曲后蹲

患者跪于床上，两手撑于身前，臀部尽量向后蹲，以触及足底为宜，并停留 5 秒，重复 5 次。

（三）第三套

预备姿势：直立，两脚与肩同宽，两臂自然下垂，放松。

1. 垫脚运动

两手上提，同时两脚脚后跟逐渐提起离地在最高处停留 3 秒，轻轻落下脚后跟，重复 20 次。做本运动时可重点直立患腿进行单腿垫脚。开始时可两手扶着双杠进行。

2. 搓腰运动

两手掌根自腰背部向下搓至骶部，两侧同时进行，重复 5～10 次。

3. 转腰运动

两手叉腰，头脚保持不动，腰部左右旋转 10 次。

4. 伸展运动

两臂前上举，左脚向前成弓步，同时伸展腰部。左右交替，重复 10 次。

5. 悬挂运动

两手挂在单杠或门框上，两脚离地，腰部放松。尽量坚持，但不必勉强，落地后休息 3 分钟，再重复 3 次。

6. 倒走运动

两手握拳，顶在两侧腰眼上，两脚向后走。重心后移，腰部尽量向前挺出，走 5 ～ 10 分钟。

四、下肢静脉曲张康复体操

1. 直腿上举

仰卧，左右交替直腿上举，各做 10 次左右。

2. 直腿后举

俯卧，两腿伸直，两臂放在体侧。两腿伸直轮换向上抬举，左右腿各做 10 次左右。

3. 仰卧蹬空

仰卧，两臂屈肘置于头的两侧；两腿屈曲，用脚后跟支撑在床面上。两腿轮换屈伸，模仿做踏自行车动作一两分钟，中间可以休息几次。动作要协调轻快，两腿屈伸的范围尽可能大些。

4. 脚趾、脚踝运动

全身放松，仰卧于床上，两臂平直放在身体两侧，两腿伸直。先弯曲两脚趾再伸直脚趾，反复做 30 秒，根据个人情况或左右脚交替各做 30 秒；脚踝内旋、外旋，再转动踝关节，反复做 30 秒，然后伸直脚背，弯曲脚背，再转动踝关节，反复做 30 秒，共做 60 秒。也可根据个人情况或左右交替各做 60 秒。

5. 膝、踝伸屈

仰卧床上 5 分钟后，右腿立即垂于床边，做膝、踝伸屈动作 2 分钟，再换左腿做伸屈动作 2 分钟。可反复两三次。

五、肩周炎康复体操

（一）徒手体操

1. 弯腰画圈

两脚分开同肩宽站立。

向前弯腰 90°，患臂自然下垂，先顺时针方向画圈 20 ～ 30 次；还原至预备姿势，休息约 1 分钟；再弯腰成 90°，做患臂沿逆时针方向的画圈活动 20 ～ 30 次；还原至预备姿势。画圈的幅度逐渐加至最大，画圈的次数也应逐渐增加。

2. 屈肘摸背

两脚分开同肩宽站立。

患臂屈肘置于身后，手背贴在腰部，手指徐徐向上摸背，直至最高限度；患臂放松，手指沿背后慢慢落下置于腰部。如此反复做 5 ～ 7 次。

3. 旋转上肢

两脚分开同肩宽站立，健侧手叉腰。

患臂屈肘上举，先由后向前做肩关节旋转运动 15 ～ 20 次；再做由前向后旋转运动 15～20 次。动作应柔和，动作幅度要逐渐增大。

4. 手指爬墙

面墙而立，两脚分开同肩宽。

患侧手指扶墙，沿墙徐徐向上爬行，直至最高限度；手指沿墙下落回至原处。如此做 5～7 次。手指向上爬墙时，不要扭动身体或提踵，患臂要尽量上举。每次锻炼都要使手指爬墙的高度逐渐增加，直至恢复正常。

5. 滑车举臂

先在门架或树枝上吊一个滑轮，然后用一条细绳穿过滑轮后在细绳两端系一个短棒。锻炼时，两手握住短棒，以健肢的活动来带动患肩的活动。每次练习三四分钟，中间可以休息约 1 分钟。患肩活动要柔和，动作幅度逐渐增加，也要注意用患肩的运动来带动腱肢活动，以发展患肩肌肉力量。

（二）棍棒操

1. 前上举

两脚分开同肩宽站立，两手在体前握棒，两手距离同肩宽。

两臂前举；两臂下落，还原至预备姿势；两臂经体前尽量上举伸直，同时抬头挺胸；两臂经体前下落，还原至预备姿势。如此做 10 次左右。

2. 侧上举

两脚分开同肩宽站立，两手握住棍棒两端。

两臂向左摆至左臂侧平举；两臂向右摆至右臂侧上举，这是右肩周炎时的摆臂动作；若是左肩周炎，两臂向左摆时摆至左臂侧上举。如此一左一右，做 10 次左右。

3. 后上提

两脚分开同肩宽站立，两手靠拢于身后正握棒。

两臂屈肘时，尽量将棍向上提；两臂下落，还原至预备姿势。如此做 10 次左右。

4. 后　举

两脚分开同肩宽站立，两手握棒的距离同肩宽，靠拢于身后正握棒。

两臂徐徐用力向后上举，同时稍挺胸；两臂放松，还原至预备姿势。如此做 10 次左右。

5. 扭　臂

两脚分开同肩宽站立，两手在体前正握棍同肩宽。

两臂前平举；右臂向下扭至拳心向上，左臂向上扭至拳心向上，棍棒经垂直位扭至水平位，两前臂在体前交叉；两臂恢复至前平举；两臂下落，还原至预备姿势。如此做 10 次左右。

6. 旋　臂

两脚分开同肩宽站立，两手在体前正握棍同肩宽。

两臂上举；屈臂，棒置于颈后，同时稍挺胸；两臂上举；两臂下落，还原至预备姿势。如此做 10 次左右。

7. 绕　环

两脚分开同肩宽站立，两手在体前正握棍同肩宽。

两臂向右摆动 45° 左右，再向左摆动 45° 左右；两臂从左向右摆，从右侧上举向左绕环至体前。然后做相反方向的绕环。如此各做四五次。

医疗体操每天做一两次，每次做操前要做准备活动，结束时要做放松性活动。做操时，肩关节的活动幅度要逐渐增大，以不引起明显疼痛为宜。

项目三　体操技巧项目

一、前滚翻

动作方法：蹲撑，提臀，两脚稍蹬地，两腿蹬直，获得向前翻转的动力，同时屈臂，低头，含胸，用头的后部、颈、肩、背、腰、臀依次着垫前滚。当背腰着垫时，两手迅速抱腿，缩短身体的翻转半径，上体紧跟大腿成蹲立。

技术要点：颈、肩、背、腰、臀依次着垫前滚。

保护与帮助方法：保帮者跪于练习者侧方，推其背帮助起立。

创伤与安全措施：前滚时颈部僵硬和疲劳会导致颈部肌肉拉伤。练习前做好准备活动和颈部的专门性对抗练习。在练习中注意力要集中。

教学方法：

（1）肩、臂撑屈体，脚尖触头上地面，伸腿、伸髋经肩臂倒立，向前依次滚动（不落臀）成并腿坐，熟练后成蹲立。

（2）滚动练习，身体团紧，屈肘翻掌于肩上，来回滚动。

（3）做前滚翻成并腿坐，体会腱的伸直过程。

（4）在横垫上做前滚翻，脚落在垫外地面上或采用斜面教学。

前滚翻常见错误及纠正方法

二、鱼跃前滚翻

动作方法：半蹲重心前移，两臂前摆，同时两脚蹬地，身体向前上方跃起，保持含胸稍屈髋的弧形姿势（约135°）向前翻转。两手撑地时两臂应有控制地弯曲缓冲，髋角应保持约135°，同时低头含胸前滚起立。

技术要点：两手撑地时髋角应保持135°左右，顺势屈臂低头前滚。

保护与帮助方法：保帮者站在练习者起跳点侧方，当练习者起跳后，一手托其肩，一手托其腿，顺势前送。

创伤与安全措施：撑地两臂僵硬造成腕关节挫伤；撑地后没依次前滚过早屈髋，两腿向下落压屈膝撞击面部导致面部挫伤和鼻骨骨折。采用一手托肩，一手托大腿的保帮方法。

教学方法：

（1）练习两臂远撑的前滚翻或较低的鱼跃前滚翻。

（2）从高垫向低垫做前滚翻（高度40厘米左右），体会两臂的控制能力和撑地缓冲前滚的正确技术。

（3）由同伴扶脚背做60°～70°的直臂或屈臂倒立，在此基础上做低头屈臂前滚。

（4）在斜纵的滑行垫上做前滚翻。

鱼跃前滚翻常见错误及纠正方法

（5）用标志线调节撑手的远度。

（6）跃过一定高度的障碍物，可以把海绵垫子卷起来做作为障碍物。

三、后滚翻

手倒立前
滚翻

动作方法：由蹲撑开始，身体稍向前移，随即两手推地，使身体重心迅速后移，含胸，低头，两手掌心向上放于肩上（手指尖向后），两脚蹬地团身以臀、腰、背、肩、颈向后依次滚动，当肩颈着垫时，团身翻臀，膝关节靠近胸部，同时两手用力推直撑起成蹲撑。

技术要点：

（1）当肩颈着垫时，应团身翻臀，膝关节靠近胸部。两脚快着垫时蹲立。

（2）身体重心超过垂直部位时，两手在肩上用力推垫，使身体翻转。

保护与帮助方法：保帮者单腿跪于练习者侧后方，当练习者后滚至肩背着地时，两手扶其腰的两侧向上提拉帮助推手翻转成蹲撑。或帮助者蹲立于练习者侧面，一手托其肩，一手托其臀，助其推手和翻转。

创伤与安全措施：后滚时颈部僵硬没有低头，推手无力或翻臀不够，向上伸髋造成颈部肌肉拉伤。练习前多做颈部专门性准备活动，练习时保帮者助力使练习者完成动作。练习者在完成动作时注意力要集中。

教学方法：

（1）做团身前后滚动练习，要求两臂配合做向后撑垫的动作，尽量翻掌，指尖向后，两肘内夹。

（2）做后滚翻成跪撑。

（3）将踏板放在垫子下面，由高处向低处做后滚翻。

（4）在帮助下做后滚翻。

（5）做连续后滚翻。

后滚翻常
见错误及
纠正方法

四、屈体后滚翻

动作方法：由站立开始，上体前屈重心后移，两手后伸在腿外侧撑地。接着伸直腿，臀部后坐，上体后倒，举腿翻臀，以便获得向后翻转的水平速度，屈体后滚时两手置于肩上，当滚到肩部时，两手在肩上夹肘用力推垫，翻转经屈体立撑成站立姿势。

技术要点：滚翻的后半部要尽量收腹屈体，使身体翻转。

（1）保护与帮助方法：保帮者站在练习者侧后方，两手提髋助其翻转。

（2）创伤与安全措施：后坐不协调，向后翻臀时两腿向上伸造成颈部挫伤。练习前做好颈部的专门性准备活动或多做分腿屈体后滚翻练习。

单肩挺身
后滚翻

教学方法：

（1）利用斜面，由直角坐开始，在帮助下由高处向低处做屈体滚翻。

（2）在帮助下，由屈体站立开始，做直腿屈体后滚翻练习或坐撑后滚撑手高翻臀脚前撑快速触头后地面。

屈体后滚翻
常见错误及
纠正方法

（3）先做分腿屈体后滚翻，再做屈体后滚翻，稍加助力。

（4）在帮助下完整练习，然后过渡到独立完成。

五、跪跳起

动作方法：由跪立开始，臀部后坐，上体稍前倾，屈髋，两臂后摆，接着两臂迅速向前上方摆至与头同高时制动，伸髋抬上体，提腰，同时脚背和小腿用力下压，身体向上腾起，迅速提膝，收腹成蹲撑。

技术要点：摆臂制动和脚背小腿用力下压。

保护与帮助方法：保帮者站在练习者身后，顺势用两手托腋下帮助其跳起。

教学方法：

（1）两臂前后摆动做有节奏的髋关节屈伸动作和连续摆臂，以及压垫前移动的练习。

（2）当练习者做跪跳起时，两人拉着练习者的两手或上臂，帮助提起体会提膝动作。

跪跳起常见错误及纠正方法

六、挺身跳

动作方法：由两臂斜后举的半蹲开始，两臂用力向前上方摆起（掌心向前），同时两脚用力蹬地跳起（两腿后伸，脚背绷直），使身体充分伸展。当身体重心下落时，屈髋和腿微屈缓冲，用前脚掌撑着地，接着过渡到全脚掌。

技术要点：摆臂和蹬地跳起要协调一致。

保护与帮助方法：保帮者站于练习者的侧面，当蹬地跳起时扶其腹部，帮助其向上跳起。

教学方法：

（1）由半蹲开始，原地做一腿站立，一腿后伸，两臂向上方摆起，使身体充分伸展的练习。或者练习者前倒帮助者托胸来体会伸展。

（2）从高处向前上方跳起，体会腾空时的挺身动作和落地动作。

挺身跳常见错误及纠正方法

七、肩肘倒立

动作方法：由直角坐开始，上体前屈，接着向后滚动，收腹举腿翻臀，当脚尖至头上方时，两臂在体侧用力下压，向上伸髋、伸腿。至倒立部位时，髋关节充分伸展，臀部收紧，屈肘两手撑于腰背的两则（两肘内夹），成肘、头和肩支撑的倒立姿势。

技术要点：当脚尖至头上方时，要伸髋、伸腿、两肘用力撑垫，两手撑于腰背两侧。

保护与帮助方法：保帮者站在练习者的侧面，两手握其踝部向上提拉。如倒立姿势不正确，身体不能充分伸展，可用膝关节顶其背部，使其充分伸直。

创伤与安全措施：成肩肘倒立时失控从而向后翻落或哄笑打闹导致颈部肌肉拉伤。加强保护帮助和思想教育，练习前应多做颈部的专项准备活动。

教学方法：

（1）仰卧屈体髋后伸，伸髋伸脚成肩臂倒立，还原成仰卧屈体。

（2）坐撑开始，后倒举腿，两臂用力撑垫的同时伸髋，两手撑于腰背两侧，用脚尖触高悬标志物。体会身体充分伸展。

（3）在帮助下完整练习。

肩肘倒立常见错误及纠正方法

八、头手倒立

动作方法：由蹲撑开始，两手和前额上部呈等腰三角形，撑垫，颈部紧张，一脚稍蹬地，另一侧腿后上摆，接近倒立时，并腿上伸，伸髋立腰，身体挺直成头手倒立。

技术要点：做头手倒立时，身体重心应尽量落在支撑面的中心。

保护与帮助方法：保帮者站在练习者前面，两手扶大腿，用膝关节顶住腰部，助其成头手倒立，然后两手换扶小腿。自我保护：重心向前无法控制时，应迅速低头团身前滚。

创伤与安全措施：头手倒立时头手位置不正确，颈部肌肉过于放松，失控前倒时不会低头前滚，导致颈部肌肉扭伤。加强头颈支撑能力的练习，在保帮下掌握正确的头手位置和倒立姿势，并使练习者学会重心前倒无法控制时的低头前滚自我保护方法。

教学方法：

（1）在垫上画一个等腰三角形，摆正头和手的位置，练习提臀、立腰，脚逐渐靠近支撑点，使臀部接近于垂直部位。

（2）背靠墙进行练习。

（3）在帮助下平扶一脚慢起成头手倒立。

（4）熟练后，可做慢起头手倒立。放好头手位置后，高提臀，分腿，脚尖点地，两手用力提起重心，两腿再慢慢从两侧并拢成头手倒立。

（5）头手倒立可用前滚翻结束。

头手倒立常见错误及纠正方法

手倒立

九、侧手翻

动作方法：侧向站立两臂侧平举，重心移至右脚，左腿侧举，头左转，左脚落地，上体向左侧倒，右脚向侧上方摆起，左手外展撑地，左脚用力蹬地摆起。然后右手撑起，经分腿倒立（这时应顶肩、立腰、展髋、分腿）继续翻转。左手推离地面，右腿下落。接着右手推离地面，左脚落地成分腿站立。

技术要点：手脚依次撑地经分腿侧倒立后两手依次推离地面，两脚依次着地。

保护与帮助方法：① 保帮者站在练习者后方，左手在上，两臂交叉，扶腰，助其翻转；② 保帮者站在练习者后方，左手抱腰，右手托左肩，帮助其完成动作。

创伤与安全措施：摆动腿侧摆时，大腿内侧肌群拉伤，韧带拉伤，练习前应做侧摆腿的专门性准备活动。

教学方法：

（1）在帮助下做手倒立成分腿倒立，体会侧翻时的分腿肌肉感觉。

（2）在保护下做分腿手倒立，左右推手移重心练习。

（3）由侧平衡开始，在保帮下做依次撑手的后手单臂分腿倒立。保帮者用抱腰托肩法助其练习者侧翻起成分腿站立。

（4）在帮助下完整练习。

（5）在地上画一条直线，沿线练习，要求手、脚都落在线上。

（6）侧向做侧手翻较熟练后，可由正面开始做正向下手，臂低于腰部后，侧转上体，手撑地同前，把腿向后上方的侧手翻。

（7）熟练后，可用助跑高趋步连接。

侧手翻向内转体 90°

侧手翻常见错误及纠正方法

十、前手翻

动作方法：趋步，两臂上举，左脚向前踏地，上体前压，右脚后摆，两臂向前撑地，接着左腿蹬地后摆，向摆动腿并拢，接近倒立时，快速顶肩推手，制动腿，使身体向前上方腾起。腾空时要挺身、抬头、紧腰。两腿并拢，前脚掌先着地，两臂上举。

技术要点：蹬摆腿，顶肩推手，制动腿协调配合。

保护与帮助方法：保护者站立于练习者手撑地的前侧方，一手握其上臂或托肩，另一手托其腰或两手托腰帮助其推手翻转成站立。初学时，可以两人站在练习者两侧同时保护和帮助。

创伤与安全措施：前手翻没有摆腿翻转，使背平拍垫上造成肩关节拉伤和内脏器官震伤，前手翻落地膝关节后压使膝关节挫伤，加强保护帮助，掌握拔腰挺胸前脚掌过渡到全脚掌的落站法。

教学方法：

（1）练习者面对墙摆手倒立。体会快速摆腿蹬地及顶肩推手动作。熟练后离墙距离可远些。

（2）采用倒立推跳，体会顶肩推手动作。

（3）帮保者站立在练习者两手撑地点的前面，当练习者蹬地摆腿接近倒立时，帮保者两手托其腰髋部向上提起，助其体会推手腾空动作。

（4）在保护下由高处向低处做，再由低处向高处做，增加推手顶肩的力量。

前手翻常见错误及纠正方法

十一、后手翻

动作方法：两臂前举站立开始，稍屈膝屈髋后坐，两臂自然后摆。重心后移，当身体向后失去平衡时，两臂迅速经前、向上、平行后甩。蹬地，抬头（眼看手）展胸展腹，身体充分后屈。经低腾空，向后翻转接着两手撑地，利用反方手倒立的反弹力顶肩推手，收腹提腰，脚落地成直立。

技术要点：重心后移失去平衡后的甩臂、蹬地、展胸、展腹，身体充分后屈。

保护与帮助方法：保帮者跪在练习者的侧后方，当练习者向后翻时，一手托其腰，一手托其大腿后部助其翻转。

创伤与安全措施：腕关节、腰和颈部受伤。初学者在海绵垫子上在保帮者的保护和帮助下进行练习。

教学方法：

（1）保帮者与练习者背对背站立，两臂上举。保帮者握住练习者的手腕，把练习者背翻过来。练习者手撑地经倒立收腹站起。

（2）保帮者弓步站在练习者身后，手扶练习者肩背，练习者重心后移，坐于保帮者腿上，体会动作开始时重心后移的感觉或对背跳马练习。

（3）手倒立，重心后移接着推手，提腰、收腹、掼脚成站立。

（4）两人帮助下完整练习。

（5）单个后手翻熟练后，可用小翻踺子连接做后手翻。

后手翻常见错误及纠正方法

参考文献

[1] 全国体育院校教材委员会. 现代足球[M]. 北京：人民体育出版社，2000.

[2] 孙民治. 球类运动——篮球[M]. 3版. 北京：高等教育出版社，2001.

[3] 陈钢. 现代排球教程[M]. 长春：东北师范大学出版社，2004.

[4] 林敏. 清心瑜伽[M]. 广州：广东教育出版社，2004.

[5] 马鸿韬. 健美操创编理论与实践[M]. 北京：高等教育出版社，2004.

[6] 冯官秀，闻毅敏，陆林. 大学体育教程[M]. 北京：中国人民公安大学出版社，2007.

[7] 陶志翔. 网球运动教程[M]. 北京：北京体育大学出版社，2007.

[8] 姜桂萍. 体育舞蹈[M]. 北京：高等教育出版社，2008.

[9] 张军，龙明. 毽球运动[M]. 北京：高等教育出版社，2008.

[10] 郑旭旭. 中国武术导论[M]. 北京：高等教育出版社，2010.

[11] 中国田径协会. 田径竞赛规则2010—2011[M]. 北京：人民体育出版社，2010.

[12] 虞荣安. 新编乒乓球教程[M]. 西安：西北工业大学出版社，2011.

[13] 钱永健. 拓展训练[M]. 3版. 北京：企业管理出版社，2016.